Nina Vale

Ahura Mazva et L'ordre Divin
L'ancienne Sagesse du Zoroastrisme

Droits d'auteur
Titre original : Ahura Mazda and the Divine Order

Copyright © 2023, publié en 2024 par Luiz Antonio dos Santos ME

Ce livre explore les fondements et pratiques du zoroastrisme, approfondissant son histoire, sa philosophie et son impact culturel. Il vise à inspirer la connaissance de soi et à offrir un guide sur cette tradition spirituelle, mais ne remplace pas les conseils médicaux, psychologiques ou thérapeutiques.

Ahura Mazda et l'Ordre Divin
2e édition

Équipe de production de la Première Édition
Auteur : Étienne Morel
Révision : Claire Dupont
Conception graphique et mise en page : Antoine Lefebvre
Couverture : Studio Soleil Levant
Traduction : Paul Bernard
Édition : Luiz Antonio dos Santos

Publication et Identification
Ahura Mazda et l'Ordre Divin / Par Étienne Morel
Ahzuria Publishing, 2024
Catégories : Religion / Zoroastrisme
DDC : 299.92 - CDU : 28-92

Copyright
Tous droits réservés à :
Luiz Antonio dos Santos ME/ Booklas Publishing

Table des Matières

Prologue 5
Chapitre 1 Le zoroastrisme 7
Chapitre 2 Les textes sacrés - L'Avesta 14
Chapitre 3 La cosmologie 21
Chapitre 4 Ahura Mazda - La divinité suprême 29
Chapitre 5 Angra Mainyu et les forces du mal 37
Chapitre 6 La création du monde 45
Chapitre 7 Asha et Druj - Ordre et chaos 53
Chapitre 8 Le feu 61
Chapitre 9 L'éthique 69
Chapitre 10 Les femmes 78
Chapitre 11 Rituels de purification 88
Chapitre 12 Fêtes et célébrations 97
Chapitre 13 La vie après la mort 106
Chapitre 14 Les Amesha Spentas 114
Chapitre 15 Lumière et ténèbres 123
Chapitre 16 Influence sur les autres religions 132
Chapitre 17 Les temples du feu 141
Chapitre 18 Les prêtres 150
Chapitre 19 Zarathoustra dans les traditions orales et les légendes
.... 159
Chapitre 20 La fin des temps 168
Chapitre 21 Les chants rituels 177
Chapitre 22 La diaspora 185
Chapitre 23 La conquête islamique de la Perse 195
Chapitre 24 La philosophie du libre arbitre 203

Chapitre 25 Influence sur la culture persane............................ 211
Chapitre 26 L'éthique environnementale 219
Chapitre 27 Vérité et honnêteté 228
Chapitre 28 L'avenir du zoroastrisme 237
Chapitre 29 Règles et pratiques quotidiennes 246
Chapitre 30 Le symbolisme 255
Chapitre 31 Liens avec la science et la philosophie................. 264
Chapitre 32 Zoroastriens célèbres.. 273
Épilogue 281

Prologue

Dans les sables de l'ancienne Perse, là où les cieux embrassent la terre et où la chaleur du feu sacré danse avec les vents du désert, un secret repose, attendant d'être redécouvert. Vous, qui tenez ces pages, êtes invités à franchir le seuil d'une époque où le visible et l'invisible s'entrelacent dans une danse éternelle. Ici, les voix du passé murmurent les histoires d'un prophète, Zarathoustra, dont le regard a percé au-delà des illusions du monde, atteignant le cœur d'une vérité qui transcende le temps.

C'est un monde où Ahura Mazda, la Sagesse Suprême, lutte contre les ombres d'Angra Mainyu, l'esprit de destruction et de mensonge. Mais ce combat ne se déroule pas seulement parmi les étoiles ou dans les profondeurs des mythes, il se déploie dans chaque pensée, chaque mot, chaque geste. L'univers révélé par Zarathoustra n'est pas lointain. Il palpite dans chaque choix que vous faites, dans chaque chemin que vous décidez de suivre.

Ici, le feu sacré n'est pas une simple flamme, mais l'essence même de la lumière qui guide les pas de l'humanité dans les ténèbres. Et les ténèbres, nées des profondeurs d'Angra Mainyu, chuchotent des doutes, des tentations et des désirs qui peuvent égarer même l'âme la plus pure. Sa lutte est silencieuse mais implacable, faisant écho aux incertitudes qui habitent le cœur de l'humanité.

En pénétrant dans cet univers, vous comprendrez que le destin du cosmos dépend de la volonté de ceux qui habitent la terre. Chaque geste, chaque mot prononcé, contribue à un équilibre fragile, soutenant la lutte éternelle entre Asha, l'ordre divin, et Druj, le désordre qui cherche à subvertir la création. C'est par vos actions que la lumière d'Ahura Mazda peut triompher, tout comme chaque déviation contribue à l'obscurité qui tente d'engloutir le monde.

Mais ne vous y trompez pas : il ne s'agit pas d'un récit de certitudes ou de fins faciles. Il s'agit d'un voyage qui interroge, défie et transforme. La traversée des mystères du zoroastrisme est une invitation à regarder au-delà du visible, à affronter ce qui se trouve au plus profond de l'âme humaine et de la trame de l'univers. Êtes-vous prêt à ouvrir les yeux et à affronter les forces qui façonnent votre destin et celui de tout ce qui vous entoure ? Alors allez de l'avant, en sachant que chaque ligne écrite ici parle directement à votre être, comme un écho de la voix ancienne qui murmurait au prophète dans ses visions.

Chapitre 1
Le zoroastrisme

Dans un passé lointain, au milieu des sables mouvants et des vallées fertiles de l'ancienne Perse - l'Iran d'aujourd'hui - un profond éveil spirituel a commencé à se manifester. C'était une époque où le monde était tissé par des histoires de dieux et d'esprits, chacun incarnant les forces brutes de la nature. C'était une terre où le feu, l'eau et la terre avaient une signification profonde, où les temples dédiés à diverses divinités parsemaient le paysage et où des rituels sacrés liaient les communautés entre elles. C'est au sein de cette vibrante tapisserie de croyances qu'est apparu le zoroastrisme, porteur d'une vision de l'univers qui allait remodeler le cours de l'histoire.

Au cœur de cette transformation se trouvait Zarathoustra, un personnage dont la vie se situait à cheval entre le mythe et la réalité. Connu en Occident sous le nom de Zoroastre, sa présence plane sur la naissance d'une nouvelle tradition spirituelle. Né dans une société qui vénérait un panthéon de dieux - chacun ayant son propre domaine et son propre pouvoir - Zarathoustra s'est trouvé en porte-à-faux avec les normes religieuses dominantes. Les anciens Perses vénéraient des divinités telles que Mithra, le protecteur de la vérité, et Anahita, la déesse de l'eau et de la fertilité. Ces croyances, transmises de génération en génération, donnaient une structure et un sens à leur monde. Pourtant, le cœur de Zarathoustra aspirait à une compréhension plus profonde, à une vérité singulière qui pourrait transcender la multiplicité des dieux.

Le voyage de Zarathoustra a commencé dans ce monde de croyances anciennes. Il a grandi parmi les tribus pastorales de la région, où l'élevage du bétail et les migrations saisonnières rythmaient la vie. Dès son plus jeune âge, il fait preuve d'une curiosité insatiable pour la nature de l'existence. Mais c'est vers sa trentième année que sa vie prend un tournant décisif. Selon la tradition zoroastrienne, il s'est retiré dans la solitude, cherchant la clarté loin des distractions de la vie quotidienne. C'est au cours de cette période d'isolement qu'il a eu une série de visions divines, dont la plus importante a été une rencontre directe avec Ahura Mazda, le Seigneur Sage.

Lors de cette rencontre, Ahura Mazda a révélé une vérité cosmique qui a fait voler en éclats les anciens modes de pensée. Il n'était pas une divinité parmi d'autres, mais le créateur suprême et omniscient, incarnant la lumière, la sagesse et la bonté. Zarathoustra a appris l'existence de la lutte cosmique entre Ahura Mazda et Angra Mainyu, l'esprit des ténèbres et du chaos. Il ne s'agissait pas d'une rivalité ordinaire entre dieux, mais d'une bataille universelle entre Asha - la vérité et l'ordre - et Druj - le mensonge et le chaos. Zarathoustra a compris que le monde était un champ de bataille où chaque être humain avait un rôle à jouer dans la lutte éternelle, ses choix contribuant à la victoire de la lumière ou des ténèbres.

Les enseignements de Zarathoustra mettent l'accent sur un changement radical de perspective : il ne s'agit plus d'apaiser de multiples divinités, mais d'embrasser une voie unique de droiture. Il parle d'un ordre divin qui régit toute la création et exhorte ses disciples à vivre selon les principes d'Asha (bonnes pensées, bonnes paroles et bonnes actions). Cette triade morale allait devenir la pierre angulaire de la pratique zoroastrienne, guidant les croyants vers une vie en harmonie avec le divin. Il s'agissait d'un appel à une vie éthique, où chaque action entraînait des conséquences qui se répercutaient dans les domaines matériel et spirituel.

Les premières années de prédication du prophète sont cependant marquées par la lutte et le rejet. Les prêtres et les chefs de l'époque voyaient dans son message une menace pour leurs traditions et leur autorité. Zarathoustra a été ridiculisé et persécuté, mais il est resté inébranlable, animé par la conviction que ses révélations contenaient la clé d'une vérité supérieure. Il a voyagé de village en village, partageant sa vision d'un univers où les forces de la lumière et des ténèbres se disputent la suprématie, et où chaque âme joue un rôle dans le grand dessein.

Malgré ces difficultés, un petit groupe de disciples a commencé à se rassembler autour de lui, des personnes attirées par la clarté de son message et la promesse d'un monde gouverné par la justice et la sagesse divine. Parmi ces premiers convertis, il y avait ceux qui s'étaient lassés de la violence et des incertitudes qui caractérisaient leur époque. Ils ont trouvé de l'espoir dans les paroles de Zarathoustra, qui parlaient d'un but cosmique transcendant les luttes éphémères de la vie terrestre.

Le message de Zarathoustra était également porteur d'une promesse de renouveau, non seulement pour les individus, mais aussi pour la société dans son ensemble. Il envisageait un monde où les humains, par leurs choix, pouvaient s'aligner sur le plan divin d'Ahura Mazda, contribuant ainsi au triomphe final de la lumière sur les ténèbres. Cette vision donnait aux fidèles le sentiment d'agir, en soulignant que leurs actions quotidiennes pouvaient faire basculer l'équilibre des forces cosmiques.

Au fil du temps, ses disciples sont devenus le noyau de ce qui allait devenir une tradition religieuse d'une grande portée. Leurs réunions et leurs discussions sur les enseignements d'Ahura Mazda ont jeté les bases d'une foi qui allait influencer le paysage spirituel de la Perse pendant des siècles. Les paroles du prophète, d'abord murmurées dans les vallées isolées et parmi les humbles bergers, ont commencé à se répandre, portées par ceux qui croyaient en la promesse d'un nouvel ordre.

Mais le voyage ne fait que commencer. Les difficultés rencontrées par Zarathoustra pour se faire accepter dans un monde réfractaire au changement mettent en lumière les défis inhérents à la naissance de toute nouvelle foi. Les anciens dieux ne cédaient pas facilement et les prêtres, liés aux traditions des sacrifices et des rituels, voyaient dans le monothéisme de Zarathoustra un défi à leur autorité. Mais à force de persévérance, la voix du prophète finit par trouver une oreille plus réceptive, ouvrant la voie à la transformation des anciennes croyances perses et à l'établissement du zoroastrisme en tant que force spirituelle majeure.

Alors que l'aube du zoroastrisme pointait à l'horizon de l'ancienne Perse, ses enseignements étaient porteurs d'une promesse d'unité et d'objectif, qui inspirerait les générations à venir et laisserait une empreinte durable sur l'histoire spirituelle de la région. L'histoire de ce réveil, enraciné dans les questions intemporelles de l'existence et de la nature du bien et du mal, commençait à peine à se dérouler.

La vie de Zarathoustra, à partir de sa vision mystique, est devenue une quête pour éclairer la voie tracée par Ahura Mazda. Ses révélations n'étaient pas de simples rêveries philosophiques, mais des aperçus directs de la nature de l'existence, du fonctionnement du cosmos et des responsabilités morales de l'humanité. Cette nouvelle vision s'écartait radicalement des normes religieuses de son époque. Elle proposait un ordre singulier et universel régi par une divinité suprême, Ahura Mazda, et remettait en question les traditions polythéistes qui avaient longtemps façonné la société perse.

Le parcours de Zarathoustra en tant que prophète n'a pas été facile. Après sa première rencontre avec Ahura Mazda, il est retourné auprès de son peuple avec une ferveur qui en a déstabilisé plus d'un. Il commença à prêcher l'existence de deux esprits primordiaux : Spenta Mainyu, l'esprit du bien, de la création et de la vérité, et Angra Mainyu, l'esprit destructeur du mensonge et du chaos. Ce dualisme n'est pas une lutte égale entre des forces opposées, mais plutôt un ordre cosmique où le bien est promis à un triomphe éventuel grâce à l'action de l'homme. La voix de Zarathoustra véhiculait la conviction que chaque individu avait un rôle à jouer dans cette grande bataille cosmique, où les choix entre Asha (vérité) et Druj (tromperie) déterminaient non seulement leur destin personnel, mais aussi celui du monde lui-même.

Malgré la clarté et la profondeur de son message, Zarathoustra s'est heurté à une immense résistance. Les prêtres de l'ancien ordre, ceux qui présidaient aux sacrifices aux anciens dieux, voyaient en lui une menace pour leur pouvoir et leur influence. Pour eux, son appel à rejeter les rituels qui ne correspondaient pas au culte d'Ahura Mazda était un sacrilège. Ils le tournèrent en dérision, le qualifiant d'hérétique, et les chefs de tribus, qui comptaient sur les bénédictions de leurs dieux pour garder le contrôle de leurs terres et de leur peuple, l'éconduisirent. La lutte pour convertir une société si profondément enracinée dans ses anciennes coutumes a mis à l'épreuve la détermination de Zarathoustra. Ses enseignements, qui mettaient l'accent sur la pureté intérieure de la pensée, de la parole et de l'action, contrastaient fortement avec l'aspect extérieur et matériel des sacrifices traditionnels.

Au milieu de cette lutte, un tournant s'est produit lorsque Zarathoustra a trouvé un protecteur en la personne du roi Vishtaspa, un souverain régional qui a perçu le potentiel de transformation de son message. L'histoire de leur rencontre est tissée de mythes et de révérences. On dit que Zarathoustra, par ses enseignements et peut-être par des actes miraculeux, a convaincu Vishtaspa de la véracité du message d'Ahura Mazda. Cette approbation royale apporta à Zarathoustra le soutien dont il avait besoin pour diffuser plus largement sa doctrine, et sa foi commença à s'enraciner au-delà des humbles débuts de quelques fidèles.

Avec la conversion de Vishtaspa, le zoroastrisme commença à se répandre à la cour et dans les terres sous l'influence du roi. Les enseignements du prophète offraient une nouvelle vision de la gouvernance, dans laquelle les dirigeants avaient le devoir divin de faire respecter la justice et l'Asha, en favorisant une société alignée sur les principes de la vérité. Cette alliance entre le prophète et le roi a contribué à modifier la perception du zoroastrisme, qui est passé d'une doctrine subversive à une philosophie directrice pour le leadership et la gouvernance. Elle a transformé la manière dont la justice était administrée et a créé un précédent pour un code moral qui plaçait le bien-être de la communauté au-dessus des caprices du pouvoir individuel.

Les idées de Zarathoustra sur la justice sociale s'étendaient au-delà du tribunal. Ses enseignements appelaient à la protection des faibles et au respect de tous les êtres vivants comme faisant partie de la création divine. Dans une société qui privilégiait souvent la force et la conquête, cet accent mis sur la compassion et l'intégrité morale était révolutionnaire. Il s'adressait à ceux qui avaient été marginalisés par l'ordre social existant, leur offrant un sentiment de dignité et de finalité dans le cadre cosmique. Son message s'adressait aux agriculteurs, aux artisans et aux bergers, des gens dont le travail était sous-estimé mais qui trouvaient, dans la vision de Zarathoustra, une place d'honneur dans la lutte pour Asha.

Au cœur des enseignements de Zarathoustra se trouve l'idée que les hommes, par leurs pensées, leurs paroles et leurs actes, peuvent influencer la lutte cosmique entre le bien et le mal. Ce principe du libre arbitre était au cœur de l'éthique zoroastrienne. Zarathoustra prêchait que chaque individu avait le pouvoir de choisir sa voie et que ses choix se répercutaient dans le cosmos, aidant la création d'Ahura Mazda ou succombant aux forces destructrices d'Angra Mainyu. Cette croyance imprégnait la vie d'un profond sens des responsabilités, chaque décision pouvant soit maintenir, soit perturber l'ordre divin.

La cour de Vishtaspa devint un centre d'étude et de diffusion des idées zoroastriennes. C'est là que les enseignements de Zarathoustra ont été formalisés, prenant une structure qui allait devenir le fondement de l'Avesta, les écritures sacrées du zoroastrisme. Bien que ces enseignements aient d'abord été transmis oralement, le soutien royal a permis d'assurer leur préservation, en leur donnant une assise qui résisterait aux flux et reflux de l'histoire. Les érudits, les prêtres et les adeptes se réunissaient pour apprendre les nouvelles doctrines, mémorisant les hymnes et les prières qui vantaient la création d'Ahura Mazda et les voies morales que les humains devaient suivre.

Cependant, le voyage du prophète ne s'est pas terminé avec la conversion de Vishtaspa. Il continua à voyager et à enseigner, ses disciples devenant de plus en plus nombreux et influents. Son message se répandit à travers les terres, trouvant un écho parmi les tribus et les communautés qui étaient attirées par la promesse d'un monde juste gouverné par les principes d'Asha. Par le dialogue, le débat et une foi inébranlable, Zarathoustra a tracé une nouvelle voie dans l'ancien paysage culturel de la Perse.

La mort de Zarathoustra, tout comme sa vie, est entourée de mystère. Certains récits suggèrent qu'il a été assassiné alors qu'il priait, martyr de sa foi inébranlable. D'autres évoquent un décès paisible, entouré de ceux qui transmettraient ses enseignements à l'avenir. Quelle que soit la manière dont il est mort, son héritage a perduré. Les graines qu'il a plantées ont pris racine dans le cœur de ses disciples et ont donné naissance à une foi qui a perduré pendant des millénaires, survivant aux invasions, aux conquêtes et aux changements culturels.

Le zoroastrisme, né des visions solitaires de Zarathoustra et répandu grâce au soutien d'un roi converti, est devenu une religion qui s'adresse aux profondeurs de la condition humaine. Il aborde les questions éternelles du bien et du mal, la nature de la justice divine et le rôle de l'humanité dans un monde plein de défis moraux. Tout a commencé par la révélation d'un homme : la vision d'un monde où la vérité pouvait briller à travers les ténèbres, guidant l'humanité vers une existence meilleure et plus harmonieuse. L'histoire des débuts du zoroastrisme est donc un récit de lutte et de triomphe, celui d'un prophète qui, contre toute attente, a ouvert une voie vers l'illumination spirituelle qui résonnera à travers les âges.

Chapitre 2
Les textes sacrés - L'Avesta

Au cœur de la tradition zoroastrienne se trouve l'Avesta, le recueil sacré d'hymnes, de prières et de rituels qui incarne les enseignements fondamentaux de Zarathoustra. Cette écriture ancienne sert de guide spirituel aux adeptes d'Ahura Mazda, de dépositaire de la sagesse divine, des vérités cosmiques et des principes moraux qui façonnent la vie zoroastrienne. L'Avesta est plus qu'un texte ; c'est un vaisseau par lequel les paroles de Zarathoustra ont été préservées et transmises à travers des siècles de changement, de tourmente et de résilience. C'est dans l'Avesta que les mystères de la création, la nature du bien et du mal et le chemin vers la justice sont écrits dans des vers qui résonnent de la voix d'un passé lointain.

L'Avesta est divisé en plusieurs sections, chacune ayant une fonction distincte dans le cadre religieux. L'une des parties les plus importantes est le Yasna, un texte liturgique utilisé lors des cérémonies religieuses, qui comprend les Gathas, des hymnes censés avoir été composés par Zarathoustra lui-même. Les Gathas sont la partie la plus ancienne de l'Avesta, leurs vers étant imprégnés de la langue poétique de la Perse antique. Dans ces hymnes, Zarathoustra communique ses expériences directes avec le divin, ses visions d'Ahura Mazda et ses réflexions sur la lutte entre Asha et Druj. Les Gathas ne sont pas de simples prières, ce sont des dialogues avec le divin, où le prophète s'attaque aux mystères de l'existence et à la nature de l'univers.

Un autre élément clé de l'Avesta est constitué par les Yashts, un recueil d'hymnes dédiés à divers êtres divins et aspects du monde naturel. Ces textes sont riches en détails mythologiques, invoquant les esprits et les divinités qui peuplent la cosmologie zoroastrienne. Par le biais des Yashts, les adeptes recherchent les bénédictions d'entités puissantes telles que Mithra, le dieu de l'alliance et de la vérité, et Anahita, la déesse des eaux et de la fertilité. Les Yashts célèbrent l'interconnexion de la nature et du divin, soulignant la révérence zoroastrienne pour la création. Ces hymnes, remplis d'images vivantes de rivières, de montagnes et de corps célestes, reflètent une vision du monde dans laquelle chaque élément de la nature est imprégné d'une signification sacrée.

Le Vendidad, autre partie essentielle de l'Avesta, a un objectif différent. Contrairement au ton poétique et dévotionnel des Gathas et des Yashts, le Vendidad est un texte juridique et rituel, qui expose les règles à suivre pour maintenir la pureté et repousser les mauvaises influences. Il fournit des instructions détaillées sur les rites de purification, le traitement des éléments sacrés tels que le feu et l'eau, et la conduite à adopter face à la mort et à l'au-delà. La Vendidad est un guide pratique pour les fidèles zoroastriens, qui propose un chemin pour maintenir la propreté spirituelle et physique dans un monde où les forces d'Angra Mainyu sont omniprésentes. Il souligne l'importance du rituel dans la vie quotidienne, où les actions doivent s'aligner sur l'ordre divin pour assurer la prospérité de la communauté.

La structure de l'Avesta reflète la nature complexe du culte zoroastrien, équilibrant le mystique et le pratique, le poétique et le prescriptif. Ses versets sont récités au cours de cérémonies conduites par des prêtres, appelés Mobeds, qui sont formés à l'art de chanter ces mots anciens. La récitation de l'Avesta n'est pas une simple lecture, mais un acte rituel qui jette un pont entre le terrestre et le divin, créant un espace où les fidèles peuvent entrer en contact avec Ahura Mazda et les royaumes spirituels. Le rythme et l'intonation des chants sont considérés comme un pouvoir, un moyen d'invoquer la présence divine et de renforcer l'ordre cosmique d'Asha.

Tout au long de l'histoire, la préservation de l'Avesta a été une histoire de survie face aux forces du temps et de la conquête. Une grande partie de l'Avesta original a été perdue au cours des périodes d'invasion et de destruction, en particulier après la chute de l'empire sassanide et la conquête islamique de la Perse qui s'en est suivie. Ce qui reste de l'Avesta aujourd'hui n'est qu'une fraction de son vaste corpus d'autrefois, mais il porte le poids de millénaires. Les textes qui ont survécu ont été soigneusement préservés par les prêtres zoroastriens qui ont sauvegardé ces écritures par le biais de la tradition orale et, plus tard, de la transcription. La résilience de ces textes témoigne du dévouement de la communauté zoroastrienne, qui considérait la préservation de l'Avesta comme essentielle au maintien de son lien avec les vérités anciennes révélées par Zarathoustra.

L'importance de l'Avesta va au-delà de son rôle dans les rituels ; c'est aussi une boussole spirituelle pour l'individu. Il offre des conseils sur la manière de mener une vie conforme aux principes de vérité, de pureté et de respect de la création. Ses versets encouragent les fidèles à contempler la nature de l'âme, les responsabilités du libre arbitre et les conséquences éternelles de leurs actes. Les enseignements de l'Avesta rappellent aux zoroastriens que leurs choix contribuent à la lutte cosmique entre le bien et le mal, et que la quête de l'Asha est un effort quotidien qui façonne à la fois leur destin et celui du monde.

Dans sa totalité, l'Avesta est plus qu'un livre ; c'est un témoignage vivant de l'esprit durable du zoroastrisme. Ses paroles sont récitées dans les temples du feu où brûle la flamme sacrée, symbole de la lumière et de la sagesse d'Ahura Mazda. L'Avesta reste une source de force pour une communauté qui a subi le déplacement et la diaspora, un rappel d'un héritage qui remonte à l'aube de la civilisation. Pour les fidèles zoroastriens, c'est un lien avec leurs ancêtres, avec la vision de Zarathoustra et avec la lutte éternelle pour un monde gouverné par la justice et la vérité. À travers l'Avesta, les voix anciennes de la Perse continuent de parler, guidant ceux qui cherchent à comprendre les mystères de l'existence et le chemin de l'illumination spirituelle.

Dans les versets de l'Avesta, l'histoire de la création, la nature du divin et les responsabilités de la vie humaine se rejoignent dans une symphonie harmonieuse, un récit qui a façonné le voyage spirituel d'innombrables âmes. Ce texte sacré, qui mêle vision cosmique et conseils pratiques, reste la pierre angulaire de l'identité zoroastrienne, un phare qui continue de briller à travers la nuit des temps, offrant la sagesse à ceux qui l'écoutent.

L'Avesta, en tant que recueil de textes sacrés, n'est pas simplement un recueil de prières et d'hymnes ; c'est un dépôt de la philosophie zoroastrienne et une exploration profonde des vérités cosmiques révélées par Zarathoustra. Les enseignements contenus dans ces versets anciens traitent de la nature fondamentale de l'existence, de la lutte éternelle entre le bien et le mal et des responsabilités de l'humanité dans le maintien de l'ordre divin. En explorant l'Avesta en profondeur, les textes révèlent un monde où chaque action, chaque mot et chaque pensée pèsent lourd dans l'équilibre cosmique entre Asha et Druj - la vérité et la tromperie.

Les Gathas, attribués directement à Zarathoustra, sont au cœur de ce fondement philosophique. Rédigés dans une langue archaïque, l'avestan, les hymnes des Gathas transmettent l'essence des révélations spirituelles de Zarathoustra. Il y parle d'Ahura Mazda comme de l'incarnation de la sagesse et de la lumière, guidant les fidèles vers une vie alignée sur Asha. Les paroles de Zarathoustra appellent les individus à utiliser leur libre arbitre pour choisir la voie de la droiture, jouant ainsi un rôle dans la bataille cosmique contre Angra Mainyu, l'esprit de destruction. Ces hymnes explorent des thèmes tels que la création du monde, la nature de la justice divine et le destin de l'âme, ce qui en fait le cœur de la théologie zoroastrienne.

Dans les versets des Gathas, Zarathoustra pose des questions profondes sur la nature de l'univers et la place de l'humanité dans cet univers. Il contemple la nature de l'âme, l'origine de la création et les forces duales qui façonnent la réalité. Par exemple, il décrit le moment où les deux esprits primordiaux - Spenta Mainyu, l'esprit généreux d'Ahura Mazda, et Angra Mainyu, l'esprit du chaos - choisissent leurs voies respectives, déclenchant ainsi la lutte cosmique qui définit l'existence. Ces enseignements rappellent aux fidèles que leurs propres choix reflètent cette décision ancienne, puisqu'ils doivent continuellement choisir entre les voies de la lumière et de l'obscurité.

Au-delà des Gathas, les Yashts permettent de mieux comprendre les êtres divins qui aident Ahura Mazda à maintenir l'ordre du cosmos. Chaque hymne est dédié à un Yazata particulier, ou entité divine, et célèbre son rôle dans le maintien d'Asha. Parmi eux, Mithra se distingue en tant que protecteur de la vérité et des contrats, incarnant la lumière qui perce les ténèbres. Anahita, la déesse des eaux, représente la pureté et le pouvoir nourricier des rivières et des pluies. Ces figures ne sont pas des divinités lointaines, mais sont intimement liées aux éléments du monde naturel, reflétant le profond respect du zoroastrisme pour la nature et l'interconnexion de toutes les formes de vie.

Les récits des Yashts sont riches en batailles allégoriques et en événements cosmiques. Par exemple, le Yasht Tishtrya raconte l'histoire de Tishtrya, l'étoile qui apporte la pluie, luttant contre l'esprit démoniaque de la sécheresse Apaosha. Cette lutte mythologique symbolise le combat éternel entre les forces qui donnent la vie et celles qui cherchent à apporter la stérilité et la mort. Ces histoires ne sont pas de simples récits mythiques, mais servent de leçons spirituelles, illustrant la croyance zoroastrienne selon laquelle tout acte de bonté contribue au maintien de l'équilibre cosmique.

Le Vendidad, plus pratique, fournit un guide de pureté morale et rituelle indispensable pour résister à l'influence de l'Angra Mainyu. Il décrit les rites permettant de maintenir la propreté corporelle et de purifier les espaces souillés par la mort ou les forces démoniaques. Cet accent mis sur la pureté reflète une compréhension zoroastrienne plus profonde du monde physique en tant que création sacrée qui doit être protégée. Les lois de la Vendidad touchent à tous les aspects de la vie quotidienne - comment prendre soin de la terre, comment traiter les animaux et comment s'assurer que le feu, symbole de la présence d'Ahura Mazda, reste pur et non pollué. Ainsi, le Vendidad sert à la fois de guide spirituel et écologique, soulignant l'importance du respect de l'environnement dans le cadre du devoir religieux.

Parmi les aspects les plus fascinants de l'Avesta figurent les passages qui traitent de la création du monde et du rôle de l'humanité en son sein. Dans le mythe de la création, Ahura Mazda conçoit l'univers comme une structure ordonnée, introduisant les éléments un par un : le ciel, l'eau, la terre, les plantes, les animaux et, enfin, l'homme. Chaque partie de la création est imprégnée du principe d'Asha, reflétant l'ordre divin qui soutient la vie. Cependant, avec la création est apparu le défi d'Angra Mainyu, qui cherche à corrompre et à détruire cet ordre. L'Avesta enseigne que les humains, en tant que dernière création, ont un rôle unique : ils sont les gardiens de ce monde, chargés de le défendre contre le chaos par leurs actions.

Ce sens de la responsabilité cosmique est renforcé par les descriptions de l'Avesta concernant l'au-delà, en particulier le voyage de l'âme après la mort. Au moment de mourir, chaque âme est jugée sur le pont de Chinvat, où ses actes sont pesés pour déterminer si elle entrera dans la Maison du Chant - un royaume de lumière et de joie - ou si elle tombera dans les ténèbres de la Maison du Mensonge. Cette vision de la vie après la mort incite fortement les zoroastriens à mener une vie vertueuse, sachant que leurs actes ont une incidence directe sur leur destin spirituel. Les enseignements de l'Avesta sur le voyage de l'âme soulignent l'importance de vivre selon les principes de vérité, de justice et de respect du divin.

Le riche symbolisme et les enseignements de l'Avesta ne s'adressent pas seulement à la communauté, mais aussi au voyage intérieur de l'individu. Le texte encourage la réflexion sur la nature des pensées et des intentions de chacun, rappelant aux fidèles que la bataille entre Asha et Druj se déroule dans chaque cœur et chaque esprit. C'est dans les choix de l'individu que le grand drame cosmique trouve son expression la plus intime, où chaque instant recèle un potentiel de croissance ou de déclin spirituel.

L'Avesta, dans sa totalité, représente donc un pont entre le divin et le terrestre, l'ancien et l'éternel. Ses versets continuent de résonner pour ceux qui recherchent la sagesse des enseignements de Zarathoustra, leur offrant une guidance à travers les complexités de la vie et les mystères de l'existence. Pour la communauté zoroastrienne, ces textes sacrés ne sont pas des reliques d'un passé lointain, mais des mots vivants qui inspirent un mode de vie. À travers l'Avesta, la lumière d'Ahura Mazda continue de briller, éclairant un chemin de droiture qui s'étend au-delà du temps, reliant le présent à une lignée d'anciens chercheurs de vérité.

Chapitre 3
La cosmologie

Dans la vaste tapisserie du zoroastrisme, le cosmos apparaît comme une arène dynamique où se déroule la lutte éternelle entre le bien et le mal. Cette vision du monde, façonnée par les enseignements de Zarathoustra et préservée dans les versets de l'Avesta, présente l'univers comme un champ de bataille défini par le dualisme cosmique. En son cœur se trouve Ahura Mazda, la divinité suprême qui incarne la sagesse, la lumière et l'ordre. Face à lui, Angra Mainyu, l'esprit destructeur qui cherche à répandre le chaos et les ténèbres. Cette dualité n'est pas seulement symbolique : elle imprègne tous les aspects de la création, des royaumes célestes aux luttes intérieures des âmes humaines.

Ahura Mazda, le Seigneur Sage, est le créateur de tout ce qui est bon. Il n'est lié ni au temps ni à l'espace, il existe au-delà du monde matériel tout en y étant profondément lié. Sa lumière divine, connue sous le nom de Hvar ou Soleil, est considérée comme une manifestation de sa présence éternelle, illuminant l'univers et guidant l'humanité vers la vérité. Dans la cosmologie zoroastrienne, Ahura Mazda est entouré des Amesha Spentas, ou « Saints Immortels », chacun représentant un aspect de l'ordre divin qu'il a établi. Ces sept entités divines comprennent notamment Vohu Manah (bon esprit), Asha Vahishta (meilleure vérité) et Spenta Armaiti (dévotion sacrée), et elles servent de gardiennes des divers éléments de la création, incarnant les principes qui maintiennent l'équilibre cosmique.

À cet ordre céleste s'oppose Angra Mainyu, également connu sous le nom d'Ahriman, l'esprit de la destruction et de la tromperie. Contrairement à Ahura Mazda, Angra Mainyu n'est pas un créateur mais un corrupteur. Son essence même incarne

Druj, la force du mensonge et du désordre qui cherche à saper l'harmonie de l'univers. Le zoroastrisme présente Angra Mainyu comme une force malveillante qui s'efforce d'introduire la souffrance et le chaos dans le monde, s'attaquant à la fois à la création physique et à la pureté spirituelle des êtres. Cette lutte n'est pas présentée comme un combat entre égaux ; il s'agit plutôt d'un conflit où la victoire finale d'Ahura Mazda est assurée, mais le calendrier de cette victoire dépend des choix faits par les humains.

La vision zoroastrienne de l'univers est profondément structurée, chaque élément de la création jouant un rôle spécifique dans cette lutte cosmique. La création d'Ahura Mazda se déroule en une série d'étapes, commençant par le monde spirituel et se poursuivant par le monde matériel. Le monde spirituel, connu sous le nom de Mēnōg, représente l'état idéal de la création, non corrompu par les influences d'Angra Mainyu. C'est le royaume où résident les Amesha Spentas, qui maintiennent le plan de l'ordre divin. Le monde matériel, ou Getig, est l'endroit où les manifestations physiques de cet ordre prennent forme - là où le ciel, la terre, l'eau et toutes les créatures vivantes ont été créés par Ahura Mazda.

Cependant, avec la création du monde matériel, la corruption d'Angra Mainyu commence. Il s'infiltre dans le monde physique, apportant la maladie, la décomposition et la mort - des forces qui étaient absentes dans le domaine spirituel pur. Cette invasion marque le début de la lutte qui définit l'existence humaine : un monde pris entre la pureté de la vision originelle d'Ahura Mazda et la souillure provoquée par Angra Mainyu. La dualité entre Mēnōg et Getig illustre la croyance zoroastrienne selon laquelle le monde matériel, bien que corrompu, n'est pas irrécupérable. Par des actions vertueuses et l'adhésion à Asha, les humains peuvent œuvrer pour restaurer l'équilibre et la pureté de la création.

Dans ce cadre cosmique, les concepts d'Asha et de Druj revêtent une importance capitale. Asha, souvent traduit par « vérité » ou « ordre », est le principe qui régit l'univers, représentant la loi divine et la bonne façon de vivre. C'est la voie tracée par Ahura Mazda, qui guide tout, du mouvement des étoiles aux choix moraux des êtres humains. Asha n'est pas simplement un idéal philosophique ; c'est la force qui soutient la vie, la santé et la prospérité. Elle régit les cycles de la nature et l'harmonie des saisons, veillant à ce que l'ordre cosmique reste intact. Dans chaque acte d'honnêteté, de charité ou de justice, les zoroastriens pensent qu'ils renforcent le pouvoir d'Asha.

À l'inverse, Druj représente le mensonge, le chaos et la décadence. C'est la force qui s'oppose à Asha à chaque instant, se manifestant à la fois par des maladies physiques et par la corruption morale. La maladie, la famine et les conflits sont considérés comme des manifestations de l'influence de Druj sur le monde matériel. Selon les enseignements zoroastriens, le défi pour l'humanité consiste à reconnaître la présence de Druj et à choisir de le combattre par ses pensées, ses paroles et ses actes. Ce faisant, ils s'alignent sur la lutte cosmique et jouent un rôle en veillant à ce que l'équilibre de l'univers penche du côté de la lumière et de l'ordre.

Cette cosmologie dualiste s'étend à la structure même du temps. Le zoroastrisme envisage le temps comme divisé en trois grandes époques : la création, la période actuelle de conflit et la rénovation finale du monde. Le temps présent est caractérisé par la lutte entre Asha et Druj, où chaque action humaine peut faire pencher la balance vers la lumière ou les ténèbres. C'est une période d'épreuves, où les fidèles doivent rester vigilants face aux tromperies d'Angra Mainyu. Pourtant, l'issue ultime de cette bataille cosmique ne fait aucun doute. La sagesse divine d'Ahura Mazda assure que les forces du bien finiront par triompher, conduisant au Frashokereti, ou renouveau du monde.

Dans cette ère future, selon la croyance zoroastrienne, le monde sera purifié de toute corruption. Angra Mainyu et ses forces démoniaques seront vaincus et Asha sera entièrement restauré. Toutes les âmes seront réunies avec leurs formes parfaites, et les domaines matériel et spirituel ne feront plus qu'un. L'univers retrouvera sa pureté originelle, libéré de l'influence du chaos et du mal. Cette vision de l'avenir donne aux zoroastriens un sentiment d'espoir et un but, car leurs actions quotidiennes contribuent à l'accomplissement de ce destin cosmique.

La cosmologie zoroastrienne est donc un récit profond de lumière et d'obscurité, de sagesse divine guidant le cosmos et d'êtres humains ayant le pouvoir de choisir leur rôle dans ce grand drame. C'est une vision du monde qui met l'accent sur l'interconnexion de toutes les formes de vie et sur l'importance du maintien de l'ordre naturel. Par leur respect des éléments - le feu, l'eau, la terre - et leur engagement en faveur de la vérité et de la justice, les zoroastriens se considèrent comme des participants à une mission cosmique visant à préserver l'équilibre de la création. Cette conception de l'univers façonne tous les aspects de leur pratique religieuse, depuis les prières récitées devant une flamme sacrée jusqu'aux décisions éthiques prises dans la vie quotidienne.

Dans cette vision grandiose du cosmos, la lumière d'Ahura Mazda continue de briller comme un phare d'espoir, guidant les âmes à travers les ténèbres et leur rappelant la promesse d'un monde racheté. Grâce aux principes d'Asha, chaque acte de bonté et d'intégrité contribue à la victoire lente mais certaine sur le chaos, faisant écho à la lutte intemporelle entre l'ordre et l'entropie. C'est dans ce récit cosmique que les fidèles trouvent leur raison d'être, une raison d'être qui transcende le temps et les lie à la lutte éternelle pour un monde où la lumière l'emporte sur l'ombre et où la vérité dissipe le mensonge qui cherche à la consumer.

La cosmologie du zoroastrisme n'existe pas seulement à une échelle grandiose et universelle, mais s'étend profondément à la vie quotidienne et aux pratiques de ses adeptes. C'est une vision du monde qui façonne la manière dont les zoroastriens perçoivent leur environnement, leurs relations et leur rôle dans la tapisserie complexe de la création. Chaque élément de leur foi est lié à la bataille cosmique entre Asha (l'ordre) et Druj (le chaos), influençant la manière dont les zoroastriens se comportent face aux défis moraux et existentiels. Cette vision cosmique n'est pas confinée aux temples ou aux écritures, mais résonne dans tous les aspects de la vie zoroastrienne, offrant un cadre à travers lequel les fidèles naviguent dans leur existence.

L'un des aspects les plus significatifs de la cosmologie zoroastrienne est le concept d'Asha, un principe qui incarne la vérité, l'ordre et la loi divine établie par Ahura Mazda. Asha n'est pas simplement une idée abstraite ; c'est une force directrice qui façonne la structure de l'univers et la conduite éthique attendue de chaque zoroastrien. Les fidèles sont appelés à s'aligner sur Asha dans toutes leurs actions, en s'efforçant de vivre en harmonie avec le monde naturel et son ordre divin. Cela s'étend aux pratiques quotidiennes, telles que le maintien de la propreté, les prières devant la flamme sacrée et le respect de toute forme de vie. Vivre selon Asha, c'est contribuer à la lutte cosmique en faveur de la lumière et de la justice, en repoussant les forces envahissantes du Druj.

Le concept de Druj, quant à lui, représente le désordre, le mensonge et le chaos destructeur introduit par Angra Mainyu. Le Druj se manifeste non seulement dans le domaine métaphysique en tant qu'influence corruptrice, mais aussi dans le monde matériel, par des actes de tromperie, de violence et de non-respect de l'ordre naturel. Pour les zoroastriens, résister à Druj est une bataille quotidienne qui se déroule dans l'esprit, dans la parole et dans l'action. Il faut être attentif et constamment conscient des implications morales de ses choix. Les actes qui nuisent à autrui, qui trompent ou qui ne respectent pas le caractère sacré de la vie sont considérés comme des alignements avec Druj, qui affaiblissent la présence d'Asha dans le monde.

Les rituels et pratiques religieuses zoroastriens sont conçus pour renforcer les principes cosmiques d'Asha, en créant un espace sacré qui reflète l'ordre divin de l'univers. L'un des éléments les plus importants du culte zoroastrien est le feu, qui symbolise la lumière d'Ahura Mazda et rappelle constamment la présence divine dans le monde matériel. Dans les temples du feu, les zoroastriens se rassemblent pour prier devant une flamme sacrée, dont ils préservent la pureté en signe de dévotion à Asha.

Le feu brûle en permanence, reflétant la nature éternelle de la lumière d'Ahura Mazda, et est traité avec la plus grande révérence, sans jamais être pollué par des substances impures.

Dans la vie quotidienne, les zoroastriens accomplissent des rituels simples qui renforcent leur lien avec l'ordre cosmique. Des prières sont récitées plusieurs fois par jour, souvent face à une source de lumière, qu'il s'agisse du soleil levant ou d'une bougie allumée, symbolisant le fait de se tourner vers la vérité et de s'éloigner des ténèbres de Druj. Ces prières sont considérées comme des actes d'alignement avec le divin, des moments où les fidèles réaffirment leur engagement à vivre selon Asha. Même dans des activités banales comme manger ou travailler, les zoroastriens apprennent à maintenir un état d'esprit de gratitude et de respect pour les bénédictions d'Ahura Mazda, en veillant à ce que leurs actions restent en harmonie avec l'ordre cosmique.

L'importance du libre arbitre dans la cosmologie zoroastrienne est un thème récurrent, chaque individu étant considéré comme un participant actif dans la bataille cosmique en cours. Cette croyance en l'action humaine est au cœur de la conception zoroastrienne du bien et du mal. Contrairement à de nombreux systèmes de croyance anciens où le destin est prédéterminé par les dieux, le zoroastrisme place le pouvoir de choisir entre les mains de chacun. Les adeptes sont encouragés à réfléchir profondément à leurs actions et à leurs conséquences, sachant que chaque choix renforce Asha ou permet à Druj de gagner du terrain. L'accent mis sur le libre arbitre fournit un cadre moral à la fois stimulant et exigeant, car il place la responsabilité du destin du monde entre les mains de ses habitants.

Cette philosophie s'étend à la façon dont les zoroastriens considèrent la nature et l'environnement. La terre, l'eau, les plantes et les animaux sont tous considérés comme des créations sacrées d'Ahura Mazda, méritant soin et respect. Cette vénération de la nature n'est pas simplement écologique, elle est liée à la lutte cosmique contre le chaos. La pollution, le gaspillage et le manque de respect pour les ressources naturelles sont considérés comme des formes de Druj, des actes qui perturbent l'harmonie divine du monde. Pour les zoroastriens, le fait de s'occuper d'un jardin, de conserver l'eau ou de prendre soin des animaux est plus qu'une bonne gestion : c'est un devoir spirituel qui les aligne sur Asha et contribue au rétablissement de l'équilibre cosmique.

L'influence de la cosmologie zoroastrienne est également évidente dans l'approche de la communauté face aux défis et aux adversités de la vie. Les luttes de la vie quotidienne, qu'il s'agisse de maladies, de pertes ou de dilemmes moraux, sont perçues comme des reflets de la lutte cosmique plus large. Face à ces défis, les zoroastriens puisent leur force dans leur foi en la sagesse ultime d'Ahura Mazda et dans la promesse que, malgré des revers temporaires, les forces du bien finiront par l'emporter. Cette foi dans le triomphe de la lumière sur les ténèbres apporte réconfort et résilience, encourageant les croyants à persévérer dans leurs efforts pour vivre dans la droiture, même lorsqu'ils sont confrontés à des circonstances difficiles.

Les enseignements de l'Avesta, notamment ses descriptions vivantes de la lutte cosmique, jouent un rôle central dans l'élaboration de cette perspective. Par exemple, des passages de la Vendidad soulignent l'importance de la pureté et de la vigilance contre la corruption spirituelle et physique, renforçant l'idée que chaque acte d'attention à soi-même et aux autres est une contribution à la force d'Asha. Ces enseignements rappellent que le sacré est tissé dans la trame de la vie quotidienne, que les choix faits même dans les plus petits moments ont une signification cosmique.

En fin de compte, la vision zoroastrienne du cosmos offre une vision de l'interconnexion, où chaque être, chaque élément et chaque moment joue un rôle dans un grand récit qui s'étend au-delà du temps. Ce sens du devoir cosmique donne un sens profond à la vie des fidèles, leur rappelant que leurs actions ont une résonance qui va bien au-delà du monde immédiat. Il favorise l'émergence d'une communauté liée non seulement par des rituels et des croyances communs, mais aussi par une mission partagée de préservation de l'ordre divin contre les ombres envahissantes du chaos.

Dans cette danse complexe entre la lumière et les ténèbres, les zoroastriens trouvent une voie à la fois exigeante et profondément significative. Le monde, avec toute sa beauté et ses défis, devient une scène où se joue le drame d'Asha et de Druj, et où chaque individu, par ses pensées, ses paroles et ses actes, contribue au déroulement de l'histoire de l'univers. C'est une vision du monde qui invite à la réflexion, au respect et à l'engagement dans une vie intègre, offrant une boussole spirituelle qui guide le fidèle à travers les complexités de l'existence, en gardant toujours à l'esprit la grande lutte cosmique qui façonne le destin de toute la création.

Chapitre 4
Ahura Mazda - La divinité suprême

Ahura Mazda, la divinité suprême du zoroastrisme, incarne la sagesse, la lumière et la vérité. Il est le créateur de tout ce qui est bon dans l'univers, un être dont l'essence est intimement liée au concept d'Asha, l'ordre divin qui soutient la vie et maintient l'équilibre dans le cosmos. Contrairement aux divinités capricieuses des autres panthéons anciens, la nature d'Ahura Mazda est singulièrement axée sur la promotion de l'harmonie, de la justice et de la clarté morale. Il n'est pas seulement une force cosmique lointaine, mais un guide personnel pour ceux qui cherchent à comprendre les mystères de l'existence et à s'aligner sur les principes qui régissent l'univers.

Le nom d'Ahura Mazda est lui-même riche de sens. Dérivé de l'avestan, « Ahura » signifie « Seigneur » ou « Esprit », et « Mazda » se traduit par « Sagesse » ou « Connaissance ». Ensemble, ces deux noms donnent l'impression d'une intelligence divine qui gouverne l'univers avec détermination et clairvoyance. Dans les enseignements de Zarathoustra, Ahura Mazda n'est pas seulement un créateur, mais la source même de toute sagesse, l'architecte des étoiles et de l'ordre du monde naturel. Il est présenté comme une divinité qui possède Haurvatat (intégralité) et Ameretat (immortalité), des qualités qui signifient sa nature éternelle et immuable. Cela le distingue des divinités de la Perse pré-zoroastrienne, dont le pouvoir était souvent lié à des domaines spécifiques de la nature ou à des rôles sociaux.

La cosmologie zoroastrienne place Ahura Mazda au centre de la création, le décrivant comme l'initiateur des mondes spirituel et matériel. Avant que l'univers matériel ne prenne forme, Ahura Mazda a créé le monde spirituel, un domaine parfait et éternel où les principes d'Asha règnent en maîtres. Cet acte de création n'était pas un événement lointain mais un processus continu, où la sagesse d'Ahura Mazda continue de guider le développement du cosmos. Dans la pensée zoroastrienne, chaque étoile qui brille dans le ciel nocturne et chaque loi naturelle qui régit la vie est une manifestation de son ordre divin. La beauté du monde, des rivières qui coulent aux cycles des saisons, est considérée comme le reflet de la volonté créatrice d'Ahura Mazda.

L'un des aspects les plus profonds de la nature d'Ahura Mazda est sa relation avec l'humanité. Zarathoustra a enseigné qu'Ahura Mazda a doté les humains du Vohu Manah, ou bon esprit, qui leur permet de distinguer le bien du mal. C'est ce don qui permet aux humains de participer à la lutte cosmique entre Asha et Druj, en utilisant leur libre arbitre pour choisir la voie de la justice. Contrairement à d'autres dieux anciens qui exigeaient une obéissance aveugle, Ahura Mazda cherche à établir une relation consciente avec ses disciples, les incitant à comprendre les dimensions morales de leurs choix et leur responsabilité dans la préservation du monde. Grâce à cette relation, les zoroastriens sont invités à collaborer avec Ahura Mazda dans la lutte contre le chaos, contribuant ainsi à la victoire finale de la lumière sur les ténèbres.

Le rôle d'Ahura Mazda en tant que guide moral se reflète également dans ses interactions avec les Amesha Spentas, les « Immortels bienfaisants » qui servent d'aspects de sa volonté divine. Ces êtres ne sont pas des dieux distincts mais plutôt des facettes du pouvoir créatif d'Ahura Mazda, chacun incarnant une vertu particulière ou un élément du monde. Par exemple, Asha Vahishta représente la vérité la plus haute et l'ordre cosmique, tandis que Spenta Armaiti incarne la dévotion et la révérence. Ces entités servent d'intermédiaires entre Ahura Mazda et le monde matériel, guidant les humains vers une vie conforme aux principes d'Asha. Ensemble, elles forment un conseil divin qui préserve l'intégrité de la création et veille à ce que la vision d'Ahura Mazda d'un univers juste et harmonieux se réalise.

Cette hiérarchie divine, avec Ahura Mazda à sa tête, reflète la nature structurée de la vision zoroastrienne du monde. La présence des Amesha Spentas souligne que l'influence d'Ahura Mazda s'étend à tous les aspects de l'existence, des cycles naturels de la vie aux cadres éthiques qui guident le comportement humain. Lorsque les zoroastriens adressent des prières à Ahura Mazda, ils invoquent également ces qualités divines, cherchant à mettre leur propre vie en harmonie avec les vertus cosmiques représentées par les Amesha Spentas. Les prières et les rituels adressés à Ahura Mazda servent donc d'actes d'alignement, les fidèles cherchant à refléter l'ordre divin dans leurs propres pensées, paroles et actes.

Le rôle central d'Ahura Mazda dans le zoroastrisme n'est pas seulement celui d'une divinité vénérée, mais aussi celui d'un symbole de la lutte éternelle pour la vérité et la justice. Son existence en tant que source ultime de lumière et de sagesse permet de comprendre l'univers moral dans lequel vivent les zoroastriens. Par leur dévotion à Ahura Mazda, les croyants se voient rappeler leur devoir de défendre Asha face à l'empiètement de Druj, d'être vigilants face au mensonge et de s'efforcer de mener une vie qui incarne l'intégrité et la compassion. Cette relation avec le divin est profondément personnelle, offrant à chaque individu la possibilité de participer à l'ordre cosmique par ses propres actions.

Le concept d'Ahura Mazda apporte également une perspective unique sur la nature de la divinité elle-même. Contrairement à de nombreuses autres traditions qui dépeignent les dieux comme faillibles ou animés par des désirs humains, Ahura Mazda représente un idéal de perfection. Il est sans défaut ni faiblesse et incarne les idéaux les plus élevés de sagesse et de justice. Cette vision d'une divinité pure en pensée, en parole et en action constitue une norme pour les fidèles, les encourageant à aspirer à des vertus similaires dans leur propre vie. Grâce à cette aspiration, les zoroastriens se considèrent comme capables de contribuer à l'ordre cosmique, en incarnant les qualités divines qu'Ahura Mazda représente.

Dans les temples zoroastriens, Ahura Mazda n'est pas représenté sous une forme humaine, mais symbolisé par le feu sacré, qui rappelle sa présence éternelle et la lumière de la sagesse qu'il dispense. Le feu, qui brûle en permanence sur les autels, constitue un lien tangible avec le divin, un symbole de la lumière directrice d'Ahura Mazda qui dissipe les ténèbres de l'ignorance. Ce symbolisme renforce l'idée que le divin n'est pas distant mais toujours présent, une source d'inspiration qui illumine le chemin d'Asha pour ceux qui le cherchent.

L'essence d'Ahura Mazda, créateur et soutien de la vie, arbitre ultime de la vérité et force qui fait avancer le cosmos, est au cœur de la spiritualité zoroastrienne. Les enseignements de Zarathoustra offrent la vision d'un monde où règnent l'ordre, la justice et la compassion, un monde où chaque individu a le pouvoir de contribuer au bien commun. Grâce à cette relation avec Ahura Mazda, les zoroastriens trouvent un but, une boussole morale qui les guide à travers les complexités de l'existence, en pointant toujours vers la promesse d'un univers où la lumière l'emporte sur l'ombre et où la sagesse triomphe de l'ignorance.

Le culte d'Ahura Mazda dans le zoroastrisme n'est pas seulement une pratique de révérence, mais une expression profonde de dévotion qui relie la vie quotidienne à l'ordre cosmique. Les zoroastriens considèrent leur relation avec Ahura Mazda comme un partenariat dans la lutte permanente pour la préservation d'Asha, la vérité et l'ordre divins. Ce lien est entretenu par des rituels, des prières et une conduite éthique, façonnant un chemin spirituel où la présence d'Ahura Mazda guide à la fois la vie communautaire et la vie individuelle.

Au cœur du culte zoroastrien se trouve la pratique des prières quotidiennes, appelées Gāhs, qui sont récitées cinq fois par jour, chacune correspondant à des phases spécifiques de la journée. Ces prières servent à maintenir les fidèles en communion constante avec Ahura Mazda, en leur rappelant leur rôle dans le maintien d'Asha dans chaque pensée, parole et action. La récitation de ces prières est plus qu'un rituel formel - c'est un acte d'alignement sur la lumière divine, renforçant les idéaux de sagesse et de droiture qu'incarne Ahura Mazda. Les Gāhs s'adressent généralement aux éléments naturels tels que le feu, l'eau et la terre, les reconnaissant comme des créations d'Ahura Mazda et réaffirmant l'importance de vivre en harmonie avec le monde naturel.

Les rituels impliquant le feu jouent un rôle particulièrement important dans ce culte. Le feu est considéré comme le symbole le plus pur de l'essence d'Ahura Mazda, représentant la flamme éternelle de la sagesse et de la lumière qu'il apporte au monde. Dans les temples du feu zoroastriens, ou Atash Behrams, la flamme sacrée est entretenue par les Mobeds (prêtres), qui veillent à ce qu'elle brûle en permanence. Le feu lui-même devient un moyen par lequel les fidèles se connectent à Ahura Mazda, en offrant des prières devant la flamme et en réfléchissant à son symbolisme en tant que phare de la vérité. L'entretien du feu - que ce soit dans les grands temples ou dans les petits sanctuaires domestiques - incarne l'effort pour maintenir l'esprit d'Asha en vie, rappelant que la présence divine doit être cultivée avec soin et dévotion.

Les pratiques de dévotion à Ahura Mazda dépassent les limites des espaces rituels et imprègnent la vie quotidienne des fidèles. L'une des principales expressions de cette dévotion est l'adhésion à la triade Humata, Hukhta et Hvarshta - bonnes pensées, bonnes paroles et bonnes actions. Cette triade constitue le fondement éthique de la vie zoroastrienne, guidant la manière dont les croyants interagissent les uns avec les autres et avec le monde. Ces principes ne sont pas des idéaux abstraits, mais des engagements pratiques qui façonnent les actions quotidiennes, de l'honnêteté dans les transactions commerciales à la gentillesse dans les relations familiales. En incarnant ces vertus, les zoroastriens se considèrent comme des participants à la mission cosmique de répandre la lumière d'Ahura Mazda et de maintenir le tissu moral du monde.

Le Yasna, partie centrale de l'Avesta et clé du culte zoroastrien, est un rituel qui permet d'entrer directement en contact avec la présence d'Ahura Mazda. Exécuté par des prêtres, il comprend des offrandes de haoma, une plante sacrée, et la récitation d'hymnes qui louent Ahura Mazda et sa création. La cérémonie du Yasna est considérée comme une reconstitution de l'ordre divin, un moyen d'aligner la communauté sur les rythmes du cosmos. Au cours de la cérémonie, la récitation des Gathas - hymnes attribués à Zarathoustra lui-même - invoque la sagesse d'Ahura Mazda et réitère les principes éternels qui doivent guider la vie humaine. Ce rituel sert d'affirmation collective de la foi, renforçant l'unité entre le divin, la nature et la communauté.

La relation avec Ahura Mazda façonne également les festivals zoroastriens, qui marquent des moments importants dans les cycles naturels et spirituels de la vie. Des célébrations comme Nowruz (le Nouvel An persan) et Mehragan ne sont pas seulement des événements culturels, mais aussi des occasions spirituelles d'exprimer sa gratitude pour la création d'Ahura Mazda. Pendant ces périodes, les communautés se rassemblent pour prier, partager des festins et réfléchir aux valeurs de générosité, de renouveau et d'équilibre. Ces festivals sont des moments où le calendrier zoroastrien et les rythmes du monde naturel se rejoignent, soulignant l'unité des domaines matériel et spirituel comme faisant partie du dessein d'Ahura Mazda.

Au-delà des rituels et des prières, l'influence d'Ahura Mazda se fait sentir dans les systèmes éthiques et juridiques qui régissent les communautés zoroastriennes. Les enseignements de Zarathoustra, qui soulignent les attributs divins de la vérité et de la justice, fournissent un cadre pour résoudre les conflits et guider la conduite de la communauté. La loi zoroastrienne, telle qu'elle est décrite dans des textes comme le Vendidad, reflète la conviction que les questions juridiques doivent être abordées avec équité et dans le respect de la dignité de chaque individu. Les principes de la justice sont considérés comme une extension d'Asha, incarnant la vision d'Ahura Mazda d'un monde où l'harmonie prévaut sur la discorde. Cela rappelle aux fidèles que le respect de la loi est une forme de dévotion, un moyen de mettre en œuvre la volonté d'Ahura Mazda dans leurs interactions quotidiennes.

Ce respect profond pour les conseils d'Ahura Mazda est également évident dans l'approche zoroastrienne des transitions de la vie, telles que la naissance, le mariage et la mort. Lors de ces événements, des prières et des cérémonies spéciales sont organisées pour demander la bénédiction d'Ahura Mazda et s'assurer que chaque phase de la vie est alignée sur Asha. La cérémonie du Naujote, rite d'initiation pour les enfants, symbolise l'acceptation de la voie d'Ahura Mazda, car l'initié revêt le sudreh (chemise sacrée) et le kusti (cordon sacré), qui rappellent son engagement envers les principes de la foi. De cette manière, le lien avec Ahura Mazda est tissé dans le tissu même de la vie d'un zoroastrien, depuis les premiers pas de l'enfance jusqu'aux derniers instants du voyage terrestre.

La relation de dévotion avec Ahura Mazda façonne également la compréhension zoroastrienne de la communauté et de la charité. Les actes de charité sont considérés comme des expressions directes de la volonté divine, ce qui renforce la croyance selon laquelle l'aide aux autres contribue au maintien d'Asha. Les projets d'aide à la communauté, le soutien aux moins fortunés et l'entretien des temples du feu communautaires sont considérés comme des devoirs sacrés, accomplis dans l'intention d'honorer les enseignements d'Ahura Mazda. De cette manière, le culte d'Ahura Mazda transcende la piété individuelle et devient un effort commun pour créer une société qui reflète l'ordre et la compassion divins.

Même si les zoroastriens ont dû faire face à des défis au cours de l'histoire, notamment la persécution et la diaspora, le culte d'Ahura Mazda est resté un pilier central de leur identité. Les pratiques et les valeurs qui gravitent autour de ce culte ont été adaptées à de nouveaux contextes, permettant aux fidèles de maintenir leur lien avec le divin même si les circonstances changent. Aujourd'hui, que ce soit dans un petit temple du feu de l'Iran rural ou dans un centre communautaire d'une ville animée de la diaspora, les zoroastriens continuent de trouver en Ahura Mazda une source de force, de sagesse et d'espoir.

Cette relation durable avec Ahura Mazda reflète une vision du divin qui n'est pas confinée aux cieux, mais qui est intimement présente dans la vie de ceux qui cherchent à comprendre et à vivre selon les principes d'Asha. Par la prière, le rituel et la poursuite éthique d'une vie juste, les zoroastriens restent connectés à la lumière qui guide Ahura Mazda, trouvant en lui la sagesse pour naviguer dans les complexités du monde et l'inspiration pour contribuer à la lutte cosmique pour une réalité gouvernée par la vérité et la droiture. Tant que brûle cette flamme de dévotion, la présence d'Ahura Mazda continue d'éclairer le chemin de ceux qui s'efforcent de maintenir les valeurs anciennes d'une tradition qui perdure depuis des millénaires.

Chapitre 5
Angra Mainyu et les forces du mal

Dans le cadre dualiste du zoroastrisme, Angra Mainyu, souvent appelé Ahriman, est le pendant sombre d'Ahura Mazda, incarnant le chaos, le mensonge et la destruction. Alors qu'Ahura Mazda symbolise la sagesse, l'ordre et la lumière qui guide la création, Angra Mainyu est la force qui cherche à saper et à corrompre cette vision divine. Sa nature même est opposée à Asha, l'ordre cosmique, et il incarne Druj, la tromperie qui menace l'harmonie de l'univers. Cette opposition entre Ahura Mazda et Angra Mainyu constitue le fondement de la vision zoroastrienne du monde, présentant le cosmos comme un champ de bataille où les forces du bien et du mal se disputent la suprématie.

L'histoire de l'origine d'Angra Mainyu n'est pas celle d'une création, mais d'une rébellion contre l'ordre naturel établi par Ahura Mazda. Il ne s'agit pas d'une divinité qui domine un aspect particulier de la vie ; il représente plutôt la négation de la vie elle-même. Son existence se définit par une volonté éternelle de répandre le chaos, la décadence et la souffrance, travaillant sans relâche pour s'opposer à tout acte de création et d'harmonie mis en œuvre par Ahura Mazda. Cette opposition n'est pas simplement philosophique, elle est comprise comme une lutte littérale et permanente qui se manifeste à la fois dans les mondes spirituel et matériel.

La nature d'Angra Mainyu est enracinée dans le concept de Druj, qui se traduit par le mensonge, le désordre et la corruption. Druj est l'antithèse d'Asha, et le pouvoir d'Angra Mainyu réside dans sa capacité à semer la confusion et la déviation morale. Là où Asha apporte la clarté et la vérité, Druj apporte la tromperie, éloignant les humains du chemin de la droiture. Ce conflit spirituel ne se limite pas aux royaumes abstraits ; il influence les expériences quotidiennes des individus, faisant de chaque décision un lieu potentiel de conflit cosmique. Dans la croyance zoroastrienne, la maladie, la mort et les catastrophes naturelles sont considérées comme des signes des tentatives d'Angra Mainyu de déformer et de perturber la création parfaite d'Ahura Mazda.

Le symbolisme des ténèbres est essentiel pour comprendre le rôle d'Angra Mainyu dans la pensée zoroastrienne. Les ténèbres représentent l'ignorance, le désespoir et l'absence de conseils divins. C'est l'état de l'existence où la lumière de la sagesse d'Ahura Mazda est bloquée, permettant à Druj de se répandre sans contrôle. Dans l'imagerie zoroastrienne ancienne, Angra Mainyu est souvent associé aux ombres, aux dangers cachés et aux menaces qui se cachent au-delà des limites de la compréhension humaine. Il incarne la peur et le chaos, exploitant les incertitudes de la vie pour éloigner les âmes de la vérité.

L'influence d'Angra Mainyu ne se limite pas aux dangers extérieurs, mais s'étend profondément au domaine moral et spirituel des individus. On pense qu'il s'attaque au mental et à l'esprit, utilisant la tentation, l'avidité et la haine pour obscurcir le jugement et égarer les gens. Cette lutte intérieure est considérée comme le reflet d'une bataille cosmique plus vaste, où les choix de chacun contribuent soit à la force d'Asha, soit à la propagation de Druj. Dans la tradition zoroastrienne, succomber à la colère, à l'envie ou à la malhonnêteté revient à céder à l'influence d'Angra Mainyu, permettant ainsi aux graines de la corruption de prendre racine dans l'âme. Par conséquent, résister à ces impulsions est considéré comme un acte de combat spirituel, permettant de s'aligner sur la volonté d'Ahura Mazda.

Malgré sa nature destructrice, Angra Mainyu n'est pas considéré comme l'égal d'Ahura Mazda en termes de pouvoir ou de sagesse. Les enseignements zoroastriens soulignent que si Angra Mainyu peut causer d'immenses souffrances et perturbations, son pouvoir est fondamentalement défectueux car il est ancré dans la négativité et la destruction plutôt que dans la création. Contrairement à Ahura Mazda, qui a une vision claire et positive de l'univers, Angra Mainyu ne peut que réagir à ce qui a déjà été créé, cherchant à l'entacher et à le déformer. Ce déséquilibre est une source d'espoir pour les zoroastriens, car il suggère que le triomphe éventuel du bien sur le mal n'est pas seulement possible, mais assuré. La conviction que la sagesse d'Ahura Mazda finira par prévaloir est au cœur de l'eschatologie zoroastrienne, offrant la vision d'un avenir où les ténèbres d'Angra Mainyu seront complètement dissipées.

Le rôle d'Angra Mainyu dans la lutte cosmique se reflète également dans la conception zoroastrienne de la vie après la mort et du destin des âmes. À la mort, chaque âme est jugée sur le pont de Chinvat, où ses actes sont pesés pour déterminer son alignement sur Asha ou Druj. Ceux qui ont mené une vie de vertu et de vérité sont accueillis dans la Maison du Chant, un royaume de lumière et de paix sous la domination d'Ahura Mazda. À l'inverse, ceux qui ont succombé aux influences d'Angra Mainyu se retrouvent dans la Maison du Mensonge, un royaume de souffrance où règne Druj. Ce concept de bilan spirituel souligne l'impact durable de la tromperie d'Angra Mainyu, montrant que les choix faits dans la vie ont des conséquences éternelles.

Les enseignements de Zarathoustra donnent des indications sur la manière d'affronter l'influence d'Angra Mainyu et d'y résister. La récitation de prières, l'accomplissement de rituels et l'adhésion aux principes de Humata, Hukhta, Hvarshta - les bonnes pensées, les bonnes paroles et les bonnes actions - sont considérés comme des actes protecteurs qui mettent l'âme à l'abri de la corruption. En se concentrant sur les aspects positifs de la vie et en s'efforçant de vivre en accord avec Asha, les zoroastriens pensent pouvoir affaiblir l'emprise d'Angra Mainyu et contribuer à la restauration éventuelle de la pureté du monde. La pureté rituelle n'est donc pas seulement une pratique personnelle ou communautaire, mais une méthode directe pour contrecarrer l'influence obscure d'Angra Mainyu et maintenir un lien avec le divin.

Si la présence d'Angra Mainyu est source de souffrance, les enseignements zoroastriens soulignent l'importance de faire face à cette adversité avec courage et résilience. La lutte contre Angra Mainyu n'est pas considérée comme un fardeau, mais comme une opportunité divine de croissance spirituelle. C'est en résistant aux tentations de Druj et en choisissant d'agir avec intégrité que les humains remplissent leur rôle dans le drame cosmique. Chaque acte de bonté, chaque choix de dire la vérité, est une victoire pour Asha et un défi à l'influence d'Angra Mainyu. Cette croyance donne aux zoroastriens le sentiment d'avoir un but, en transformant même les plus petites décisions en contributions significatives à la lutte plus vaste pour l'âme de l'univers.

Dans le récit de la cosmologie zoroastrienne, Angra Mainyu rappelle les défis inhérents à la poursuite d'une vie juste. Il est l'ombre qui contraste avec la lumière d'Ahura Mazda, l'opposition qui définit les enjeux de l'existence humaine. Son rôle dans l'équilibre cosmique illustre la nature dynamique de la vision zoroastrienne de l'univers, où la lutte et le choix façonnent le destin des individus et du monde lui-même. La figure d'Angra Mainyu, bien que redoutable, renforce en fin de compte le message zoroastrien selon lequel, grâce à la vigilance, à la sagesse et à la dévotion, les forces de la vérité et de la lumière l'emporteront.

Le rôle d'Angra Mainyu dans le zoroastrisme n'est pas seulement d'incarner le mal cosmique, mais aussi d'être un stratège dont l'objectif premier est de corrompre et de déstabiliser la création d'Ahura Mazda. Ses méthodes sont insidieuses et visent à la fois les domaines physique et spirituel afin d'apporter la souffrance, la décadence et la confusion morale. Comprendre ces stratégies est crucial pour les zoroastriens, car cela leur permet de reconnaître les moyens subtils par lesquels Angra Mainyu tente de saper Asha et de renforcer leurs propres défenses spirituelles contre son influence.

L'une des principales stratégies employées par Angra Mainyu consiste à semer le doute et le désespoir dans l'esprit humain. Contrairement à Ahura Mazda, dont la sagesse guide avec clarté et vérité, Angra Mainyu prospère dans l'ambiguïté et l'incertitude. Il exploite les moments de faiblesse, dans le but d'amener les individus à remettre en question leur propre valeur, leur lien avec Ahura Mazda et le chemin de la droiture. Cette guerre psychologique se traduit par des tentations qui poussent les gens à embrasser l'avidité, la haine ou l'envie - des émotions qui obscurcissent le jugement et affaiblissent la volonté de poursuivre Asha. Dans la pensée zoroastrienne, le maintien d'un esprit clair par la prière, la méditation et la réflexion éthique est considéré comme essentiel pour résister à ces influences négatives.

L'influence d'Angra Mainyu est également visible dans le monde physique par l'introduction de maladies, de catastrophes naturelles et d'autres formes de souffrance. Ces perturbations ne sont pas considérées comme des événements aléatoires, mais comme des manifestations de Druj, la force qui s'oppose à l'ordre naturel. La maladie et la décadence sont considérées comme des agressions contre l'harmonie qu'Ahura Mazda a voulu pour le monde matériel. Pour lutter contre ces menaces, les rituels zoroastriens comprennent souvent des pratiques de purification visant à rétablir l'équilibre et à repousser l'influence corruptrice d'Angra Mainyu. Ces rituels servent de boucliers spirituels et physiques, renforçant le lien de la communauté avec Asha et sa résistance aux forces du désordre.

La lutte contre Angra Mainyu s'étend au niveau social et communautaire, où son influence peut se manifester par la discorde et l'injustice. Les enseignements zoroastriens préviennent que les conflits sociaux - tels qu'une direction injuste, la corruption et l'effondrement des valeurs communautaires - sont des signes de la présence d'Angra Mainyu. Dans une communauté déchirée par la tromperie et l'inégalité, Druj trouve un terrain fertile pour se développer. Ainsi, les dirigeants zoroastriens et leurs disciples ont pour mission de promouvoir la justice et l'honnêteté, en veillant à ce que leurs sociétés reflètent les principes d'Asha. Cet accent mis sur la gouvernance éthique et l'équité sert de contrepoids au chaos qu'Angra Mainyu cherche à répandre, renforçant l'idée que l'harmonie sociale fait partie intégrante de la lutte cosmique.

Les stratégies d'Angra Mainyu impliquent également des attaques directes contre les pratiques sacrées qui soutiennent la vie zoroastrienne. Il cherche à profaner les éléments qui ont une signification spirituelle, tels que le feu, l'eau et la terre, en encourageant les actes qui polluent ou manquent de respect à l'égard de ces créations sacrées. Dans le zoroastrisme, ces éléments sont considérés comme de pures manifestations de la volonté d'Ahura Mazda, et tout mal qui leur est fait est considéré comme un acte d'alignement sur Druj. C'est pourquoi les zoroastriens accordent une telle importance à la pureté de l'environnement et que les rituels sont conçus pour protéger le caractère sacré de ces éléments naturels. En préservant la pureté du feu, en maintenant l'eau propre et en respectant la terre, les zoroastriens résistent activement aux tentatives d'Angra Mainyu de déformer le monde.

Au-delà de ces stratégies physiques et sociétales, la tactique la plus dangereuse d'Angra Mainyu est peut-être sa tentative de déformer la perception morale. Il s'efforce de brouiller les frontières entre le bien et le mal, tentant les individus de rationaliser leurs actions néfastes et de s'écarter ainsi de la voie d'Asha. Cette confusion morale est l'une des caractéristiques de l'influence de Druj, qui pousse les gens à agir de manière à se nuire à eux-mêmes et à nuire à autrui, tout en croyant que cela est justifié. Les enseignements zoroastriens soulignent l'importance de maintenir un esprit discipliné et une bonne compréhension des principes éthiques pour contrer cette menace. Grâce aux conseils de l'Avesta et à la sagesse des Amesha Spentas, les fidèles apprennent à discerner la véritable nature de leurs actions et à rejeter les subtiles tromperies d'Angra Mainyu.

Le zoroastrisme propose des méthodes spécifiques pour surmonter ces influences, en mettant l'accent sur la culture de la force spirituelle. L'une des pratiques les plus significatives est le rituel de Kusti, au cours duquel les croyants récitent des prières tout en détachant et en renouant un cordon sacré autour de leur taille. Ce rituel est une réaffirmation quotidienne de l'engagement de l'individu envers Asha, un geste physique qui symbolise le fait de se lier aux principes de la vérité et de l'ordre. La récitation répétée d'Ashem Vohu, une prière qui loue la valeur de la vérité, sert de mantra pour garder l'esprit concentré sur le chemin de la droiture, repoussant les tentations qu'Angra Mainyu pourrait introduire.

En outre, la communauté joue un rôle crucial en soutenant les individus dans leur lutte contre les tromperies d'Angra Mainyu. Grâce au culte communautaire, à la récitation des Gathas et aux rituels partagés dans les temples du feu, les zoroastriens trouvent une force collective. Le temple du feu lui-même, avec sa flamme toujours allumée, devient un lieu où la lumière d'Ahura Mazda se manifeste, offrant un refuge contre les ténèbres représentées par Angra Mainyu. Ces pratiques communautaires rappellent aux zoroastriens qu'ils ne sont pas seuls dans leur lutte et que chaque acte de culte est une contribution à la bataille cosmique pour l'âme du monde.

Le zoroastrisme enseigne également que la lutte contre l'Angra Mainyu nécessite une perspective à long terme, une compréhension du fait que le triomphe ultime du bien ne sera pas immédiat. Le concept de Frashokereti, le renouveau et la purification du monde, offre une vision d'espoir et l'assurance qu'en dépit de la souffrance et des défis posés par Angra Mainyu, l'ordre d'Ahura Mazda finira par prévaloir. Cette croyance eschatologique façonne la réponse zoroastrienne aux épreuves, encourageant la persévérance face à l'adversité. Elle rappelle que chaque effort pour maintenir Asha, aussi petit soit-il, contribue au grand plan divin et à la défaite finale des ténèbres.

Dans le grand récit cosmique du zoroastrisme, Angra Mainyu est un adversaire redoutable, mais dont le pouvoir est intrinsèquement imparfait car il est ancré dans la destruction plutôt que dans la création. Ses stratégies peuvent perturber l'harmonie du monde, mais elles ne peuvent pas éteindre la lumière d'Ahura Mazda. L'accent mis par les zoroastriens sur la vie éthique, la pureté et la dévotion à la vérité sert de résistance constante à l'influence d'Angra Mainyu, incarnant la croyance que même au milieu de la lutte, la lumière de la sagesse et de la bonté perdurera.

      La présence d'Angra Mainyu, bien que source d'épreuves, met finalement en évidence l'importance du choix humain dans la pensée zoroastrienne. Elle souligne la croyance selon laquelle le destin du monde est étroitement lié aux actions de ses habitants. Chaque fois qu'un zoroastrien résiste à la tentation, défend la justice ou accomplit une prière devant le feu sacré, il repousse les ombres que projette Angra Mainyu. Cette lutte quotidienne témoigne de la résilience de l'esprit humain et de sa capacité à choisir la lumière plutôt que l'obscurité, reflétant la vérité profonde selon laquelle, même face aux pires adversités, la poursuite d'Asha reste un chemin qui ne peut être obscurci.

Chapitre 6
La création du monde

La vision zoroastrienne de la création est une histoire tissée d'intentions divines, de luttes cosmiques et de l'émergence d'un monde qui renferme à la fois beauté et défi. Ce récit de la création est la pierre angulaire de la théologie zoroastrienne. Il révèle comment la sagesse d'Ahura Mazda a façonné l'univers et déclenché le grand conflit entre Asha, l'ordre cosmique, et Druj, les forces du chaos. Selon l'Avesta, les textes sacrés du zoroastrisme, l'acte de création n'était pas simplement un moment où l'on donnait la vie, mais une stratégie délibérée pour contrer la menace posée par Angra Mainyu, l'esprit de la destruction et du mensonge.

Le processus de création, tel qu'il est décrit dans les enseignements zoroastriens, se déroule en sept étapes, chacune représentant un aspect vital du monde matériel et spirituel. Ces étapes sont étroitement liées aux Amesha Spentas, les sept émanations divines d'Ahura Mazda, qui jouent le rôle de gardiens des différents aspects de la création. La première étape commence par la création du ciel, qui forme le dôme protecteur du monde. Ce ciel est envisagé comme un cristal solide et pur, symbole de la lumière divine qui protège la terre de l'influence du chaos. Sous cette voûte céleste, Ahura Mazda a ensuite fait naître les eaux, remplissant le monde de rivières, de lacs et de mers, destinés à nourrir la vie et à maintenir l'équilibre de la terre.

La troisième étape de la création fut la formation de la terre elle-même - une terre vaste et immobile, représentant la stabilité et l'ordre. Cette terre n'était pas encore peuplée de vie, mais elle constituait la base sur laquelle le reste de la création allait s'épanouir. Ahura Mazda a ensuite créé le règne végétal, qui a rempli la terre de verdure, la nourrissant et lui apportant l'oxygène nécessaire à la vie. Dans la pensée zoroastrienne, les plantes sont considérées comme sacrées, incarnant un lien avec l'ordre divin d'Asha. Elles symbolisent la pureté inhérente à la nature et son rôle dans le maintien du bien-être physique et spirituel du monde.

Après les plantes, Ahura Mazda a introduit le règne animal en créant le premier taureau, Gavaevodata, un être mythologique qui représente l'essence de toutes les créatures vivantes. Ce taureau primordial symbolise la fertilité, la force et le potentiel de la vie à s'épanouir sur la terre. Sa création a marqué le début d'un monde où les êtres vivants pouvaient exister en harmonie avec le plan divin. Cependant, cette harmonie n'allait pas rester lettre morte, car Angra Mainyu a cherché à corrompre le taureau et à lui nuire, ce qui a entraîné la propagation de maladies et de souffrances parmi les animaux. Malgré ces tentatives, l'essence divine du taureau a contribué à la poursuite de la vie, montrant que même face à la destruction, l'esprit créatif d'Ahura Mazda ne pouvait être totalement annulé.

La cinquième étape de la création a donné naissance à l'humanité, Ahura Mazda façonnant Gayomart, le premier humain, qui incarnait la pureté et le potentiel de l'humanité. Gayomart fut créé pour être le gardien d'Asha sur terre, un être dont le but était de maintenir l'équilibre du monde par des actions et des pensées justes. Dans le zoroastrisme, les humains sont considérés comme faisant partie intégrante de l'ordre cosmique et possèdent la capacité unique de choisir entre le bien et le mal, Asha et Druj. Cette capacité de libre arbitre fait de l'humanité un allié crucial dans la lutte d'Ahura Mazda contre Angra Mainyu. Le destin du monde, et la victoire éventuelle de la lumière sur les ténèbres, sont donc liés aux choix des humains, qui sont appelés à protéger la création et à vivre selon la vérité divine.

La sixième étape implique la création du feu, un élément sacré qui symbolise la lumière et la sagesse divines d'Ahura Mazda. Dans le zoroastrisme, le feu n'est pas seulement un phénomène physique, mais une présence spirituelle qui incarne la pureté et l'énergie créatrice du divin. Il sert de pont entre le monde matériel et les royaumes spirituels, une manifestation tangible de la présence directrice d'Ahura Mazda. Le feu est au cœur des rituels zoroastriens, où il est traité avec une grande révérence, gardé pur et utilisé comme un moyen de relier les fidèles à la flamme éternelle de la sagesse divine. Dans l'histoire de la création, le feu joue un rôle protecteur, offrant chaleur et lumière pour contrer le froid et l'obscurité associés à Angra Mainyu.

L'étape finale de la création a été l'introduction des Amesha Spentas dans le monde matériel. Chacun de ces êtres divins est responsable d'un aspect de la création et veille à ce qu'Asha reste forte alors même qu'Angra Mainyu cherche à étendre son influence. Haurvatat (plénitude) et Ameretat (immortalité) veillent sur l'eau et les plantes, préservant leur pureté. Vohu Manah (le bon esprit) guidait l'humanité, l'aidant à faire des choix conformes à la sagesse divine. Ce conseil divin veillait à ce que les forces de la lumière ne soient pas submergées, apportant un soutien spirituel à chaque partie de la création d'Ahura Mazda.

Cependant, avec l'achèvement du monde matériel, Angra Mainyu s'est réveillé de ses ténèbres et a lancé son assaut contre cette nouvelle réalité. Il fit surgir ses propres forces démoniaques pour attaquer chaque étape de la création, introduisant des maladies dans les eaux, de la corruption dans la terre et de la peur dans le cœur des humains. C'est le début du Gumezishn, le mélange cosmique du bien et du mal. C'est une période de conflit, où la création pure d'Ahura Mazda est continuellement mise à l'épreuve par les perturbations d'Angra Mainyu. La lutte entre ces forces opposées définit l'expérience humaine, chaque aspect de la vie devenant un lieu de compétition entre Asha et Druj.

Malgré les troubles causés par l'attaque d'Angra Mainyu, le récit de la création offre une vision d'espoir et de résilience. Les plantes, les animaux et les humains, bien que vulnérables à la corruption, sont également capables de guérir et de se régénérer grâce à leur alignement sur Asha. Les zoroastriens croient qu'à travers des rituels, des prières et un mode de vie éthique, ils peuvent restaurer la pureté qu'Angra Mainyu tente d'entacher. Les Amesha Spentas, agissant en tant que protecteurs divins, continuent de guider l'humanité, renforçant l'idée que les actions de chacun ont une signification cosmique.

Le récit de la création rappelle ainsi avec force l'interconnexion de toutes les formes de vie et l'importance du maintien de l'équilibre du monde naturel. Il enseigne que le monde matériel n'est pas un lieu à fuir ou à rejeter, mais un royaume où l'on peut rencontrer et servir le divin. En comprenant leur rôle dans cette création, les zoroastriens se considèrent comme les gardiens d'un héritage divin, chargés de protéger la terre, de favoriser la croissance et de préserver la lumière spirituelle qu'Ahura Mazda leur a accordée.

Ce récit, avec ses couches de mythes et de symbolisme, est plus qu'une histoire de commencement - c'est un appel à l'action. Il incite chaque croyant à reconnaître le caractère sacré du monde qui l'entoure et à prendre part à l'effort permanent pour le protéger des forces qui cherchent à en défaire l'harmonie. Dans les rituels accomplis devant le feu sacré, dans le soin apporté à la préservation de l'eau et de la terre et dans l'engagement à l'honnêteté et à l'intégrité, les zoroastriens continuent d'honorer la création qu'Ahura Mazda a fait naître, affirmant leur place dans l'ancienne lutte entre l'ombre et la lumière.

L'histoire zoroastrienne de la création va au-delà de la simple formation de l'univers ; elle approfondit les responsabilités qui incombent à l'humanité et les implications profondes du rôle de gardien de l'ordre divin d'Ahura Mazda. Dans cette vision complexe, la création est un processus dynamique où les humains ne sont pas des observateurs passifs mais des participants actifs, chargés de maintenir l'équilibre d'Asha, l'ordre cosmique. Ce devoir n'est pas seulement une obligation spirituelle, mais une réponse directe aux tentatives constantes d'Angra Mainyu de miner le monde par le chaos et la corruption.

Au centre de cette mission cosmique se trouve le rôle de Gayomart, le premier humain, dont l'essence incarne le potentiel de l'humanité. L'existence de Gayomart représente la pureté et l'innocence de la création d'Ahura Mazda, un état qui n'a pas été touché par la tromperie de Druj. Lorsqu'Angra Mainyu a lancé son assaut contre la création, il a ciblé Gayomart, cherchant à éteindre cet être pur. Bien que Gayomart ait succombé à l'influence d'Angra Mainyu et soit mort, la mort de cet humain primordial n'était pas une défaite mais une transformation. À partir des restes de Gayomart, la vie s'est épanouie - sa semence est devenue la source de la vie humaine, et sa pureté a continué à façonner le potentiel moral et spirituel de l'humanité.

Ce concept de vie émergeant de la lutte est essentiel au zoroastrisme. Il suggère que même dans les moments d'obscurité et de perte, l'étincelle divine au sein de l'humanité reste résistante. Les descendants de Gayomart héritent du double héritage de la pureté et de la lutte, portant en eux le potentiel du bien et du mal. Les enseignements zoroastriens soulignent que cet héritage n'est pas un trait passif mais une responsabilité - chaque individu est chargé de choisir Asha plutôt que Druj, en veillant à ce que le monde se rapproche de la vision divine voulue par Ahura Mazda.

La relation entre les domaines physique et spirituel est mise en évidence par la façon dont les zoroastriens perçoivent le monde naturel. La terre, les plantes, les animaux et les hommes sont interconnectés, formant un réseau de vie qui doit être protégé de la pollution et de la décomposition répandues par Angra Mainyu. Ce respect de la nature se manifeste dans l'attention que les zoroastriens portent à leurs interactions quotidiennes avec l'environnement, où les actes de conservation et de respect sont considérés comme des prolongements de leur devoir spirituel. Par exemple, les rituels impliquant la préservation des feux sacrés ou l'utilisation prudente des sources d'eau ne sont pas simplement des pratiques culturelles, mais des affirmations de l'essence divine dans le monde naturel.

La responsabilité humaine en tant que gardiens de la terre est également liée à la conception zoroastrienne de Frashokereti, le renouvellement final du monde. Ce concept eschatologique envisage une époque où Asha triomphera pleinement de Druj, redonnant à la création sa pureté originelle. Cependant, cette restauration n'est pas considérée comme un événement inévitable qui se déroulerait sans l'intervention de l'homme. Au contraire, elle requiert l'effort continu des fidèles, dont les actions contribuent à purifier le monde des impuretés introduites par Angra Mainyu. Chaque bonne action, chaque acte de compassion ou de gestion de l'environnement est considéré comme une contribution à ce renouveau cosmique, ce qui renforce la conviction que le rôle de l'humanité est essentiel dans le grand dessein.

Les écritures zoroastriennes mettent également l'accent sur le concept d'Amesha Spentas, les émanations divines d'Ahura Mazda, et sur leur relation avec les éléments de la création. Ces êtres, tels que Spenta Armaiti, qui incarne l'esprit de la terre, et Haurvatat et Ameretat, qui président à l'eau et aux plantes, travaillent aux côtés de l'humanité au maintien d'Asha. En respectant et en honorant ces aspects de la création, les zoroastriens pensent pouvoir renforcer la présence d'Asha dans le monde, le rendant ainsi plus résistant aux forces corruptrices d'Angra Mainyu. Cette conception des Amesha Spentas, à la fois guides spirituels et protecteurs de la nature, illustre la profondeur de l'engagement zoroastrien en faveur d'une existence harmonieuse.

Les rituels zoroastriens reflètent ce devoir cosmique par des actes de purification et de révérence. L'une de ces pratiques est le rituel zoroastrien de la consécration du feu, qui implique de soigner et d'honorer les flammes sacrées. Dans ces rituels, le feu est traité comme une incarnation vivante de la présence d'Ahura Mazda sur terre, sa pureté symbolisant l'essence intacte de la création. Le rituel implique la récitation d'hymnes spécifiques, censés purifier l'espace de toute influence de Druj et réaffirmer la domination d'Asha dans le domaine physique. En maintenant la pureté du feu, les zoroastriens créent un espace où l'ordre divin est préservé, offrant un lieu de refuge contre la menace toujours présente du chaos.

L'importance de ces rituels s'étend au traitement des défunts, où les concepts de pureté et de responsabilité cosmique prennent un ton sombre. Les zoroastriens pratiquent l'enterrement dans le ciel, où les corps des défunts sont exposés aux éléments dans des structures connues sous le nom de Dakhmas ou « tours du silence ». Cette pratique découle de la croyance selon laquelle la mort, en tant que manifestation de l'influence d'Angra Mainyu, pourrait contaminer la terre si elle n'était pas gérée correctement. En permettant aux éléments naturels et aux oiseaux charognards de purifier les restes, les zoroastriens s'assurent que la terre reste intacte, alignant leurs pratiques sur leur respect de la nature et de l'ordre cosmique. Cette approche témoigne d'une profonde prise de conscience de l'interconnexion de toutes les formes de vie et de la nécessité de respecter le caractère sacré de la création d'Ahura Mazda, même dans la mort.

Les dimensions morales de ce récit de la création ne se limitent pas au rituel, mais s'étendent aux actions quotidiennes des croyants. Selon les enseignements zoroastriens, vivre en accord avec Asha, c'est contribuer activement à la prospérité de la terre et au bien-être d'autrui. Des actes tels que cultiver la terre, s'occuper des animaux et s'engager dans un travail honnête sont considérés comme des reflets de l'intention divine. Cette perspective donne une signification spirituelle aux tâches banales, transformant l'ordinaire en un moyen de participer à la mission cosmique. C'est par ces actions que les fidèles zoroastriens conservent leur rôle de gardiens de la création, en veillant à ce que la lumière d'Ahura Mazda continue de briller dans le monde matériel.

La lutte entre Asha et Druj s'incarne donc dans les choix de chacun, prolongeant le récit de la création dans la réalité vécue par les communautés zoroastriennes. Chaque décision éthique est une petite bataille dans la guerre plus vaste entre l'ordre et le chaos, et chaque action individuelle a le potentiel d'affirmer ou de rompre l'équilibre divin. Cette croyance en l'importance des choix humains constitue à la fois un défi et une promesse : le défi de rester vigilant face aux tentations posées par Angra Mainyu, et la promesse que, grâce à ses efforts, l'humanité peut contribuer à guider le monde vers un avenir où prévaudra la pureté d'Asha.

Dans cette vision grandiose de la création, le zoroastrisme propose une vision du monde qui considère que les domaines matériel et spirituel sont intimement liés et que le monde physique est un espace sacré qui reflète l'ordre divin. L'histoire de la création du monde, qui met l'accent sur la responsabilité humaine et la lutte cosmique, appelle les croyants à participer activement au déroulement du plan divin. Il les invite à considérer leur vie non pas comme un événement isolé, mais comme une partie intégrante d'une histoire qui a commencé avec la vision d'Ahura Mazda et qui se poursuit grâce aux efforts de chaque individu qui choisit de respecter les principes de la vérité, de l'ordre et du respect de la vie.

Le récit de la création, qui met l'accent sur la gestion et le devoir cosmique, sert de guide aux fidèles pour naviguer dans les complexités de l'existence. Il leur rappelle que même dans un monde marqué par l'ombre d'Angra Mainyu, la présence d'Asha reste à portée de main, attendant d'être renforcée par ceux qui osent agir avec intégrité et compassion. Grâce à cette compréhension, les fidèles zoroastriens trouvent un but, sachant que leurs actions contribuent non seulement à leur propre croissance spirituelle, mais aussi à l'effort continu pour restaurer le monde dans l'état d'harmonie et de lumière qui est le sien.

Chapitre 7
Asha et Druj - Ordre et chaos

Dans le zoroastrisme, les concepts d'Asha et de Druj représentent les dualités fondamentales qui façonnent le cosmos et le paysage moral de l'existence humaine. Asha incarne la vérité, l'ordre et la loi divine, guidant l'univers vers l'harmonie et la droiture. Druj, son antithèse, symbolise le mensonge, le chaos et la corruption, s'efforçant de dénaturer la pureté de la création. Ces forces ne sont pas des idées abstraites, mais des principes actifs qui se manifestent dans tous les aspects de la vie, du monde naturel aux pensées les plus intimes des individus. Il est essentiel de comprendre Asha et Druj pour saisir la vision zoroastrienne d'un monde où chaque action, parole et pensée contribue à l'équilibre entre la lumière et les ténèbres.

Asha, souvent traduit par « vérité » ou « droiture », est le principe qui régit le fonctionnement ordonné de l'univers. C'est la force qui guide les cycles de la nature, la structure du cosmos et la loi morale qu'Ahura Mazda a établie à travers la création. Asha est plus qu'un ensemble de règles ; il représente l'harmonie inhérente qui existe lorsque le monde fonctionne comme il a été prévu. Ce principe se reflète dans la beauté du monde naturel - le mouvement prévisible des étoiles, le rythme des saisons et l'épanouissement de la vie. Il est également présent dans le comportement éthique des humains, qui sont appelés à s'aligner sur cet ordre cosmique par leurs choix.

L'idée d'Asha est au cœur de l'éthique et de la spiritualité zoroastriennes. Elle fournit un cadre pour comprendre la bonne façon de vivre, en mettant l'accent sur des valeurs telles que l'honnêteté, la justice et le respect de toutes les formes de vie. Lorsque les zoroastriens parlent de vivre selon Asha, ils veulent dire qu'ils vivent de manière à respecter le monde naturel, à soutenir la communauté et à honorer la présence divine dans chaque être. Asha est la voie de la vertu, le fondement sur lequel se construit une vie d'intégrité et de clarté spirituelle. C'est en poursuivant Asha que les individus trouvent leur raison d'être, devenant des co-créateurs avec Ahura Mazda pour maintenir l'équilibre du monde.

À l'inverse, Druj représente la force du désordre et de la fausseté. Il est la source de tous les mensonges, de la tromperie et de la corruption morale qui sapent le tissu de la création. Alors qu'Asha cherche à construire et à soutenir, Druj cherche à détruire et à déformer. Angra Mainyu, l'esprit du mal, incarne Druj et s'efforce de répandre son influence dans les domaines matériel et spirituel. Druj est présent partout où règne le chaos, la violence ou l'injustice, là où la vérité est obscurcie et où l'ordre naturel est perturbé. Les enseignements zoroastriens préviennent que Druj peut s'insinuer dans le cœur des individus par l'égoïsme, la colère et la tromperie, les détournant ainsi de la lumière d'Asha.

La lutte entre Asha et Druj ne se limite pas au niveau cosmique ; elle se joue dans l'esprit et l'âme de chacun. Le zoroastrisme enseigne que les humains, dotés du libre arbitre par Ahura Mazda, ont le pouvoir de choisir entre ces deux voies. Ce choix est au cœur de leur voyage spirituel et détermine leur rôle dans la grande lutte cosmique. Asha les appelle à agir avec intégrité et compassion, à être les gardiens de la terre et à défendre la justice. Druj les tente avec des raccourcis, de fausses promesses et des actions qui nuisent à autrui. Chaque décision devient une bataille, où le sort de l'âme de l'individu et l'équilibre du monde sont en jeu.

Concrètement, l'influence d'Asha et de Druj s'étend à la manière dont les zoroastriens interagissent avec leur environnement et leur communauté. Les actes de bonté, tels que nourrir les affamés, protéger les animaux et offrir l'hospitalité, sont considérés comme des affirmations d'Asha. Ils témoignent d'un engagement en faveur du bien-être d'autrui et du maintien de l'ordre divin. À l'inverse, les actes qui causent du tort, qu'il s'agisse de mensonges, de vols ou de négligence du monde naturel, sont considérés comme des manifestations de Druj. De tels comportements perturbent l'harmonie qu'Asha cherche à maintenir, créant un désordre dans les domaines physique et spirituel.

Cette vision dualiste du monde est étroitement liée aux rituels zoroastriens et aux pratiques quotidiennes. Les prières, telles que la récitation de l'Ashem Vohu, invoquent directement le pouvoir d'Asha, soulignant l'importance de la vérité et l'engagement du croyant à vivre en accord avec elle. Ces prières rappellent le combat permanent entre l'ordre et le chaos et encouragent les individus à aligner leurs pensées sur les principes d'Asha. Les rituels de purification, y compris l'utilisation d'eau et de feu consacrés, sont des moyens de se purifier physiquement et spirituellement de l'influence de Druj, renforçant ainsi la pureté exigée par Asha.

Les écritures zoroastriennes, en particulier les Gathas de Zarathoustra, explorent la tension entre Asha et Druj en termes poétiques et philosophiques. Les hymnes de Zarathoustra abordent fréquemment les dilemmes moraux auxquels sont confrontés ses disciples, les exhortant à choisir Asha dans leurs actions et à reconnaître les dangers de tomber sous l'emprise de Druj. Il parle d'un monde où les humains sont appelés à être des ashavans - ceux qui suivent la voie d'Asha - s'opposant aux dregvants, ceux qui incarnent les mensonges de Druj. Cette distinction n'est pas seulement une question de moralité, mais aussi d'alignement sur l'objectif cosmique, contribuant soit à la subsistance, soit à l'affaiblissement de la création.

Les concepts d'Asha et de Druj façonnent également la compréhension zoroastrienne de la vie après la mort. Le pont de Chinvat, le pont du jugement que les âmes doivent traverser après la mort, reflète cette dualité. Ceux qui ont vécu en accord avec Asha trouvent le pont large et facile à traverser, les menant à la Maison du Chant, un royaume de lumière et de joie sous la garde d'Ahura Mazda. Ceux qui ont succombé à Druj font face à une traversée étroite et périlleuse, tombant dans la Maison du Mensonge, où leurs âmes font l'expérience de la souffrance causée par leurs propres actions. Cette vision du jugement renforce l'importance de vivre une vie en accord avec Asha, car les conséquences s'étendent bien au-delà de cette existence terrestre.

L'interaction entre Asha et Druj offre également un cadre pour comprendre les défis du monde. La souffrance, les catastrophes naturelles et les conflits sociaux sont considérés comme des manifestations de l'influence de Druj, des rappels de la bataille permanente qui façonne le cosmos. Les zoroastriens apprennent à répondre à ces défis non pas par le désespoir, mais par la résilience et un engagement renouvelé envers les principes d'Asha. En restant inébranlables face aux épreuves, ils pensent pouvoir contribuer à inverser la tendance contre Druj et à faire triompher le bien sur le mal.

Dans cet équilibre complexe entre Asha et Druj, le zoroastrisme présente une vision de la vie où chaque instant a son importance, où les actions les plus simples peuvent faire pencher la balance vers la lumière ou l'obscurité. C'est une vision du monde qui met l'accent sur la responsabilité personnelle, la communauté et le caractère sacré de la création. Pour les fidèles, le chemin d'Asha n'est pas facile - il exige de la discipline, de la clarté et une vigilance constante contre les tentations de Druj. Mais c'est aussi une voie pleine de sens, qui offre la promesse qu'en vivant en harmonie avec l'ordre divin, ils ne façonnent pas seulement leur propre destin, mais participent à la grande histoire cosmique, celle qui mène à la restauration ultime du monde.

Les principes d'Asha et de Druj ne sont pas simplement des concepts abstraits dans le zoroastrisme ; ils sont profondément intégrés dans la vie quotidienne et les pratiques de ses adeptes. Les zoroastriens considèrent leurs actions, leurs pensées et leurs choix comme des contributions directes à la lutte cosmique entre ces forces. Vivre en accord avec Asha implique plus que d'en comprendre le sens ; il s'agit d'appliquer activement ses valeurs dans tous les aspects de la vie, du comportement personnel aux responsabilités communautaires. Cet engagement façonne la manière dont les zoroastriens se conduisent, favorisant une culture où chaque décision est un acte délibéré de soutien à Asha et de résistance à l'influence omniprésente de Druj.

Asha guide les zoroastriens pour qu'ils agissent avec intégrité, qu'ils disent la vérité et qu'ils gardent le sens du devoir envers les autres et l'environnement. La triade Humata, Hukhta, Hvarshta - bonnes pensées, bonnes paroles et bonnes actions - est au cœur de cette pratique. Cette triade constitue un cadre éthique simple mais profond qui façonne la manière dont les individus s'engagent dans le monde. Les bonnes pensées sont considérées comme le germe de toute action vertueuse, car elles favorisent un esprit exempt d'envie, de haine et de tromperie. Les bonnes paroles reflètent l'engagement en faveur de l'honnêteté et de la gentillesse dans le discours, en veillant à ce que la communication soit un moyen d'instaurer la confiance et la compréhension. Les bonnes actions englobent les actions qui sont bénéfiques aux autres et qui contribuent au maintien de l'ordre dans le monde, qu'il s'agisse d'aider les nécessiteux ou de protéger la nature.

Ces principes sont renforcés par des rituels et des prières quotidiennes qui mettent l'accent sur la conscience de la présence d'Asha. La récitation de la prière Ashem Vohu, qui exalte la valeur de la vérité et de la droiture, sert de rappel pour s'aligner sur la voie d'Asha. En s'engageant régulièrement dans ces prières, les zoroastriens se concentrent sur les idéaux de vérité et d'ordre, s'efforçant de manifester ces qualités dans leurs interactions avec les autres. La pureté rituelle est considérée comme une extension de cet alignement, où des pratiques telles que se laver avant la prière ou maintenir la propreté de sa maison sont considérées comme des actes qui honorent le désir d'Asha pour un monde harmonieux.

En revanche, l'influence de Druj est contrée par la vigilance à l'égard des pensées et des comportements qui peuvent conduire à la corruption et au chaos. Les zoroastriens reconnaissent que Druj se manifeste souvent de manière subtile, par des tentations de mentir, d'agir de manière égoïste ou de nuire à autrui. La lutte contre Druj est menée au niveau personnel, lorsque les individus s'efforcent de garder le contrôle de leurs impulsions et de résister à l'attrait des raccourcis ou des actions qui compromettraient leur intégrité. Les enseignements zoroastriens soulignent que chaque acte de malhonnêteté ou de cruauté renforce la présence de Druj dans le monde, ce qui fait de la lutte contre ces impulsions une entreprise profondément spirituelle.

 Cette lutte personnelle s'étend à la sphère sociale, où Asha sert de fondement à la justice et à l'harmonie communautaire. Les communautés zoroastriennes sont guidées par des principes d'équité, d'hospitalité et de soutien aux personnes dans le besoin. Les rassemblements sociaux, y compris ceux qui ont lieu dans les temples du feu, ne sont pas seulement des occasions de culte, mais aussi de renforcement des liens communautaires par le biais de valeurs partagées. Dans ces espaces, les principes de l'Asha guident les interactions, promouvant une culture où le respect mutuel et la responsabilité collective sont primordiaux. En maintenant la justice au sein de leurs communautés, les zoroastriens pensent qu'ils créent un microcosme de l'ordre idéal que représente Asha, s'opposant ainsi au désordre que Druj cherche à introduire.

 Les rituels, tels que la cérémonie du Yasna, jouent un rôle crucial dans le renforcement de l'équilibre cosmique entre Asha et Druj. Le Yasna, rite central impliquant la récitation de textes sacrés et des offrandes, est pratiqué pour invoquer la présence d'Ahura Mazda et des Amesha Spentas. Au cours du rituel, les participants cherchent à se purifier et à purifier leur environnement, créant ainsi un espace où l'influence d'Asha peut se manifester. Cette purification n'est pas seulement un acte physique mais aussi spirituel, visant à dissiper les ombres de Druj qui peuvent subsister dans les esprits et les cœurs des personnes présentes. La structure du rituel symbolise le rétablissement de l'ordre divin, rappelant aux participants leur rôle dans la lutte permanente pour un monde régi par la vérité et la lumière.

 Au-delà des rituels formels, l'application d'Asha dans la vie quotidienne se manifeste dans des pratiques telles que la divulgation de la vérité et la résolution des conflits. Les enseignements zoroastriens soulignent que le mensonge, même pour de petites choses, introduit une part de Druj dans le monde, perturbant l'harmonie qu'Asha cherche à maintenir. Cet engagement en faveur de la véracité favorise une culture où la transparence et l'honnêteté sont profondément appréciées. Pour résoudre les conflits, les zoroastriens sont encouragés à rechercher des solutions pacifiques qui respectent la justice, reflétant la croyance selon laquelle le maintien de l'harmonie entre les personnes est aussi vital que le maintien de l'harmonie dans la nature.

La gestion de l'environnement est une autre expression importante d'Asha, la protection du monde naturel étant considérée comme un devoir spirituel. Les zoroastriens croient que la terre, l'eau, le feu et l'air sont des créations sacrées d'Ahura Mazda, qui méritent respect et protection. Cette révérence s'étend à tous les êtres vivants, la compassion envers les animaux et la préservation des ressources naturelles étant considérées comme des moyens de faire respecter les principes d'Asha. Des actes tels que la plantation d'arbres, la conservation de l'eau et la réduction des déchets sont considérés comme des contributions directes à la lutte contre le Druj, reflétant la croyance selon laquelle le maintien de la pureté de la nature fait partie du maintien de la pureté de l'âme.

Le calendrier zoroastrien, marqué par des festivals tels que Nowruz et Mehregan, intègre encore davantage les principes d'Asha dans le rythme de vie. Ces festivals célèbrent les cycles de la nature et les victoires de la lumière sur les ténèbres, et constituent des moments de renouveau et de réflexion. Au cours de ces célébrations, la communauté se rassemble pour remercier les bienfaits de la création et renouveler son engagement à vivre en accord avec Asha. Ces moments renforcent les liens entre les individus et leur environnement, en leur rappelant l'histoire cosmique plus large dans laquelle ils jouent un rôle.

L'accent mis sur l'Asha en tant que mode de vie façonne également les attitudes zoroastriennes à l'égard de la mort et de l'au-delà. La mort est considérée comme une transition où les choix faits pendant la vie déterminent l'expérience de l'âme dans les royaumes spirituels. Ceux qui ont vécu en accord avec Asha sont censés traverser facilement le pont de Chinvat et entrer dans un royaume de lumière où ils rejoignent la présence d'Ahura Mazda. Cette croyance renforce l'importance de mener une vie conforme à Asha, car les conséquences des actions de chacun s'étendent au-delà de la vie terrestre, dans le destin spirituel de l'âme.

L'approche zoroastrienne de la discipline morale n'est pas fondée sur la peur, mais sur l'espoir et la détermination. Les enseignements de Zarathoustra incitent les adeptes à considérer leurs choix quotidiens comme des occasions d'affirmer leur place dans la lutte cosmique. Qu'il s'agisse de petits actes de bonté, de la poursuite de la justice ou de l'attachement à la pureté de la pensée et de l'action, chaque instant est une chance de contribuer au triomphe d'Asha. Cette perspective encourage le sens de l'action, où les fidèles comprennent que leurs efforts, aussi humbles soient-ils, s'inscrivent dans une mission divine plus vaste.

Ainsi, la vie zoroastrienne devient un dialogue permanent avec les forces de l'ordre et du chaos, où Asha est une lumière directrice qui apporte la clarté au milieu des complexités de l'existence. La communauté zoroastrienne, liée par des rituels et des engagements éthiques communs, trouve sa force dans la certitude que ses actions collectives peuvent influer sur l'équilibre du monde. C'est grâce à cette unité, fondée sur la poursuite d'Asha, qu'ils relèvent les défis posés par Druj, transformant même les moments les plus ordinaires en expressions d'une vision cosmique qui va au-delà du temps et de l'espace, vers un avenir où la lumière et la vérité l'emportent.

Chapitre 8
Le feu

Au cœur du zoroastrisme, le feu brûle comme un symbole de la présence divine, incarnant la lumière, la chaleur et la pureté qu'Ahura Mazda accorde au monde. Le feu n'est pas seulement un élément physique ; c'est une force spirituelle qui représente la flamme éternelle de la vérité et l'essence d'Asha, l'ordre cosmique. Vénéré comme une manifestation directe d'Ahura Mazda, le feu occupe une place centrale dans les rituels zoroastriens, servant de pont entre les domaines matériel et spirituel. Son rôle s'étend au-delà des espaces sacrés des temples, s'insérant dans la vie quotidienne des croyants comme une source d'inspiration et un symbole de la connexion divine qui soutient l'univers.

Le concept du feu dans le zoroastrisme est profondément lié au principe d'Asha. Tout comme Asha représente la vérité et l'ordre du cosmos, le feu symbolise la lumière pure de la connaissance qui dissipe les ombres de l'ignorance et du mensonge. Le feu est ainsi un rappel constant de la vérité divine qui guide l'univers. On pense qu'à travers les flammes sacrées, la présence d'Ahura Mazda peut être perçue sur Terre, fournissant un ancrage spirituel à ceux qui recherchent la sagesse et l'illumination. Le feu n'est donc pas seulement le point central du culte, mais aussi le symbole de la lumière intérieure que chaque individu doit cultiver pour vivre en harmonie avec Asha.

Les feux les plus vénérés se trouvent dans les Atash Behrams, ou temples du feu, qui servent de centres spirituels aux communautés zoroastriennes. Ces temples abritent le feu sacré qui est méticuleusement entretenu par des prêtres, appelés Mobeds. Le feu d'un Atash Behram est considéré comme la plus haute qualité de flamme sacrée, connue sous le nom d'Atash

Adaran, et son entretien implique des rituels stricts pour maintenir sa pureté. Les prêtres veillent à ce que le feu ne s'éteigne jamais et l'alimentent en bois de santal et en encens pour maintenir sa luminosité. La continuité ininterrompue de la flamme symbolise la nature éternelle de la sagesse d'Ahura Mazda, qui se dresse comme un phare de la présence divine au milieu des défis du monde matériel.

Le feu lui-même est traité avec le plus grand respect, car il est considéré comme un symbole vivant du divin. Des rituels sont mis en œuvre pour veiller à ce que la flamme ne soit pas polluée, et des directives strictes sont établies quant aux personnes autorisées à s'en approcher et à la manière dont les offrandes sont faites. Le Yasna, un rituel zoroastrien clé qui comprend la récitation d'hymnes et la préparation du haoma, une boisson sacrée à base de plantes, est souvent célébré devant la flamme sacrée. Cette cérémonie vise à honorer Ahura Mazda et les Amesha Spentas, en invoquant leur présence et en renforçant le lien entre les domaines terrestre et spirituel. La récitation de l'Avesta devant le feu est un acte d'alignement, où les mots des textes sacrés résonnent avec la pureté de la flamme, renforçant les principes de l'Asha.

Le rôle du feu s'étend au-delà des temples, dans la vie quotidienne des zoroastriens, où les feux domestiques sont traités avec la même révérence. Les familles gardent souvent une petite flamme ou une lampe allumée chez elles, l'utilisant comme point focal pour leurs prières quotidiennes. Cette pratique reflète la croyance selon laquelle même la plus petite flamme renferme une étincelle divine et qu'en l'honorant, les fidèles peuvent maintenir un lien avec la sagesse d'Ahura Mazda. Dans le foyer, le feu devient un symbole de continuité, représentant la transmission de la tradition d'une génération à l'autre et rappelant la lumière omniprésente qui guide le voyage spirituel et moral de la famille.

L'importance accordée par le zoroastrisme à la pureté du feu est étroitement liée à ses enseignements sur le maintien de la propreté physique et spirituelle. Le feu est considéré comme intrinsèquement pur et son rôle de purificateur est au cœur de nombreux rituels zoroastriens. On pense que le feu peut nettoyer à la fois les espaces physiques et les impuretés spirituelles, ce qui en fait un élément essentiel de rituels tels que ceux de la naissance, du mariage et de la mort. Lorsqu'un nouvel enfant est accueilli dans la communauté ou qu'un couple se marie, le feu est invoqué comme témoin, sa pureté symbolisant l'espoir d'une vie remplie d'Asha. De même, à la fin de la vie, le feu joue un rôle dans les cérémonies qui honorent le défunt, garantissant que la transition du monde matériel respecte le caractère sacré de la création.

Le symbolisme du feu en tant que purificateur s'étend également au monde naturel. Dans les pratiques environnementales zoroastriennes, le rôle du feu en tant que purificateur reflète la croyance plus large en la sainteté des éléments. Les zoroastriens apprennent à éviter les actions qui pollueraient le feu, comme y jeter des déchets ou des substances impures. Au contraire, les offrandes faites à la flamme sacrée doivent être pures et dignes, reflétant le respect pour l'élément divin. Cette pratique incarne l'idée que le respect du feu est une manière de respecter la création d'Ahura Mazda, renforçant ainsi le lien entre les domaines matériel et spirituel.

Au-delà de son rôle rituel, le feu sert de métaphore au cheminement spirituel de chaque individu. Tout comme les flammes sacrées sont entretenues avec soin pour maintenir leur éclat, les zoroastriens sont encouragés à cultiver leur flamme intérieure, la lumière de la sagesse et de la vérité qui est en eux. Les enseignements de Zarathoustra soulignent que l'âme humaine est comme une flamme, capable de brûler avec éclat si elle est nourrie de bonnes pensées, de bonnes paroles et de bonnes actions. C'est cette lumière intérieure qui permet à chacun de résister aux influences de Druj et de suivre le chemin d'Asha, transformant sa vie en un testament de l'ordre divin.

La présence du feu en tant que symbole de la vie et de l'énergie s'étend aux festivals zoroastriens, tels que Sadeh et Nowruz, où le feu joue un rôle central dans les célébrations. Lors du Sadeh, qui marque la découverte du feu et le triomphe de la chaleur sur le froid de l'hiver, de grands feux de joie sont allumés pour symboliser la lumière de la connaissance surmontant l'obscurité. Ce festival est l'expression communautaire de la croyance selon laquelle la chaleur et la lumière du feu sont des dons d'Ahura Mazda, capables de maintenir la vie à travers les difficultés du monde. De même, pendant Nowruz, le Nouvel An perse, l'allumage des feux symbolise le renouveau de la vie et la purification du passé, préparant la communauté à un nouveau cycle de croissance et d'espoir.

Le rôle du feu dans le zoroastrisme est donc multiple : à la fois élément physique, symbole de la vérité divine et guide spirituel. Son importance se retrouve dans les actes de culte quotidiens, les grands rituels des temples et les moments intimes de la vie familiale. Pour les zoroastriens, la vue d'une flamme rappelle que la sagesse d'Ahura Mazda est toujours présente, les guidant à travers les ténèbres de l'incertitude et les défis posés par Angra Mainyu. Elle incarne la croyance durable que tant que la flamme de la vérité brûle, il reste un espoir pour un monde où Asha l'emporte sur Druj, où l'ordre, la compassion et la lumière sont préservés au milieu des complexités de l'existence.

En vénérant le feu, les zoroastriens maintiennent un lien avec leur ancien héritage, une tradition qui a survécu au passage des millénaires. La flamme sacrée, qu'elle brûle dans un grand temple ou qu'elle vacille dans une modeste maison, est un symbole de résilience, incarnant l'esprit durable d'une foi qui trouve le divin dans les forces les plus élémentaires de la nature. Par leur dévotion au feu, les adeptes de Zarathoustra honorent non seulement le dieu qui a créé le monde, mais aussi l'essence même de la vie qui anime l'univers, une flamme qui continue d'éclairer le chemin vers la compréhension, la sagesse et un monde guidé par les principes d'Asha.

La vénération du feu dans le zoroastrisme ne concerne pas seulement son symbolisme, mais aussi les rituels pratiques et sacrés qui s'articulent autour de cet élément. Ces rituels sont profondément ancrés dans le tissu de la vie zoroastrienne, reflétant une compréhension profonde du feu en tant que lien entre les domaines matériel et spirituel. Au-delà du symbole de la présence d'Ahura Mazda, le feu est activement engagé dans les prières quotidiennes, les pratiques cérémonielles et les événements du cycle de vie, renforçant ainsi son rôle de conduit de l'énergie divine et de gardien de la pureté spirituelle.

Dans le culte zoroastrien, les différents types de feux sacrés sont classés en fonction de leur signification spirituelle, chacun jouant un rôle unique dans la pratique religieuse. Le degré le plus élevé est l'Atash Behram, connu sous le nom de « feu victorieux ». Ce feu se trouve dans les temples du feu les plus vénérés et est considéré comme le summum de la sainteté zoroastrienne. Le processus de consécration d'un Atash Behram est complexe et prend beaucoup de temps. Il implique la purification d'un feu provenant de seize sources différentes, dont la forge d'un artisan, un bûcher funéraire et l'âtre de la maison. Ce processus symbolise le rassemblement des divers éléments du monde et leur unification sous la force purificatrice de la flamme divine, représentant un microcosme de l'ordre qu'Asha apporte à l'univers.

L'entretien rituel d'un Atash Behram est assuré par des prêtres spécialement formés, chargés de préserver la pureté du feu. Ces prêtres, connus sous le nom de Mobeds, accomplissent des cérémonies quotidiennes comprenant la récitation de l'Avesta et l'offrande de bois de santal et d'encens, qui servent à alimenter la flamme. La combustion continue du feu est un symbole puissant de la nature éternelle de la lumière d'Ahura Mazda, qui rappelle que même dans un monde assombri par l'influence d'Angra Mainyu, la présence divine perdure. Dans ce contexte, le rôle des Mobeds n'est pas seulement pratique, il est aussi profondément spirituel : ils servent d'intermédiaires qui veillent à ce que le lien entre le monde divin et le monde terrestre reste fort et ininterrompu.

Outre l'Atash Behram, d'autres types de feu sacré, tels que l'Atash Adaran et l'Atash Dadgah, se trouvent dans des temples plus petits et des sanctuaires domestiques. Bien que leur consécration soit moins complexe, ces feux sont traités avec la même révérence. L'Atash Adaran, souvent appelé le « feu des feux », est destiné aux communautés qui n'ont pas accès à un Atash Behram. L'Atash Dadgah, ou « feu installé », peut être conservé dans les maisons familiales, offrant un espace plus intime pour la dévotion quotidienne. Dans ce cas, le feu sert de point focal pour les prières personnelles et de symbole de l'engagement de la famille envers Asha. Ces feux domestiques sont entretenus avec soin et les familles procèdent souvent à un simple rituel consistant à ajouter du bois ou de l'encens tout en récitant des bénédictions, ce qui permet de maintenir le lien avec le sacré dans la vie de tous les jours.

L'importance du feu dans les rituels zoroastriens s'étend aux événements du cycle de vie, où il joue un rôle central en marquant les transitions et en invoquant les bénédictions divines. Lors des cérémonies de mariage, le couple se tient devant une flamme sacrée lorsqu'il échange ses vœux, symbolisant la pureté de son union et la lumière qu'il apporte à la vie de l'autre. Le feu agit comme un témoin, sa présence rappelant que leur engagement n'est pas seulement l'un envers l'autre, mais aussi envers les principes de vérité et d'ordre que le feu représente. De même, lors de la cérémonie du Navjote, rite d'initiation au cours duquel les enfants sont officiellement accueillis dans la foi zoroastrienne, le feu sacré est un élément central, symbolisant l'entrée de l'enfant dans une vie guidée par la lumière d'Asha.

À la fin de la vie, le feu joue également un rôle dans les pratiques funéraires des zoroastriens, mais avec un objectif différent. En raison de la croyance en la pureté du feu, celui-ci ne doit pas être pollué par les morts, qui sont considérés comme étant sous l'influence temporaire d'Angra Mainyu. Ainsi, plutôt que la crémation, les zoroastriens pratiquent traditionnellement l'enterrement dans le ciel sur des Dakhmas, ou « tours du silence ». Cependant, le feu fait toujours partie des rituels de mort par le biais de prières effectuées près d'une flamme consacrée, qui sont censées aider l'âme à traverser le pont de Chinvat et à entrer dans l'au-delà. Le rôle du feu dans ces prières renforce sa fonction de guide et de protecteur, en aidant à purifier le chemin que l'âme doit parcourir.

    Lors des rassemblements communautaires et des festivals, l'allumage des feux sert à réaffirmer collectivement la foi et l'unité. L'un des festivals les plus importants, Sadeh, célèbre la découverte du feu, avec de grands feux de joie symbolisant le triomphe de l'humanité sur l'obscurité et le froid. Le festival rassemble les communautés, où les participants se réunissent autour des flammes, récitant des prières, chantant des hymnes et partageant de la nourriture. Le feu est un point central de joie et de révérence, une offrande communautaire à Ahura Mazda qui renforce les liens entre les participants. Cet acte de rassemblement autour du feu symbolise un engagement commun à maintenir Asha face aux défis posés par Druj, transformant le simple fait d'allumer une flamme en une puissante déclaration d'espoir et de résilience.

    Une autre célébration importante, Nowruz, le nouvel an zoroastrien, implique des rituels qui nettoient la maison et l'esprit en préparation du renouveau. L'allumage de feux Chaharshanbe Suri - de petits feux de joie sur lesquels les gens sautent - est une pratique courante à cette époque, symbolisant l'élimination des malheurs et des impuretés du passé, pour faire place aux bénédictions d'une nouvelle année. Ce rituel, bien que joyeux et festif, est ancré dans la croyance ancestrale selon laquelle le feu peut purifier et transformer, en transformant ce qui est vieux et usé en un terrain fertile pour de nouveaux commencements. L'accent mis sur le renouvellement par le feu reflète la vision zoroastrienne plus large selon laquelle la lumière d'Asha peut transformer le monde, une action à la fois.

    L'importance du feu dans le zoroastrisme s'exprime également à travers sa relation avec d'autres éléments, tels que l'eau et la terre, dans des rituels qui mettent l'accent sur l'équilibre de la nature. L'utilisation conjointe du feu et de l'eau dans des cérémonies telles que l'Abyan reflète la croyance selon laquelle ces éléments, lorsqu'ils sont maintenus purs, préservent l'équilibre cosmique établi par Ahura Mazda. L'eau, comme le feu, est considérée comme porteuse de bénédictions divines, et les rituels impliquent souvent l'aspersion d'eau consacrée autour d'une flamme sacrée, symbolisant l'interaction de la lumière et de la vie. Ce lien entre le feu et l'eau souligne l'engagement zoroastrien en faveur de la protection de l'environnement, la préservation de la pureté de la nature étant considérée comme essentielle au maintien de l'harmonie spirituelle.

À travers ces rituels, le feu devient plus qu'un simple symbole : il participe de manière dynamique à la vie spirituelle de la communauté. Sa présence au cœur des rituels et dans les espaces quotidiens de la vie est un rappel constant de la lumière divine qui guide les fidèles. Elle renforce l'idée que le maintien de l'Asha est un processus continu, qui exige à la fois une dévotion individuelle et un effort collectif. Chaque fois qu'une flamme est allumée, elle représente un renouvellement de l'engagement envers les principes de vérité, d'ordre et de compassion chers au zoroastrisme.

La révérence pour le feu et son rôle dans les rituels résument le cœur de la croyance zoroastrienne : le monde, bien que défié par les forces des ténèbres, est soutenu par la lumière de la sagesse et les actions de ceux qui choisissent de vivre en alignement avec Asha. En entretenant les flammes sacrées, les zoroastriens ne font pas qu'honorer leurs anciennes traditions, ils affirment également leur rôle de gardiens de la lumière. Ainsi, les rituels autour du feu témoignent de la force durable d'une foi qui trouve le divin dans les éléments et dans les actes de dévotion quotidiens qui maintiennent la flamme de l'espoir allumée, même au milieu des épreuves de l'existence.

Chapitre 9
L'éthique

Le zoroastrisme accorde une grande importance à l'éthique, plaçant la conduite morale au cœur de sa pratique spirituelle. Contrairement aux religions qui se concentrent sur le rituel ou le dogme, le zoroastrisme enseigne que l'essence de la foi réside dans la manière de vivre - par des pensées, des paroles et des actions qui s'alignent sur l'ordre divin d'Asha. La poursuite d'une vie vertueuse n'est pas simplement une quête personnelle de droiture, mais une responsabilité cosmique, car les choix de chaque individu contribuent à l'équilibre entre le bien et le mal, entre Asha et Druj. Au cœur de ce cadre éthique se trouve la triade Humata, Hukhta, Hvarshta - les bonnes pensées, les bonnes paroles et les bonnes actions - qui guide les zoroastriens dans tous les aspects de leur vie.

Les bonnes pensées, ou Humata, constituent le fondement du code éthique zoroastrien. Les zoroastriens croient que l'esprit est le point de départ de toutes les actions et qu'il est essentiel de cultiver des pensées pures pour vivre en accord avec Asha. Ce principe souligne l'importance de la discipline mentale, encourageant les individus à se prémunir contre les pensées de haine, d'envie et de tromperie. Il est enseigné qu'un esprit aligné sur la vérité conduit naturellement à une parole et à un comportement positifs, façonnant une vie qui contribue au bien-être d'autrui. En favorisant la clarté et l'intégrité de leurs pensées, les zoroastriens se considèrent comme participant directement à la lutte cosmique contre Druj, en maintenant la pureté intérieure nécessaire à l'expression extérieure de la vertu.

Le deuxième élément, Hukhta, ou bonnes paroles, étend le principe d'Asha au domaine de la parole. Le zoroastrisme accorde une grande importance au pouvoir des mots, les reconnaissant comme des outils qui peuvent soit élever, soit nuire. Parler avec sincérité est considéré comme un reflet de la lumière divine intérieure, une affirmation de l'engagement de chacun à l'égard d'Asha. Les zoroastriens sont encouragés à utiliser leurs mots pour construire l'harmonie, offrir des encouragements et résoudre les conflits de manière pacifique. La calomnie, les fausses accusations et les paroles trompeuses sont considérées comme des actes qui renforcent Druj, introduisant le chaos dans les relations humaines et la communauté au sens large. Ainsi, le maintien de l'honnêteté et de la gentillesse dans les paroles n'est pas seulement une question d'intégrité personnelle, mais une façon de contribuer à l'ordre qu'Ahura Mazda a envisagé pour le monde.

Hvarshta, ou les bonnes actions, complète la triade, en soulignant que les pensées et les paroles doivent être accompagnées d'actions qui reflètent les valeurs éthiques. Dans les enseignements zoroastriens, les actes sont l'expression tangible des croyances intérieures d'une personne, transformant des principes abstraits en réalités concrètes. Les bonnes actions englobent un large éventail d'actions, allant de la prise en charge des nécessiteux à la protection de l'environnement, en passant par le travail honnête. Les actes de charité, connus sous le nom de Dastur, sont particulièrement encouragés, reflétant la croyance selon laquelle l'aide aux autres renforce l'ordre divin d'Asha. Les zoroastriens considèrent leurs efforts pour soulager la souffrance comme une contribution directe à la lutte cosmique contre les forces du mal, créant des vagues de positivité qui s'étendent au-delà des vies individuelles.

Cette triade sert de guide pratique aux zoroastriens, offrant un cadre simple mais profond pour la prise de décision quotidienne. En alignant constamment leurs pensées, leurs paroles et leurs actions sur ces idéaux, ils cherchent à incarner les valeurs prêchées par Zarathoustra et à vivre en harmonie avec la vision d'Ahura Mazda. La vie éthique est donc considérée comme un processus continu, qui exige vigilance et réflexion personnelle. Les enseignements zoroastriens soulignent l'importance du Fravashi, ou esprit gardien intérieur, qui guide l'individu dans le discernement du bien et du mal. Cette voix intérieure est considérée comme un don d'Ahura Mazda, une étincelle de sagesse divine qui aide les croyants à naviguer dans les complexités de la vie et à faire des choix qui respectent Asha.

Au-delà de la conduite personnelle, l'éthique zoroastrienne s'étend aux relations et aux responsabilités sociales. La cellule familiale est considérée comme un espace sacré où les principes de Humata, Hukhta et Hvarshta sont d'abord appris et mis en pratique. Le respect des aînés, l'attention portée aux enfants et le soutien mutuel entre époux sont considérés comme les fondements d'une vie intègre. Les familles sont encouragées à créer des environnements où la vérité et la gentillesse sont la norme, donnant ainsi un exemple qui s'étend à l'ensemble de la communauté. La communauté zoroastrienne, ou Anjuman, devient une grande famille liée par des valeurs communes, où le bien-être de chacun est considéré comme lié au bien-être de tous.

La justice est une autre pierre angulaire de l'éthique zoroastrienne, étroitement liée au principe d'Asha. Le zoroastrisme enseigne que le respect de la justice est un devoir sacré, qui reflète la justice divine d'Ahura Mazda. Cela implique non seulement de rechercher l'équité dans ses propres relations, mais aussi de s'opposer à l'oppression et à l'injustice partout où elles se manifestent. La loi zoroastrienne, telle qu'elle est décrite dans des textes anciens comme le Vendidad, fournit des conseils sur le comportement éthique dans des domaines tels que le commerce, le mariage et les conflits communautaires. Bien que ces lois aient évolué au fil du temps, le principe sous-jacent reste que la justice doit servir à rétablir l'harmonie et l'équilibre, plutôt qu'à simplement punir les actes répréhensibles. Cet accent mis sur la justice réparatrice correspond à la croyance selon laquelle même ceux qui se sont égarés peuvent être ramenés sur le chemin d'Asha grâce à la sagesse et à la compassion.

L'éthique zoroastrienne met également l'accent sur l'importance du travail et la dignité du travail. Les enseignements de Zarathoustra promeuvent l'idée qu'un travail honnête est une forme de culte, une façon de contribuer au bien-être du monde.

Qu'il s'agisse d'agriculture, d'artisanat ou de prestation de services, les zoroastriens apprennent à considérer leur travail comme un moyen de maintenir l'ordre divin. Cette perspective transforme le travail quotidien en une pratique spirituelle, où l'effort pour faire de son mieux est considéré comme une offrande à Ahura Mazda. En revanche, la paresse et la malhonnêteté dans le travail sont considérées comme des expressions de Druj, qui sapent l'harmonie que le travail honnête apporte à la société.

L'éthique environnementale fait également partie intégrante du mode de vie zoroastrien. Le monde naturel, qui fait partie de la création d'Ahura Mazda, doit être traité avec respect et attention. Les zoroastriens estiment que polluer la terre, l'eau ou l'air n'est pas seulement une offense à l'environnement, mais une perturbation de l'Asha lui-même. Des pratiques telles que la conservation de l'eau, la protection des animaux et le maintien de la propreté dans les espaces de vie sont considérées comme des reflets de la pureté spirituelle. Ces actions ne sont pas seulement écologiques mais profondément religieuses, réaffirmant l'engagement zoroastrien à préserver l'équilibre de la création. Le respect de la nature rappelle que le rôle de l'humanité n'est pas de dominer la terre mais d'agir en tant que gardien, en maintenant l'ordre sacré établi par Ahura Mazda.

Les enseignements éthiques zoroastriens s'étendent au traitement des autres, soulignant la valeur de la compassion et la responsabilité de prendre soin de ceux qui sont moins chanceux. Les actes de charité, tels que l'aide aux pauvres ou le soutien à des projets communautaires, sont considérés comme des moyens de manifester la lumière d'Asha dans le monde. L'accent mis sur la responsabilité sociale crée un sentiment de solidarité au sein des communautés zoroastriennes, où le bien-être de chacun est considéré comme interconnecté avec la collectivité. Par ces actes de bonté, les zoroastriens pensent non seulement remplir leur devoir moral, mais aussi renforcer la présence du bien dans le monde, contribuant ainsi à la lutte cosmique plus large entre Asha et Druj.

L'accent mis par le zoroastrisme sur l'éthique et la conduite morale offre une vision de la vie où chaque action, aussi petite soit-elle, a une signification cosmique. Les principes de Humata, Hukhta et Hvarshta offrent une voie à la fois simple et profonde, guidant les croyants à vivre d'une manière qui honore l'ordre divin et contribue au bien commun. L'accent mis sur l'intégrité de la vie transforme la foi en une réalité vécue, où chaque pensée, chaque parole et chaque acte témoignent de l'engagement de chacun envers Ahura Mazda et de la lutte permanente pour un monde où la vérité et la lumière l'emportent sur le mensonge et l'obscurité.

L'éthique zoroastrienne, fondée sur les principes de Humata, Hukhta, Hvarshta - les bonnes pensées, les bonnes paroles et les bonnes actions - va au-delà des anciens préceptes pour s'adapter aux défis de la vie moderne. À mesure que le monde évolue, les zoroastriens continuent de puiser dans leurs valeurs profondément enracinées pour faire face aux problèmes contemporains, en veillant à ce que leurs actions s'alignent sur Asha, l'ordre cosmique. Cette capacité d'adaptation permet aux communautés zoroastriennes de maintenir leurs fondements éthiques anciens tout en répondant aux nouveaux dilemmes sociaux, environnementaux et moraux d'un monde dynamique.

L'une des principales façons dont l'éthique zoroastrienne se manifeste à l'ère moderne est la responsabilité sociale et l'adaptation des valeurs communautaires à l'évolution des circonstances. Dans la société mondialisée d'aujourd'hui, où les zoroastriens vivent souvent en tant que minorités, les principes de soutien mutuel et de charité prennent une nouvelle signification. La tradition du Dastur (actes de bonté et de charité) reste une pratique vitale, mais elle inclut désormais des efforts tels que le soutien d'initiatives éducatives zoroastriennes, l'aide aux personnes âgées et la contribution à des efforts humanitaires au-delà de leur communauté immédiate. Cette extension de la compassion reflète l'idée que la lumière d'Asha doit atteindre tous les coins de la société, en offrant de l'aide à ceux qui sont dans le besoin, quel que soit leur milieu.

Les communautés zoroastriennes ont adapté leurs efforts caritatifs pour relever les défis modernes tels que l'inégalité économique, l'accès à l'éducation et aux soins de santé. De nombreuses organisations zoroastriennes ont mis en place des programmes de bourses, des établissements de santé et des services sociaux qui bénéficient à la fois aux zoroastriens et aux communautés plus larges dans lesquelles ils vivent. Ces efforts sont considérés comme des expressions modernes d'enseignements anciens, où la pratique de la générosité et l'amélioration du sort des autres s'alignent sur l'engagement intemporel en faveur de la droiture. Ainsi, les zoroastriens considèrent leurs contributions sociales non seulement comme des actes de bonne volonté, mais aussi comme des éléments cruciaux dans la lutte plus large pour maintenir Asha dans un monde qui penche souvent vers le chaos et la division.

Les principes de véracité et d'intégrité, tels qu'incarnés par Hukhta, jouent également un rôle important dans l'approche zoroastrienne de la vie professionnelle moderne. À une époque où les défis éthiques dans les affaires et la gouvernance sont courants, les zoroastriens s'efforcent de maintenir des normes élevées d'honnêteté et de transparence dans leur travail. Cet engagement en faveur d'une conduite éthique s'étend aux pratiques commerciales équitables, aux investissements éthiques et à l'accent mis sur l'intégrité dans les relations professionnelles. Les zoroastriens apprennent à considérer leur profession comme un prolongement de leur chemin spirituel, où chaque décision reflète leur engagement envers Asha. En donnant la priorité à l'équité et au comportement éthique, ils cherchent à créer des lieux de travail et des environnements d'affaires qui s'alignent sur les valeurs d'ordre et de justice, en s'opposant aux tromperies qui pourraient compromettre leur intégrité.

Face à la rapidité des progrès technologiques, les enseignements éthiques zoroastriens offrent des conseils sur des questions telles que la communication numérique et l'utilisation responsable de la technologie. Le principe de Hukhta - les bonnes paroles - s'étend au domaine des interactions en ligne, encourageant les zoroastriens à s'engager dans une communication respectueuse et véridique, même dans les espaces numériques. Cela reflète un engagement plus large à maintenir Asha dans tous les aspects de la vie, y compris ceux qui sont apparus avec la modernité. En soulignant l'importance de la vérité et du respect dans les dialogues numériques, les zoroastriens cherchent à créer une influence positive dans un espace où la désinformation et la négativité peuvent facilement se répandre, en utilisant leurs principes pour guider leur engagement dans le monde virtuel.

La gestion de l'environnement, enracinée dans la révérence zoroastrienne pour le monde naturel, est devenue de plus en plus pertinente à mesure que les défis écologiques deviennent plus urgents. Les enseignements zoroastriens soulignent depuis longtemps le caractère sacré de l'eau, de la terre et du feu, la pollution de ces éléments étant considérée comme une violation de l'ordre divin. Dans le contexte moderne, ce respect se traduit par une participation active aux efforts de conservation de l'environnement et de développement durable. De nombreux zoroastriens participent à des initiatives visant à réduire la pollution, à préserver l'eau et à promouvoir les énergies renouvelables. Ils considèrent ces actions comme des prolongements de leur devoir de protéger la création d'Ahura Mazda, renforçant ainsi l'ancienne croyance selon laquelle les humains sont des intendants de la terre, responsables du maintien de l'équilibre exigé par Asha.

Les communautés zoroastriennes ont également adapté leurs pratiques pour faire face aux problèmes mondiaux tels que le changement climatique, reconnaissant que la préservation de l'environnement est un moyen de respecter leurs principes spirituels. Par exemple, les initiatives visant à réduire les déchets et à promouvoir un mode de vie durable sont de plus en plus intégrées dans la vie communautaire zoroastrienne, y compris dans les événements et les célébrations où l'on s'efforce de minimiser l'impact sur l'environnement. En se concentrant sur la durabilité, les zoroastriens se considèrent comme faisant partie d'un mouvement plus large visant à restaurer l'harmonie du monde naturel, en alignant leurs valeurs ancestrales sur les besoins écologiques du présent.

Les enseignements de Humata - les bonnes pensées - influencent également la manière dont les zoroastriens abordent le bien-être mental et émotionnel à l'ère moderne. Alors que la sensibilisation à la santé mentale s'accroît, les zoroastriens soulignent l'importance de maintenir un esprit clair et paisible, conformément à la tradition qui consiste à cultiver des pensées positives. Cette approche encourage la pleine conscience, la méditation et la récitation de prières comme moyens d'entretenir la clarté mentale et la résilience. Les pratiques spirituelles zoroastriennes, telles que la récitation quotidienne de l'Ashem Vohu et la réflexion devant le feu sacré, sont considérées comme des méthodes pour centrer l'esprit et le renforcer, offrant des outils pour faire face au stress de la vie contemporaine.

En outre, l'éthique zoroastrienne fournit un cadre pour naviguer dans les complexités de la diversité sociale et du multiculturalisme. Vivant en diaspora, les zoroastriens sont souvent en contact avec des personnes de confessions et d'origines culturelles diverses. Leurs enseignements encouragent le respect des croyances d'autrui et l'ouverture au dialogue, reflétant l'accent mis par Zarathoustra sur la valeur de la sagesse et de la compréhension. Les zoroastriens sont guidés dans le maintien de leur identité tout en construisant des ponts avec les autres, considérant ces interactions comme des occasions d'incarner les principes de l'Asha dans des contextes divers. Cet équilibre entre tradition et ouverture permet aux zoroastriens de préserver leur héritage tout en apportant une contribution positive aux sociétés dans lesquelles ils vivent.

Alors que le zoroastrisme doit relever le défi de préserver son identité dans un monde en rapide mutation, les principes de Humata, Hukhta, Hvarshta restent plus que jamais d'actualité. Les efforts visant à transmettre ces valeurs aux jeunes générations sont essentiels à la survie de la communauté. L'enseignement de l'histoire, de la théologie et de l'éthique zoroastriennes est souvent mis en avant dans les programmes pour la jeunesse, afin que les nouvelles générations comprennent l'importance d'aligner leur vie sur l'Asha. Ces efforts éducatifs comprennent souvent des discussions sur la manière dont les principes anciens s'appliquent aux dilemmes modernes, ce qui donne aux jeunes zoroastriens un sentiment de continuité et d'utilité. En s'engageant de manière significative dans leurs traditions, les jeunes zoroastriens apprennent à considérer leur héritage non pas comme une relique du passé, mais comme un guide vivant pour une vie juste.

L'accent mis par la communauté sur le dialogue intergénérationnel garantit que les enseignements éthiques sont adaptés aux réalités contemporaines tout en restant fidèles à leurs racines spirituelles. Les anciens partagent leur sagesse et leur expérience, tandis que les plus jeunes apportent de nouvelles perspectives, créant ainsi un processus dynamique d'apprentissage et d'adaptation. Ce dialogue renforce la conviction que l'essence de l'éthique zoroastrienne - la compassion, la vérité, le respect de la nature et le dévouement au bien-être d'autrui - transcende le temps, offrant un modèle intemporel pour une bonne vie, quelle que soit l'époque ou le lieu.

Grâce à cet engagement permanent envers leurs enseignements éthiques, les zoroastriens continuent d'affirmer leur rôle de protecteurs d'Asha dans un monde où Druj, la force du chaos et du mensonge, pose encore des défis. Les principes de Humata, Hukhta, Hvarshta offrent un moyen de naviguer dans la modernité tout en restant ancré dans la sagesse ancienne, guidant chaque pensée, chaque parole et chaque action. Cette continuité permet aux zoroastriens de rester fidèles à leur engagement en faveur d'une vie qui honore l'ordre divin, en contribuant à un monde où la lumière l'emporte sur les ténèbres et où les valeurs de vérité, d'intégrité et de compassion perdurent au milieu des complexités du temps présent.

Chapitre 10
Les femmes

Le rôle des femmes dans le zoroastrisme est à la fois complexe et important, façonné par des enseignements anciens qui ont évolué au fil de siècles de changements culturels et sociaux. La position des femmes dans la tradition zoroastrienne trouve son origine dans les enseignements de Zarathoustra qui, selon les Gathas, mettait l'accent sur l'égalité spirituelle des hommes et des femmes. Dans la vision de Zarathoustra, les femmes, comme les hommes, étaient considérées comme des agents moraux capables de choisir entre Asha (la vérité et l'ordre) et Druj (le mensonge et le chaos). Cette croyance fondamentale a ouvert la voie à une tradition où la contribution des femmes à la vie religieuse, à la famille et à la société était reconnue et appréciée.

Dans la Perse préislamique, le zoroastrisme a joué un rôle important dans l'élaboration des normes et des lois sociales, y compris celles qui définissaient le statut et les droits des femmes. Les documents historiques de l'ancienne Perse, notamment des époques achéménide et sassanide, indiquent que les femmes zoroastriennes occupaient des postes d'influence au sein de leur famille et de leur communauté. Elles avaient des droits de propriété et pouvaient s'engager dans les affaires, un statut peu commun par rapport à d'autres sociétés anciennes. Les femmes étaient souvent impliquées dans la vie économique du foyer, gérant des domaines et participant au commerce. Cette autonomie économique se reflète dans l'accent mis par les zoroastriens sur la cellule familiale en tant que fondement de la société, où hommes et femmes contribuent à sa prospérité et à son tissu moral.

Les enseignements de Zarathoustra mettent également l'accent sur le mariage en tant qu'institution sacrée, où les rôles des deux partenaires sont considérés comme essentiels au maintien de l'Asha au sein du foyer. Le mariage était considéré non seulement comme un contrat social, mais aussi comme un partenariat spirituel visant à favoriser l'harmonie et à maintenir l'ordre divin. Dans ce contexte, les femmes jouaient un rôle essentiel dans l'éducation religieuse des enfants et dans le maintien des rituels et des pratiques de pureté qui reliaient la famille à la foi zoroastrienne. Le foyer lui-même était considéré comme un espace où la flamme sacrée d'Ahura Mazda pouvait être honorée par des prières et des rituels quotidiens, et les femmes étaient souvent les gardiennes de ces pratiques, veillant à ce que la lumière d'Asha soit préservée dans leur sphère domestique.

Malgré l'accent mis sur l'égalité spirituelle, les réalités du rôle des femmes dans la société zoroastrienne ont été façonnées par les structures sociales plus larges de l'époque. Les codes juridiques sassanides, fortement influencés par la doctrine zoroastrienne, comportaient des dispositions reflétant une structure patriarcale, telles que les lois relatives à l'héritage et à la hiérarchie familiale. Par exemple, si les femmes pouvaient hériter de biens, la distribution favorisait souvent les héritiers masculins. Ces cadres juridiques, tout en offrant aux femmes certains droits, définissaient également leur rôle de manière à renforcer le leadership masculin au sein du foyer et de la communauté. Toutefois, ces structures n'ont pas nié l'action spirituelle des femmes, qui ont continué à être considérées comme des participantes essentielles à la vie religieuse de leur famille et de leur communauté.

Le rôle des femmes dans la pratique religieuse s'étendait également à leur participation aux rituels et aux festivals. Si la prêtrise est restée essentiellement masculine, les femmes ont joué un rôle important dans les rituels familiaux et les célébrations communautaires. Lors de festivals comme Nowruz et Mehregan, qui célèbrent le renouveau de la vie et le triomphe de la lumière, les femmes ont participé activement à la préparation des espaces sacrés, à la création d'offrandes et à la récitation de prières. Ces activités soulignent la conviction que les contributions spirituelles des femmes font partie intégrante du maintien de l'Asha, non seulement au sein de leur famille, mais aussi au sein de la communauté zoroastrienne dans son ensemble.

Outre leur rôle dans le maintien des pratiques religieuses, les femmes zoroastriennes étaient également reconnues pour leur sagesse et leurs conseils moraux. Les textes historiques et les traditions orales conservent des récits de femmes qui conseillaient les rois, dirigeaient les foyers avec compassion et servaient d'exemples de force morale. Ces récits célèbrent les vertus de l'intégrité, du courage et de la résilience, soulignant que la force spirituelle des femmes était tout aussi cruciale que leur rôle dans la vie familiale. Des figures telles que Pourandokht et Azarmidokht, reines sassanides qui ont régné pendant des périodes de troubles politiques, sont considérées comme des leaders qui ont incarné les principes de justice et d'ordre au cœur des enseignements zoroastriens.

Les enseignements de Humata, Hukhta, Hvarshta - les bonnes pensées, les bonnes paroles et les bonnes actions - constituaient un cadre moral qui s'appliquait également aux hommes et aux femmes, encourageant tous les adeptes à s'efforcer de mener une vie conforme à Asha. Cette égalité dans la responsabilité spirituelle renforçait l'idée que les femmes n'étaient pas secondaires aux yeux d'Ahura Mazda, mais qu'elles étaient capables d'atteindre la grandeur spirituelle. L'accent mis par Zarathoustra sur le choix individuel et l'action morale s'étendait à tous, suggérant que chaque personne, quel que soit son sexe, avait un rôle à jouer dans la bataille cosmique entre la lumière et les ténèbres.

Dans la mythologie zoroastrienne, les femmes jouent également un rôle symbolique important, représentant à la fois les aspects nourriciers de la nature et la résilience de l'esprit humain. L'Amesha Spenta Spenta Armaiti, souvent associée à la terre et à la dévotion, est considérée comme une force divine féminine, incarnant les qualités d'amour, de patience et de loyauté envers la création d'Ahura Mazda. Cet aspect divin souligne l'idée que les vertus associées aux femmes font partie intégrante de la vision zoroastrienne d'un univers équilibré et harmonieux. Le rôle de Spenta Armaiti dans l'ordre divin rappelle l'importance de nourrir et de soutenir le monde, qualités que les femmes zoroastriennes sont encouragées à imiter en prenant soin de leur famille, de leur communauté et de la nature.

En outre, l'accent mis par les zoroastriens sur la pureté de la pensée et de l'action s'exprime dans des pratiques qui guident le rôle des femmes dans le maintien de la propreté physique et spirituelle. Des rituels tels que la purification après l'accouchement et l'adhésion à des pratiques spécifiques pendant les menstruations étaient considérés comme des moyens de s'aligner sur les principes de pureté qui sont au cœur de la pensée zoroastrienne. Si ces pratiques renforçaient le sentiment de séparation rituelle, elles soulignaient également les responsabilités uniques des femmes dans la préservation du caractère sacré de la vie et du foyer. Ces rituels, bien que parfois considérés comme restrictifs, étaient souvent interprétés au sein de la communauté comme des occasions de réflexion et de renouveau spirituels, reliant les pratiques individuelles à l'ordre cosmique plus large.

Tout au long de l'histoire, les femmes zoroastriennes ont joué leur rôle dans le cadre de la tradition tout en s'adaptant à de nouveaux contextes sociaux et culturels. Alors que le zoroastrisme était confronté à des influences extérieures, notamment l'arrivée de l'islam en Perse, les femmes ont joué un rôle crucial dans la préservation des pratiques culturelles et religieuses de leur communauté. Dans l'adversité, elles sont devenues les gardiennes des traditions orales, les conteuses qui ont transmis les Gathas et les histoires de Zarathoustra à leurs enfants, veillant à ce que l'essence de la foi reste vivante même lorsque la pratique publique devenait difficile. Ce rôle de gardiennes de la mémoire et de la tradition souligne la résistance durable des femmes zoroastriennes, qui ont continuellement adapté leur rôle pour favoriser la survie de leur foi.

L'approche du zoroastrisme à l'égard des femmes, avec son mélange d'égalité spirituelle et de tradition sociale, offre une perspective nuancée qui a permis à la foi de perdurer à travers de nombreux siècles. Les enseignements de Zarathoustra constituent une base qui reconnaît le potentiel spirituel des femmes, alors même que les structures sociétales façonnent leur rôle de manière spécifique. Cet équilibre entre les enseignements anciens et l'évolution des réalités sociales a défini le parcours des femmes zoroastriennes, qui sont restées des participantes actives dans leurs communautés, contribuant à la préservation de l'Asha et des valeurs chères à leur foi.

En comprenant le rôle des femmes dans le zoroastrisme, il devient clair que leurs contributions sont tissées dans le tissu même de la tradition. Leur présence, à la fois comme gardiennes des rituels domestiques et comme symboles des vertus divines, continue de façonner la vie spirituelle de la communauté. Alors que le zoroastrisme est confronté au défi de maintenir son identité dans le monde moderne, l'héritage de la force spirituelle et de la résilience des femmes reste une lumière directrice, reflétant la croyance durable que le chemin d'Asha est un chemin que tous sont appelés à emprunter, dans l'unité et avec un engagement partagé envers la vérité qui lie le cosmos ensemble.

Les contributions des femmes zoroastriennes ont joué un rôle essentiel dans la résilience et la continuité de la foi à travers l'histoire, offrant une force spirituelle et culturelle à leurs communautés. Lorsque le zoroastrisme s'est répandu au-delà des frontières de l'ancienne Perse, en particulier pendant les périodes de migration et de diaspora, les femmes se sont souvent retrouvées en première ligne pour préserver les coutumes et les valeurs de la religion. Grâce à leurs efforts, les enseignements de Zarathoustra sont restés vivants, s'adaptant aux nouveaux défis tout en conservant intacte l'essence de la tradition. Ce chapitre explore l'évolution du rôle des femmes zoroastriennes, en mettant en lumière leur leadership, les défis auxquels elles ont été confrontées et leur lutte permanente pour la reconnaissance et l'égalité dans le cadre plus large de leur foi.

Au cours des siècles qui ont suivi la conquête islamique de la Perse, les communautés zoroastriennes ont connu d'importants bouleversements. Beaucoup ont été déplacées ou ont émigré, et un grand nombre d'entre elles se sont installées en Inde, où elles sont devenues connues sous le nom de Parsis. Cette migration a marqué un tournant pour les femmes zoroastriennes, qui ont dû s'adapter à un nouvel environnement culturel tout en conservant leur identité religieuse. Au sein de cette diaspora, les femmes sont devenues des figures clés du foyer, veillant à ce que les rituels, les prières et les traditions orales de leurs ancêtres soient transmis à la génération suivante. Elles sont devenues des conteuses, préservant les récits de Zarathoustra et des anciens rois perses, maintenant ainsi vivante la mémoire culturelle d'une communauté en exil.

Ce rôle de conservateurs de la tradition s'étendait à la transmission de l'Avesta et à la pratique quotidienne des prières devant le feu sacré. Bien qu'elles ne fassent pas partie de la prêtrise, les femmes zoroastriennes de la diaspora ont joué un rôle essentiel dans la dévotion religieuse de leur famille. Elles ont enseigné à leurs enfants les principes fondamentaux de la foi, notamment les principes de Humata, Hukhta, Hvarshta - les bonnes pensées, les bonnes paroles et les bonnes actions. En s'engageant à respecter ces valeurs, les femmes ont veillé à ce que les enseignements éthiques zoroastriens restent un élément central de la vie familiale, alors même que leurs communautés s'adaptaient aux défis de la vie dans un contexte culturel nouveau et souvent peu familier.

Au fur et à mesure que les Parsis s'établissaient en Inde, le rôle des femmes évoluait en fonction des changements du paysage social. Au cours de la période coloniale, les femmes parsies ont commencé à accéder à l'éducation et à des opportunités professionnelles, contribuant à leurs communautés non seulement en tant que gardiennes de la tradition, mais aussi en tant que leaders dans les sphères sociales et économiques. L'éducation a permis à une nouvelle génération de femmes zoroastriennes de s'émanciper et de devenir actives dans des domaines tels que les soins de santé, l'éducation et la réforme sociale. Leurs efforts pour fonder des écoles, des hôpitaux et des organisations caritatives ont contribué à renforcer à la fois leurs propres communautés et la société qui les entoure. Ces initiatives reflétaient l'importance accordée par les zoroastriens à la charité et au service communautaire, valeurs profondément ancrées dans leurs enseignements religieux.

Des figures éminentes, telles que Bhikaiji Cama, qui est devenue une figure de proue du mouvement pour l'indépendance de l'Inde, illustrent l'esprit des femmes zoroastriennes qui ont mêlé leur engagement envers leur foi à une vision plus large de la justice sociale et du progrès. L'activisme de Cama, ainsi que celui d'autres femmes zoroastriennes, a mis en lumière une tradition d'engagement dans le monde, où les valeurs d'Asha - vérité, ordre et justice - ont été appliquées à des causes sociales et politiques. Ce mélange de dévotion religieuse et d'action sociale a démontré que les principes enseignés par Zarathoustra n'étaient pas confinés au rituel mais pouvaient inspirer des changements transformateurs dans la société.

Outre leurs rôles publics, les femmes zoroastriennes ont continué à faire face aux attentes de leurs communautés traditionnelles, où les normes culturelles les plaçaient souvent dans des rôles définis au sein du foyer. Ces attentes ont parfois créé des tensions, les femmes cherchant à concilier le respect de la tradition et leur désir d'une plus grande autonomie. Des questions telles que le mariage au sein de la religion, les droits de succession et la participation à la direction de la communauté ont souvent mis en évidence les défis posés par le maintien des valeurs traditionnelles tout en s'adaptant aux idéaux modernes d'égalité des sexes. Par exemple, dans les communautés zoroastriennes traditionnelles, les règles relatives au mariage avec des non-zoroastriens ont été un sujet de discorde, affectant à la fois le statut des femmes au sein de la communauté et la reconnaissance de leurs enfants en tant que zoroastriens.

La lutte pour l'égalité des sexes au sein de la communauté a progressé au fil des ans, les débats autour de ces questions reflétant des changements sociétaux plus larges. De nombreuses femmes zoroastriennes ont plaidé en faveur de réformes reconnaissant leur droit à participer pleinement à la vie religieuse et communautaire. Elles ont notamment réclamé une plus grande participation à la gestion des temples du feu et l'inclusion des femmes dans des rôles traditionnellement réservés aux hommes, tels que la récitation de prières spécifiques ou la participation aux conseils communautaires. Bien que ces changements aient été plus ou moins bien acceptés, ils témoignent d'un dialogue permanent au sein de la communauté sur la manière d'honorer la tradition tout en tenant compte de l'évolution du rôle des femmes.

Au cours des dernières décennies, le rôle des femmes zoroastriennes a continué à s'étendre à mesure que la mondialisation et la dispersion des communautés à travers le monde ont remodelé la diaspora zoroastrienne. Aujourd'hui, on trouve des femmes zoroastriennes à la tête d'organisations communautaires, participant à des conférences internationales et contribuant à la recherche universitaire qui explore l'histoire et la philosophie de leur foi. Elles apportent des perspectives qui soulignent la nécessité de l'inclusion et de l'adaptation, en relevant les défis posés par le maintien d'une population petite et dispersée. Grâce à des plateformes telles que l'Organisation zoroastrienne mondiale et les associations régionales, les femmes ont joué un rôle crucial dans l'élaboration du discours sur l'avenir de leur foi, en veillant à ce que le zoroastrisme reste pertinent pour la prochaine génération.

Cet engagement est d'autant plus important que la communauté zoroastrienne mondiale est confrontée au problème de la diminution du nombre de ses membres. De nombreuses femmes zoroastriennes sont à l'avant-garde des efforts déployés pour attirer et éduquer les jeunes à leur héritage, en associant les enseignements traditionnels aux contextes modernes. Cela implique la création de programmes éducatifs, l'organisation d'événements culturels et l'utilisation de plateformes numériques pour relier les zoroastriens du monde entier. En tirant parti de ces outils, les femmes zoroastriennes continuent à jouer leur rôle d'éducatrices et de gardiennes de la tradition, en veillant à ce que les histoires, les valeurs et les pratiques qui ont soutenu leur communauté soient accessibles à ceux qui cherchent à apprendre.

Pourtant, le chemin n'est pas sans défis. La question de l'égalité des sexes continue de susciter des débats, notamment en ce qui concerne l'interprétation des textes religieux et le rôle des femmes dans les rituels traditionnellement dirigés par des prêtres masculins. Ces débats s'inscrivent dans une conversation plus large sur la manière dont le zoroastrisme peut rester fidèle à ses racines anciennes tout en évoluant pour refléter les valeurs contemporaines. Pour de nombreuses femmes zoroastriennes, il ne s'agit pas d'abandonner la tradition, mais de la réimaginer de manière à permettre une plus grande participation et la reconnaissance de leurs contributions. Elles recherchent un espace où leurs voix sont entendues sur un pied d'égalité, tant dans les aspects sacrés que communautaires de leur foi.

Le parcours des femmes zoroastriennes, depuis l'ancienne Perse jusqu'aux communautés modernes de la diaspora, reflète la force et l'adaptabilité durables de leur esprit. À travers des périodes de bouleversements et de transformations, elles sont restées fidèles à leur engagement de préserver la lumière d'Asha. Leur résilience et leur leadership ont permis aux enseignements de Zarathoustra de continuer à inspirer une vision de la vie où la vérité, la justice et la compassion guident chaque action. Alors que les communautés zoroastriennes se tournent vers l'avenir, le rôle des femmes reste plus vital que jamais, rappelant que les principes d'égalité et de force morale prêchés par Zarathoustra sont intemporels et capables de guider une foi à la fois ancienne et en perpétuel renouvellement.

En embrassant leur héritage tout en prônant le changement, les femmes zoroastriennes incarnent l'esprit d'Asha d'une manière qui évoque à la fois le passé et l'avenir. Leur parcours témoigne de la capacité de la foi à s'adapter, à survivre et à s'épanouir, même face aux défis. Elles continuent d'éclairer la voie à suivre, en maintenant vivante la flamme ancienne qui brûle depuis des millénaires - une flamme qui symbolise non seulement la présence divine d'Ahura Mazda, mais aussi la lumière durable de la sagesse, de la force et de l'espoir que les femmes zoroastriennes apportent à leurs familles, à leurs communautés et au monde.

Chapitre 11
Rituels de purification

Dans le zoroastrisme, le concept de pureté est essentiel pour maintenir le lien avec Ahura Mazda et l'ordre cosmique d'Asha. Les rituels de purification sont considérés comme essentiels pour préserver la propreté physique et spirituelle et protéger les fidèles des influences corruptrices d'Angra Mainyu, l'esprit du chaos et du mal. Ces pratiques incarnent une vision du monde où le maintien de la pureté n'est pas seulement une question d'hygiène physique, mais un devoir spirituel qui préserve l'équilibre divin de l'univers. Par ces rituels, les zoroastriens renforcent leur engagement à vivre en harmonie avec Asha, en veillant à ce que leurs actions, leurs pensées et leur environnement restent conformes à l'ordre divin.

L'une des pratiques fondamentales de la purification zoroastrienne est le padyab, ou ablution, un rituel qui consiste à se laver les mains et le visage avant les prières ou les activités sacrées. L'acte d'accomplir un padyab rappelle l'importance de maintenir une propreté externe et interne, symbolisant l'élimination des impuretés avant d'approcher le divin. Ce rituel est souvent accompli avant de réciter des prières de l'Avesta, préparant l'individu à s'engager dans les textes sacrés avec un esprit et un corps purs. En s'engageant consciemment dans ce simple acte de purification, les zoroastriens cherchent à se débarrasser de la saleté physique et des distractions de la vie quotidienne, créant ainsi un espace propice à la concentration et à la réflexion spirituelles.

Au-delà de la pratique personnelle de l'ablution, le zoroastrisme comprend des rituels de purification plus élaborés qui sont accomplis à des occasions spécifiques ou en réponse à des besoins particuliers. L'un de ces rituels est le Nahn, une purification plus complète impliquant le lavage de tout le corps avec de l'eau consacrée. Les Nahns sont souvent pratiqués lors d'événements importants de la vie, comme avant les cérémonies de mariage ou pendant les périodes de maladie, où l'on recherche un renouveau spirituel et physique. L'utilisation d'eau consacrée, bénie par un Mobed (prêtre), renforce la croyance selon laquelle l'eau est un élément sacré, un moyen par lequel le divin peut purifier et restaurer l'individu. En s'immergeant dans ce rituel, les zoroastriens cherchent à réaligner leur corps et leur âme sur la pureté de la création d'Ahura Mazda.

Le rôle du feu dans la purification occupe également une place importante dans les rites zoroastriens. Le feu, en tant que représentant terrestre de la lumière d'Ahura Mazda, est un purificateur capable de nettoyer les espaces, les objets et les personnes de leurs impuretés spirituelles. Le feu sacré présent dans les temples est censé émettre une énergie spirituelle qui dissipe l'influence du Druj (tromperie et mal). Au cours des rituels, les prêtres peuvent agiter une flamme ou un brûleur d'encens sur des objets ou des individus pour les purifier, une pratique qui symbolise le pouvoir de la lumière divine pour rétablir l'équilibre et l'ordre. Cette utilisation du feu s'étend aux rituels quotidiens dans la maison, où de petites lampes ou bougies sont allumées pendant les prières pour inviter la présence protectrice d'Ahura Mazda dans la maison.

Un autre rituel de purification important est la cérémonie du Barsom, au cours de laquelle des fagots de brindilles consacrées, provenant généralement du grenadier ou du tamaris, sont utilisés pour bénir les fidèles et les espaces sacrés. Le Barsom représente la vie végétale qui fait partie de la création d'Ahura Mazda, et son utilisation dans les rituels symbolise l'interconnexion des mondes naturel et spirituel. Lors de la cérémonie du Barsom, le Mobed tient le faisceau tout en récitant des prières, invoquant des bénédictions sur les participants et cherchant à chasser toute impureté spirituelle. Ce rituel rappelle le respect zoroastrien pour la nature, soulignant que tous les éléments de la création jouent un rôle dans le maintien de l'équilibre cosmique d'Asha.

Dans le zoroastrisme, les rituels de purification s'étendent également à l'entretien des espaces sacrés, notamment les temples et les lieux où se déroulent les rituels. On estime que ces espaces doivent être préservés de toute pollution, tant physique que spirituelle, afin que la présence divine puisse s'y installer. Les zoroastriens veillent à ce que les temples du feu soient maintenus dans un état de propreté rigoureux, et des rites spéciaux sont accomplis pour purifier le feu sacré lui-même. L'attention portée à l'entretien de ces espaces reflète la conviction que la pureté n'est pas seulement une responsabilité individuelle, mais un effort communautaire qui soutient la santé spirituelle de toute la communauté. En préservant la pureté de leurs lieux de culte, les zoroastriens créent des environnements où la lumière divine d'Ahura Mazda peut briller sans obstruction, offrant ainsi un refuge contre le chaos du monde.

La purification est également au cœur des rites zoroastriens entourant la transition entre la vie et la mort. Lorsqu'une personne décède, la tradition zoroastrienne veut que son corps physique devienne impur car il est affecté par la décomposition, un processus associé à Angra Mainyu. Pour éviter que cette impureté ne se répande, une série de rituels est accomplie pour purifier l'environnement et guider l'âme vers l'au-delà. Le corps est lavé avec de l'urine de taureau, appelée nirang, puis déposé dans un Dakhma (tour de silence), où il est exposé au soleil et aux oiseaux de proie. Ce processus garantit que les éléments de la terre, de l'eau et du feu restent intacts, reflétant la croyance selon laquelle la nature doit rester pure, même dans la mort.

L'utilisation de l'urine de taureau pour la purification, bien que peu familière aux sensibilités modernes, est profondément enracinée dans la cosmologie zoroastrienne. Elle est considérée comme un puissant agent de purification, représentant les aspects vivifiants et purificateurs de la nature. Il est utilisé non seulement dans les rituels mortuaires, mais aussi dans la préparation des espaces et des objets pour les cérémonies religieuses. Par ces pratiques, les zoroastriens renouent avec des éléments de leur ancien héritage, conservent des traditions transmises depuis des millénaires, tout en les adaptant à la vie contemporaine.

Dans le zoroastrisme, la pureté ne se limite pas aux actes physiques de lavage et aux rituels, mais s'étend aux pensées et aux intentions, renforçant ainsi la dimension spirituelle de ces pratiques. L'accent mis sur la pureté de l'esprit s'aligne sur les principes éthiques de Humata (bonnes pensées), qui enseigne que la véritable pureté commence à l'intérieur. Les zoroastriens pensent que les pensées négatives, telles que la colère ou la jalousie, peuvent perturber l'harmonie d'Asha, tout comme les impuretés physiques peuvent affecter le corps. C'est pourquoi la pratique de la pleine conscience et la culture de pensées positives sont considérées comme des composantes essentielles du maintien de la pureté spirituelle. Cette approche holistique de la pureté garantit que les rituels zoroastriens ne sont pas simplement des pratiques extérieures, mais l'expression d'un engagement plus profond en faveur d'une vie alignée sur les principes divins.

L'importance de ces rituels de purification réside dans leur capacité à relier le croyant au sacré, en transformant les actes quotidiens en occasions de renouveau spirituel. Que ce soit par le simple fait de se laver avant la prière ou par les rites élaborés d'un Nahns, les zoroastriens se voient constamment rappeler leur rôle dans la préservation de la pureté du monde. Cette pratique de purification continue reflète la nature dynamique d'Asha, qui doit être activement maintenue contre l'influence envahissante de Druj. C'est à travers ces rituels que les zoroastriens réaffirment leur engagement envers l'ordre cosmique, reconnaissant que leurs actions contribuent à la lutte plus large entre la lumière et les ténèbres.

À travers le prisme de la purification, le zoroastrisme offre la vision d'un monde où les domaines spirituel et matériel sont intimement liés, où l'acte physique de purification est le reflet d'une aspiration spirituelle plus profonde. Les rituels, bien qu'anciens, ont une pertinence intemporelle, rappelant aux fidèles que la pureté est un chemin vers la connexion divine. Alors que les zoroastriens naviguent dans les complexités de la vie moderne, ces pratiques constituent une pierre de touche, un moyen de maintenir leur identité et leur lien avec Ahura Mazda dans un monde en perpétuel changement.

La profondeur et la complexité des rituels de purification zoroastriens révèlent une compréhension profonde de la signification spirituelle de chaque action. Ces pratiques, enracinées dans la croyance que le maintien de la propreté physique et spirituelle est essentiel pour préserver Asha, servent de pont entre le quotidien et le divin. Au fur et à mesure de leur évolution, ces rituels ont pris une signification différente qui relie les fidèles zoroastriens à leur héritage ancestral tout en leur fournissant un cadre pour relever les défis du monde moderne. Dans ce chapitre, nous approfondissons certains des rites de purification les plus importants, en explorant leurs significations symboliques et la manière dont ils renforcent l'intégrité spirituelle des individus et des communautés.

Parmi les rites de purification les plus importants du zoroastrisme figure le Bareshnum, un rituel élaboré qui représente le summum de la purification spirituelle. Le Bareshnum est réservé aux situations graves, par exemple lorsqu'une personne est entrée en contact avec un cadavre ou une autre source d'impureté spirituelle importante. Le rituel comprend un processus de neuf jours au cours duquel l'individu subit des ablutions répétées avec de l'eau et du sable consacrés, guidé par un Mobed (prêtre) qui s'assure que chaque étape est menée conformément aux textes sacrés. Le processus comprend également la récitation de prières tirées de l'Avesta, invoquant l'aide d'Ahura Mazda pour restaurer la pureté. Pendant le Bareshnum, la personne reste isolée, réfléchissant à son état spirituel et cherchant à se réaligner sur l'ordre cosmique. Cette période d'introspection souligne le fait que la purification ne se limite pas à des actes physiques, mais qu'elle vise un renouveau spirituel plus profond.

Le rituel du Bareshnum est hautement symbolique, illustrant la vision zoroastrienne de la purification comme un processus de rétablissement de l'équilibre divin perturbé par l'exposition à la mort ou à la décomposition. L'utilisation d'éléments consacrés tels que l'eau et le sable dans le rituel signifie le lien ininterrompu entre les mondes spirituel et naturel. L'eau, considérée comme un don sacré d'Ahura Mazda, nettoie le corps tout en symbolisant l'élimination des impuretés spirituelles. L'utilisation du sable représente le lien avec la terre, rappelant au participant son rôle d'intendant de la nature, chargé d'en préserver la pureté. Grâce à ces éléments, le rituel du Bareshnum devient un microcosme de la lutte cosmique entre Asha et Druj, où chaque acte de purification contribue à l'objectif plus large du maintien de l'ordre divin.

Une pratique connexe est le rituel du Kusti, que tous les zoroastriens accomplissent quotidiennement pour rappeler leur engagement en faveur de la pureté. Le Kusti est une corde sacrée en laine, portée autour de la taille, qui symbolise la division entre le bien et le mal, la lumière et les ténèbres. Il est traditionnellement porté par-dessus le Sudreh, une chemise blanche en coton qui représente la pureté de l'âme. Le rituel consiste à dénouer et renouer le Kusti tout en récitant des prières, généralement plusieurs fois par jour, notamment à l'aube, à midi et au coucher du soleil. Pendant le rituel, l'individu fait face à une source de lumière, comme le soleil ou une lampe, symbolisant son alignement avec la lumière divine d'Ahura Mazda.

L'acte de détacher le Kusti est considéré comme une libération symbolique de pensées ou d'actions impures, tandis que le fait de le renouer représente un engagement renouvelé envers Asha. Cette pratique quotidienne constitue une forme d'entretien spirituel permanent, garantissant que l'individu reste concentré sur ses responsabilités éthiques. Le rituel de Kusti est un moyen accessible pour les zoroastriens d'intégrer les principes de leur foi dans la vie quotidienne, en soulignant que la recherche de la pureté est un processus continu qui requiert vigilance et intention. La simplicité du rituel de Kusti, associée à sa profonde signification spirituelle, illustre la croyance zoroastrienne selon laquelle même de petites actions peuvent avoir un impact significatif dans la lutte pour le maintien de l'ordre et de la vérité dans le monde.

Outre les pratiques de purification personnelle, le zoroastrisme met l'accent sur la purification des objets et des espaces sacrés, afin de s'assurer qu'ils restent propices à la présence divine. L'un des principaux rituels de purification des espaces est la cérémonie du Parahom, qui se déroule dans les temples ou lors de rassemblements communautaires. Cette cérémonie implique la préparation d'un mélange sacré de lait, de feuilles de grenade et d'eau consacrée, qui est aspergé autour de l'espace pendant que des prières sont récitées. Le rituel Parahom est utilisé pour nettoyer des zones qui ont été exposées à des impuretés ou pour préparer un espace pour une cérémonie spéciale. L'utilisation de feuilles de grenade est particulièrement significative, car la grenade est un symbole de vie et de fertilité dans la culture zoroastrienne, représentant le renouvellement de la pureté dans l'espace.

Le rituel de Hamazor joue également un rôle dans la purification de la communauté, bien qu'il soit davantage axé sur l'unité et la force de la communauté elle-même. Hamazor est un rituel de salutation effectué lors de rassemblements, au cours desquels les individus se serrent la main et échangent des bénédictions de santé et de prospérité. Cet acte de connexion physique symbolise l'unité spirituelle de la communauté et l'engagement commun à respecter l'Asha. Bien qu'il ne s'agisse pas d'un rituel de purification au sens physique du terme, Hamazor reflète la croyance zoroastrienne selon laquelle le maintien de l'harmonie entre les individus est essentiel pour préserver la pureté de la communauté. Ce rituel renforce l'idée que la pureté spirituelle s'étend au-delà de l'individu pour englober les relations et le bien-être collectif des fidèles.

Un autre aspect essentiel de la purification zoroastrienne est l'entretien des Dakhmas, ou tours de silence, où les corps des défunts sont placés pour être enterrés dans le ciel. Bien que cette pratique ait décliné dans de nombreuses régions, elle reste un symbole de l'importance accordée par les zoroastriens à la préservation des éléments - la terre, l'eau, le feu et l'air - de la pollution de la mort. Les Dakhmas sont construits de manière à permettre à la lumière du soleil et aux oiseaux charognards de décomposer naturellement le corps, préservant ainsi la pureté de la terre et empêchant toute contamination. Cette pratique reflète la croyance selon laquelle le monde naturel doit être respecté et que la mort, bien qu'elle soit un passage pour l'âme, ne doit pas perturber l'ordre divin de la nature. Pour les communautés qui ne pratiquent plus l'enterrement dans le ciel, des rites modifiés sont exécutés pour garantir le maintien de l'esprit de cette ancienne tradition.

À l'époque contemporaine, les zoroastriens ont adapté bon nombre de ces rituels anciens à de nouveaux contextes, en particulier lorsque la communauté s'est étendue à des paysages géographiques et culturels divers. Si le rituel complet du Bareshnum est rarement pratiqué aujourd'hui en raison de sa complexité, certains éléments de sa pratique, tels que des prières spécifiques et des actes d'ablution, ont été intégrés dans des formes plus simples qui peuvent être pratiquées dans la vie quotidienne. De même, les principes qui sous-tendent la purification des espaces sacrés continuent de guider la conception et l'entretien des temples et des centres communautaires zoroastriens, où des rituels tels que le Parahom garantissent que ces lieux restent des sanctuaires de la lumière divine.

L'adaptation des rituels de purification reflète la résilience des traditions zoroastriennes, où les valeurs spirituelles fondamentales sont préservées même si les pratiques elles-mêmes évoluent. Les zoroastriens vivant dans des environnements urbains modernes, par exemple, ont trouvé des moyens de maintenir leurs prières quotidiennes Kusti et leurs pratiques de pureté malgré les contraintes de la vie contemporaine. Pour beaucoup, ces rituels adaptés rappellent leur lien avec un héritage spirituel millénaire, leur procurant un sentiment de continuité et d'enracinement au milieu des changements rapides du monde moderne.

Grâce à ces rituels de purification, les zoroastriens renouvellent continuellement leur lien avec Ahura Mazda et réaffirment leur rôle de gardiens d'Asha. Ces pratiques, qu'il s'agisse de simples ablutions quotidiennes ou de cérémonies communautaires complexes, témoignent de la croyance persistante selon laquelle la pureté est le fondement de la force spirituelle. En maintenant cette pureté, les zoroastriens contribuent à la lutte cosmique contre Angra Mainyu, en défendant une vision de la vie où la lumière et la vérité sont préservées contre les forces de l'obscurité et de la tromperie.

La pertinence durable de ces rituels ne réside pas seulement dans leur forme, mais dans les valeurs qu'ils incarnent. Ils enseignent que la pureté est à la fois un état d'être et un chemin d'efforts continus, un voyage que chaque individu et chaque communauté entreprennent pour maintenir la lumière d'Asha dans leur vie. Par l'acte de purification, les zoroastriens se rappellent qu'ils font partie d'un ordre cosmique plus grand, qu'ils sont liés à une tradition qui les appelle à être des intendants attentifs du monde, cherchant toujours à maintenir l'équilibre entre le sacré et le quotidien.

Chapitre 12
Fêtes et célébrations

Les festivals zoroastriens représentent un mélange harmonieux de spiritualité, de nature et de cycles de la vie, rappelant avec force l'ordre cosmique établi par Ahura Mazda. Ces célébrations, profondément enracinées dans les principes d'Asha, sont conçues pour aligner les fidèles sur les rythmes du monde naturel, en honorant le divin et en renforçant le lien de la communauté avec l'univers. À travers ces festivals, les zoroastriens expriment leur gratitude, recherchent le renouveau et célèbrent le triomphe de la lumière sur les ténèbres. Chaque festival occupe une place unique dans le calendrier zoroastrien, offrant des moments de réflexion, de joie et de culte collectif.

L'un des festivals zoroastriens les plus importants est Nowruz, le Nouvel An perse, qui marque l'arrivée du printemps et le renouveau de la vie. Célébré à l'équinoxe de printemps, Nowruz est un moment où le jour et la nuit sont équilibrés, symbolisant l'équilibre entre les forces du bien et du mal. Les origines du festival sont antérieures au zoroastrisme, mais il a été adopté et enrichi par la foi, qui lui a insufflé les thèmes de la renaissance et de l'éveil spirituel. Pendant Nowruz, les zoroastriens préparent leurs maisons avec un soin méticuleux, effectuant des nettoyages en profondeur connus sous le nom de khaneh takani, un acte symbolique de purification à la fois de l'espace physique et de l'âme en préparation de la nouvelle année. Cette pratique reflète l'importance accordée par les zoroastriens à la pureté, faisant de Nowruz non seulement une célébration de la renaissance de la nature, mais aussi un renouveau personnel et spirituel pour les fidèles.

La préparation du Haft-Seen, une table ornée de sept objets symboliques commençant chacun par la lettre persane « S

», est au cœur de la célébration du Norouz. Ces objets, dont le sabzeh (blé ou lentilles germées), le senjed (fruit d'oléastre séché), le seeb (pomme), le seer (ail), le somāq (sumac), le serkeh (vinaigre) et le samanu (pudding sucré), représentent différents aspects de la vie et les espoirs pour l'année à venir : la croissance, la santé, la prospérité et la sagesse. Dans certaines traditions, le Haft-Seen peut également être accompagné d'un livre saint, tel que l'Avesta, afin de souligner l'aspect spirituel de la célébration. L'allumage de bougies autour du Haft-Seen rappelle la lumière omniprésente d'Ahura Mazda, qui guide les fidèles à travers les difficultés de la vie et leur apporte de l'espoir pour l'avenir. L'accent mis sur la lumière et les nouveaux départs reflète la cosmologie zoroastrienne, où chaque acte qui respecte Asha contribue au renouvellement de la création.

Un autre élément clé de Nowruz est le Chaharshanbe Suri, ou festival du feu, qui a lieu le dernier mercredi avant la nouvelle année. Au cours de cette fête, les zoroastriens sautent au-dessus de petits feux de joie, en chantant des phrases qui expriment le souhait de voir leurs maux emportés par le feu, tout en recevant sa chaleur et sa vitalité. Le saut au-dessus du feu de joie symbolise le pouvoir de transformation du feu qui, dans la croyance zoroastrienne, représente la lumière purificatrice d'Ahura Mazda. Ce rituel permet de laisser derrière soi les fardeaux de l'année écoulée et d'aborder la nouvelle année avec une énergie renouvelée. Il met également en évidence le respect zoroastrien durable pour le feu en tant que symbole de pureté spirituelle, un thème qui se retrouve dans de nombreux aspects de la foi.

Mehregan est un autre festival zoroastrien important, célébré en l'honneur de Mithra, l'être divin associé aux alliances, à l'amitié et à la lumière du soleil. En automne, Mehregan est l'occasion de rendre grâce pour les récoltes et l'abondance de la terre. Il reflète la croyance zoroastrienne dans l'interconnexion de toutes les formes de vie et dans la responsabilité des humains de protéger et d'entretenir la nature. Traditionnellement, les zoroastriens se réunissent avec leurs familles et leurs communautés pendant le Mehregan pour offrir des prières, partager des repas et réciter des passages de l'Avesta qui font l'éloge de Mithra et du monde naturel. La célébration est marquée par le partage de fruits, de fleurs et d'encens, symbolisant les dons de la nature et le renouvellement des liens spirituels au sein de la communauté.

Le Mehregan est également l'occasion d'actes de charité, reflétant la valeur zoroastrienne de la générosité. Au cours de ce festival, les zoroastriens sont encouragés à soutenir ceux qui sont dans le besoin, afin que les bénédictions de la récolte soient partagées entre tous. Cette pratique souligne la dimension éthique des festivals zoroastriens, où la célébration est toujours liée à la responsabilité de respecter l'Asha dans la vie personnelle et sociale. En pratiquant la générosité et la bonté pendant Mehregan, les zoroastriens renforcent les liens de la communauté et réaffirment leur engagement envers les valeurs qui définissent leur foi.

Yalda, la nuit la plus longue de l'année, est une autre célébration qui revêt une profonde signification spirituelle dans la tradition zoroastrienne. Survenant au moment du solstice d'hiver, Yalda représente la lutte entre la lumière et les ténèbres, un thème central de la cosmologie zoroastrienne. Cette nuit-là, les zoroastriens se réunissent avec leurs proches et restent éveillés pendant de longues heures pour assister au triomphe du soleil sur les ténèbres à l'approche de l'aube. C'est l'occasion de raconter des histoires, de réciter des poèmes et de réfléchir aux cycles de la vie et de la nature. Le symbolisme de Yalda en tant que moment où la lumière commence à revenir lentement reflète la croyance zoroastrienne éternelle dans le triomphe final du bien sur le mal. Il rappelle aux fidèles que même dans les périodes les plus sombres, la promesse de la lumière demeure.

Pendant Yalda, des aliments spéciaux sont préparés, tels que les grenades, les noix et les pastèques, qui sont censés apporter chaleur et protection contre les rigueurs de l'hiver. Les graines rouges de la grenade symbolisent le sang qui donne la vie, tandis que les couleurs vives du fruit rappellent le retour éventuel du soleil. La nature communautaire des rassemblements de Yalda souligne l'importance de la solidarité et du soutien mutuel au sein de la communauté zoroastrienne, renforçant l'idée que faire face aux défis ensemble renforce les liens qui soutiennent la résilience spirituelle.

Les festivals zoroastriens comprennent également les Gahambars, des célébrations saisonnières qui honorent les six étapes de la création telles qu'elles sont décrites dans la cosmologie zoroastrienne. Chaque Gahambar est associé à un aspect particulier de la création, comme le ciel, l'eau, la terre, les plantes, les animaux et les humains. Ces festivals, répartis tout au long de l'année, invitent les zoroastriens à rendre grâce pour les éléments qui soutiennent la vie et à réfléchir à leur rôle en tant que gardiens du monde naturel. Pendant les Gahambars, les zoroastriens se réunissent pour partager des repas en commun, faire des prières et s'engager dans des actes de charité, renforçant ainsi le lien entre la pratique spirituelle et le bien-être de la communauté. Les Gahambars rappellent que le monde matériel n'est pas séparé du monde spirituel, mais qu'il fait partie intégrante de la création d'Ahura Mazda et qu'il doit être respecté et chéri.

Ces fêtes saisonnières soulignent la croyance zoroastrienne en une vie en harmonie avec la nature et la reconnaissance de la présence divine dans tous les aspects du monde. En célébrant les cycles de la terre, les zoroastriens affirment leur place dans un univers vivant de la présence divine. Les festivals fournissent une structure pour l'année qui est profondément entrelacée avec les rythmes naturels de la terre, garantissant que la pratique spirituelle est tissée dans les saisons changeantes. Ces célébrations rappellent aux zoroastriens que leurs actions - qu'il s'agisse d'honorer les saisons changeantes ou de partager leurs bénédictions - ont un impact direct sur l'équilibre entre Asha et Druj, contribuant ainsi à la lutte permanente pour maintenir l'ordre et la bonté dans le monde.

Les célébrations de Nowruz, Mehregan, Yalda et les Gahambars offrent chacune des occasions uniques de renouveau spirituel et de rassemblement communautaire, reflétant les valeurs durables du zoroastrisme. Ils sont les témoins vivants d'une tradition qui célèbre le divin à travers la joie des cycles de la vie, encourageant les fidèles à cultiver la gratitude, à rechercher la pureté et à s'engager dans des actes de bonté. Alors que le zoroastrisme continue de s'adapter à la vie moderne, ces festivals restent une pierre angulaire de sa pratique, garantissant que l'ancien lien entre la nature, la communauté et le divin reste vibrant et pertinent dans un monde en mutation. À chaque célébration, les zoroastriens réaffirment leur attachement aux principes qui les guident depuis des millénaires, embrassant la lumière qui brille à travers les nuits les plus sombres et l'espoir qui vient avec chaque nouvelle aube.

Le cycle dynamique des festivals zoroastriens n'est pas seulement un moyen de marquer le passage du temps, mais une pratique profondément spirituelle qui tisse des liens entre la communauté, la mémoire et l'alignement cosmique. Chaque festival est imprégné de plusieurs couches de rituels et de significations qui reflètent les valeurs fondamentales zoroastriennes d'Asha (vérité et ordre) et la lutte éternelle contre Druj (mensonge et chaos). Grâce à ces célébrations, les zoroastriens se rassemblent pour renouer avec leurs anciennes traditions, honorer Ahura Mazda et renforcer les liens qui unissent leurs communautés. Ce chapitre approfondit les pratiques et rituels spécifiques de ces festivals, en explorant la manière dont ils sont exécutés et le profond sentiment de continuité qu'ils créent parmi les zoroastriens du monde entier.

L'un des principaux rituels de Nowruz est le Farvardigan, ou Muktad, une période de dix jours précédant la nouvelle année et consacrée à l'hommage aux esprits des défunts, connus sous le nom de Fravashis. Pendant le Farvardigan, les familles zoroastriennes préparent leurs maisons et leurs temples pour accueillir ces esprits ancestraux, car elles croient que les Fravashis reviennent pour offrir leurs bénédictions et recevoir de la gratitude. Les familles dressent de petits autels avec des fleurs fraîches, des fruits et du feu sacré, et récitent des prières pour invoquer la protection et les conseils des esprits. Cet acte de commémoration souligne la croyance zoroastrienne en la présence permanente du monde spirituel et l'importance de respecter le lien entre le passé et le présent. Le Farvardigan est un moment de réflexion où les vivants honorent ceux qui les ont précédés, reconnaissant que la force de la communauté repose sur l'héritage de ceux qui ont défendu l'Asha à travers les âges.

Les rituels des cérémonies de Jashan, qui ont lieu lors de divers festivals, offrent une autre fenêtre sur les aspects communautaires et dévotionnels des célébrations zoroastriennes. Un Jashan est un service de prière conduit par les Mobeds (prêtres) pour bénir la communauté, souvent pour commémorer des occasions spéciales ou pour remercier Ahura Mazda de ses bienfaits. Au cours de ces cérémonies, les prêtres récitent des versets de l'Avesta, offrent des myazda (offrandes rituelles de fruits, de lait et de pain sacré) et accomplissent le rituel de l'Atash Niyayesh, au cours duquel le feu sacré est vénéré au moyen d'offrandes et de prières. Les fidèles se rassemblent autour du Jashan, participant par leur présence et leur récitation silencieuse, renforçant ainsi l'objectif spirituel commun. Le Jashan est un rappel puissant de l'unité de la communauté zoroastrienne, où chaque individu joue un rôle dans le maintien de la santé spirituelle de l'ensemble.

Un Jashan particulièrement important est la célébration de Khordad Sal, l'anniversaire du prophète Zarathoustra. Ce jour-là, les zoroastriens se rassemblent dans des temples du feu et des salles communautaires pour se souvenir de la vie et des enseignements de leur prophète. La célébration comprend des prières qui relatent les révélations de Zarathoustra et son message de bonnes pensées, de bonnes paroles et de bonnes actions. C'est l'occasion de renouveler son engagement à vivre selon les principes de l'Asha, en réfléchissant à la manière dont les enseignements de Zarathoustra peuvent guider la vie moderne. Le Khordad Sal n'est pas seulement la célébration d'une figure historique, mais aussi un moment d'introspection spirituelle, où les zoroastriens se rappellent leur rôle en tant que disciples d'une tradition qui cherche à apporter la lumière dans le monde.

Pendant le Mehregan, l'une des pratiques uniques est le Haft Mewa, ou l'arrangement de sept fruits. Cette présentation symbolique est destinée à honorer l'abondance apportée par Mithra, la divinité de la lumière, de la loyauté et de l'amitié. Chaque fruit représente une bénédiction différente, comme la santé, la prospérité et la fertilité. Les familles se réunissent pour déguster les fruits, partageant un repas qui symbolise la nourriture physique et spirituelle. L'acte de partage pendant le Mehregan reflète l'engagement zoroastrien envers la charité et l'hospitalité, soulignant que la véritable célébration implique de donner aux autres et de s'assurer que les bénédictions de la vie sont partagées avec tous. La nature communautaire de Mehregan, comme celle de Nowruz, sert à renforcer les liens entre les zoroastriens, leur rappelant que leur foi est à la fois un voyage personnel et une expérience collective.

Les pratiques rituelles associées à Tirgan, un festival d'été dédié à Tishtrya, l'étoile qui apporte la pluie, soulignent également le lien entre les célébrations zoroastriennes et le monde naturel. Tirgan est célébré par des rituels qui impliquent des éclaboussures d'eau, symbolisant les pluies vivifiantes que Tishtrya apporte à la terre. Ce festival est une période joyeuse, en particulier pour les enfants, qui se livrent à des batailles d'eau et à des danses. Les zoroastriens croient que les eaux de Tishtrya apportent une purification spirituelle ainsi qu'un renouveau physique, conformément à leur croyance plus large dans le caractère sacré des éléments naturels. L'esprit ludique de Tirgan, associé à la vénération de l'eau, illustre l'équilibre du zoroastrisme entre la dévotion sérieuse et la célébration des joies simples de la vie. C'est un festival où le rire et la gratitude se confondent, honorant les cycles qui soutiennent la terre.

Zartosht No Diso, la commémoration de la mort de Zarathoustra, offre un contraste plus sombre mais profondément réfléchi avec les fêtes plus festives. C'est un jour de prière, de deuil et de contemplation des enseignements que Zarathoustra a laissés derrière lui. Pendant Zartosht No Diso, les zoroastriens se rendent dans des temples du feu pour prier pour l'âme du prophète et réfléchir aux leçons morales et spirituelles qu'il a transmises. C'est l'occasion de réfléchir aux défis que représente le maintien d'Asha dans un monde qui penche souvent vers le chaos et la tromperie, et de s'inspirer de l'exemple du prophète. Ce jour rappelle la continuité de la tradition zoroastrienne et encourage les fidèles à rester fidèles à leur engagement pour la justice, même face à l'adversité.

La célébration de Navjote, ou cérémonie d'initiation des jeunes zoroastriens, est un autre rituel clé qui se déroule souvent autour de festivals majeurs tels que Nowruz ou Mehregan. Lors de Navjote, les enfants sont accueillis dans la foi zoroastrienne au cours d'une cérémonie où ils revêtent le Sudreh (maillot de corps blanc) et le Kusti (cordon sacré). La cérémonie est un événement communautaire qui rassemble la famille et les amis pour témoigner de l'entrée de l'enfant dans la communauté religieuse. Au cours de la cérémonie, l'enfant récite des prières et apprend l'importance du maintien de la pureté et des principes de l'Asha tout au long de sa vie. La cérémonie de Navjote symbolise un moment d'éveil spirituel, où l'individu assume sa responsabilité dans la lutte cosmique entre le bien et le mal. En organisant cette cérémonie pendant les fêtes, les familles soulignent le lien entre la foi personnelle et les cycles plus larges de renouveau et de célébration qui définissent la pratique zoroastrienne.

Dans toutes ces célébrations, l'interaction de la lumière et de l'obscurité, de la pureté et du renouveau, reste un thème central. Des rituels tels que l'allumage de lampes à huile pendant Yalda ou l'allumage du feu sacré pendant les cérémonies de Jashan rappellent constamment la croyance zoroastrienne dans le pouvoir de la lumière de vaincre même les ombres les plus profondes. Ces actes d'illumination, qu'ils soient accomplis dans les temples ou dans les maisons, reflètent la lutte éternelle d'Asha contre Druj, exhortant les fidèles à allumer en eux la flamme de la droiture. La lumière physique, qu'elle brûle avec éclat sur l'autel du feu d'un temple ou qu'elle vacille doucement sur la table Haft-Seen d'une famille, symbolise la lumière spirituelle que chaque zoroastrien est appelé à entretenir dans sa vie quotidienne.

Dans le monde moderne, les fêtes zoroastriennes se sont adaptées à de nouveaux contextes culturels, les communautés trouvant des moyens de célébrer leurs traditions dans des environnements diversifiés et mondialisés. Si les lieux changent, l'essence de ces fêtes demeure, assurant la continuité pour les zoroastriens vivant loin des terres où ces traditions ont pris racine. Les communautés de la diaspora se réunissent dans des maisons, des centres communautaires et des temples du feu adaptés, créant des espaces où les prières anciennes résonnent avec de nouvelles voix. L'expérience partagée de la célébration de ces festivals devient une source de force et d'identité, offrant aux zoroastriens un moyen de rester en contact avec leurs racines tout en acceptant leur place dans un monde diversifié et changeant.

Ces célébrations ne sont pas seulement un moyen de préserver la tradition, mais aussi une affirmation de la vie, une façon d'embrasser la présence divine dans chaque moment de joie et de réflexion. Elles rappellent que le zoroastrisme est une foi vivante, qui trouve son expression dans les cycles de la nature, dans le rythme de la vie quotidienne et dans la chaleur de la communauté. Grâce à ces rituels, les zoroastriens honorent leur passé, célèbrent leur présent et se tournent vers l'avenir avec espoir, convaincus que tant que la lumière sera entretenue, Asha perdurera.

Chapitre 13
La vie après la mort

La vision zoroastrienne de la vie après la mort présente une vision du cosmos où les choix moraux de la vie résonnent bien au-delà du royaume terrestre, façonnant le destin de l'âme dans l'au-delà. Ce système de croyance est ancré dans les enseignements de Zarathoustra, qui soulignait l'importance des actions, des pensées et des paroles de chaque individu dans la détermination de son destin spirituel. Pour les zoroastriens, la mort n'est pas considérée comme une fin, mais comme une transition vers un voyage spirituel qui révèle les conséquences de la vie terrestre. Le concept de jugement après la mort reflète la cosmologie zoroastrienne au sens large, où les forces d'Asha (vérité) et de Druj (tromperie) poursuivent leur lutte éternelle, l'âme humaine jouant un rôle crucial dans le maintien de l'équilibre entre elles.

Le pont de Chinvat, le pont du jugement, est au cœur de la conception zoroastrienne de la vie après la mort. Selon l'Avesta et les textes zoroastriens ultérieurs, lorsqu'une personne meurt, son âme s'attarde près du corps pendant trois jours et trois nuits, au cours desquels des prières sont offertes par la famille et la communauté. Ces prières, souvent récitées par les Mobeds (prêtres) et les proches du défunt, visent à réconforter l'âme dans son voyage et à invoquer la protection d'Ahura Mazda. Le rôle de la communauté dans ces prières souligne la croyance selon laquelle la mort n'est pas une expérience solitaire, mais un passage qui implique le soutien et la solidarité de ceux qui restent.

Le quatrième jour, l'âme est censée atteindre le pont de Chinvat, où elle est jugée en fonction de la qualité morale de sa vie sur Terre. Ce pont est décrit comme un chemin étroit suspendu au-dessus d'un abîme, symbolisant la frontière ténue entre la vertu et le vice. L'âme y rencontre trois entités spirituelles : Mithra, le juge divin associé à la vérité et aux contrats, Sraosha, le gardien des prières, et Rashnu, la divinité de la justice. Ensemble, ils pèsent les actes de l'âme à l'aide d'une balance divine, où les bonnes actions sont mesurées par rapport aux mauvaises. Si les bonnes actions l'emportent sur les mauvaises, l'âme trouve le pont large et facile à traverser, menant aux royaumes de la lumière. En revanche, si les mauvaises actions l'emportent sur les bonnes, le pont devient étroit et périlleux, et l'âme risque de tomber dans l'abîme.

Ce processus de jugement reflète l'accent mis par les zoroastriens sur la responsabilité morale et l'idée que chaque pensée, parole et action contribue à la lutte cosmique entre le bien et le mal. Contrairement à certaines traditions religieuses qui mettent l'accent sur la grâce divine comme seul arbitre du salut, le zoroastrisme accorde une grande importance aux choix de l'individu et à l'intégrité éthique de sa vie. Cet accent encourage les adeptes à vivre dans un but précis, conscients de l'impact de leurs actions sur leur âme et sur le monde qui les entoure.

Le résultat de ce jugement détermine le voyage de l'âme vers l'un des trois royaumes possibles : Garōdmān, la Maison du Chant (Paradis) ; Hamistagan, le lieu intermédiaire ; ou Duzakh, la Maison du Mensonge (Enfer). Garōdmān est décrit comme un royaume rempli de lumière divine, où l'âme est réunie avec Ahura Mazda et connaît la joie éternelle aux côtés d'autres esprits justes. C'est un lieu d'accomplissement spirituel, où les vertus cultivées dans la vie continuent de s'épanouir, et où l'âme trouve la paix en compagnie d'autres disciples d'Asha. Dans ce royaume, la lumière d'Ahura Mazda illumine tous les aspects de l'existence, symbolisant le triomphe ultime du bien sur le mal.

Hamistagan, l'état intermédiaire, est réservé aux âmes dont les bonnes et les mauvaises actions sont équilibrées. Cet état n'est ni une félicité ni un tourment, mais plutôt un lieu d'attente, où l'âme existe dans une sorte de suspension spirituelle. Dans la tradition zoroastrienne, le Hamistagan représente la complexité de la moralité humaine, reconnaissant que de nombreuses vies contiennent un mélange de vertus et de défauts. Dans le Hamistagan, l'âme reste dans un état liminal, réfléchissant à sa vie et attendant le renouvellement final du monde, connu sous le nom de Frashokereti, lorsque toutes les âmes seront finalement purifiées et réunies avec Ahura Mazda. Ce royaume intermédiaire souligne la croyance en un potentiel de développement spirituel et de rédemption, même après la mort.

Duzakh, ou la Maison du Mensonge, est réservée à ceux qui se sont alignés sur Druj par des actes de tromperie, de cruauté et d'injustice. Il est décrit comme un endroit sombre et froid, où les âmes endurent la souffrance en raison de leurs échecs moraux. Contrairement à de nombreuses représentations de l'enfer dans d'autres traditions, le Duzakh zoroastrien n'est pas éternel ; c'est un lieu de purification plutôt qu'une punition permanente. La souffrance vécue par les âmes dans le Duzakh est comprise comme une conséquence de leurs actions, une période où elles sont confrontées au mal qu'elles ont causé et aux déviations par rapport à Asha. L'existence de ce royaume rappelle sévèrement les conséquences de la corruption morale, mais souligne également la croyance zoroastrienne en une éventuelle restauration cosmique, où même les endroits les plus sombres seront transformés par la lumière d'Ahura Mazda.

Le voyage de l'âme à travers ces royaumes met en évidence l'importance accordée par les zoroastriens à l'action individuelle et à la responsabilité de choisir la droiture. Tout au long de leur vie, les zoroastriens sont encouragés à incarner les principes de Humata, Hukhta, Hvarshta - les bonnes pensées, les bonnes paroles et les bonnes actions - afin de s'assurer un passage favorable sur le pont de Chinvat. Les enseignements de Zarathoustra soulignent que chaque personne a la capacité de façonner son destin spirituel par ses choix, reflétant ainsi une vision du monde où le libre arbitre joue un rôle central. Cette croyance dans le pouvoir du choix inspire les adeptes à s'engager activement dans leurs communautés, à soutenir la justice et à prendre soin de l'environnement, en reconnaissant que leurs actions ont des conséquences spirituelles qui s'étendent jusqu'à l'au-delà.

Cette conception de la vie après la mort influence aussi profondément les pratiques funéraires zoroastriennes, qui sont conçues pour respecter la pureté des éléments naturels. Selon la tradition, le corps du défunt est placé dans un Dakhma, ou tour du silence, où il est exposé aux éléments et aux charognards. Cette pratique permet de s'assurer que le corps ne contamine pas les éléments sacrés que sont la terre, l'eau et le feu. En rendant ainsi le corps à la nature, les zoroastriens s'acquittent de leur devoir de protéger la pureté de la création, même dans la mort. Tandis que l'âme entreprend son voyage sur le pont de Chinvat, le corps est rendu au cycle de la nature, soulignant la croyance selon laquelle la vie physique fait partie d'un ordre cosmique plus vaste.

Les rituels entourant la mort, notamment les prières et les rites de purification accomplis par les Mobeds, reflètent la croyance zoroastrienne selon laquelle les vivants peuvent aider l'âme dans son voyage. Ces pratiques garantissent que le passage du monde matériel au monde spirituel s'effectue avec respect et attention, renforçant ainsi la croyance selon laquelle la mort est un processus profondément spirituel qui relie le monde terrestre au divin. En s'engageant dans ces rites, les zoroastriens honorent à la fois la mémoire du défunt et l'ordre cosmique qui guide toute vie.

La vision zoroastrienne de la vie après la mort offre une vision où l'espoir et la justice sont intimement liés. Elle réconforte les vivants en leur offrant l'assurance que les efforts déployés au cours de leur vie pour préserver Asha seront récompensés par des retrouvailles dans la Maison du Chant. En même temps, il sert d'appel à l'action éthique, rappelant aux croyants que leurs choix façonnent non seulement leur monde immédiat, mais aussi leur voyage éternel. Dans une tradition qui accorde une telle importance à l'interaction entre la lumière et les ténèbres, le chemin de l'âme est perçu comme la continuation de la lutte cosmique, où chaque pensée et chaque acte contribuent au triomphe de la vérité. Cette vision inspire les zoroastriens à vivre avec intégrité et détermination, sachant que leur héritage ne se limite pas au monde matériel, mais qu'il est inscrit dans le tissu même de l'univers.

À mesure que le voyage de l'âme progresse au-delà du pont de Chinvat, l'eschatologie zoroastrienne révèle une riche tapisserie de croyances qui éclairent la nature de la vie après la mort et le destin qui attend chaque esprit. Ce chapitre approfondit les domaines du Paradis (Garōdmān), du purgatoire (Hamistagan) et du concept zoroastrien de l'Enfer (Duzakh), en explorant la manière dont ces concepts ont évolué au fil du temps et leur impact durable sur la vie éthique des zoroastriens. Ces enseignements reflètent la relation complexe entre l'ordre cosmique (Asha), la responsabilité morale et l'espoir ultime d'une restauration universelle.

Garōdmān, souvent appelé la Maison du Chant, représente la destination ultime des âmes qui ont vécu en accord avec Asha. Ce royaume est décrit dans l'Avesta comme un lieu de lumière illimitée, de joie et d'épanouissement spirituel, où l'âme est entourée de la présence d'autres esprits justes. Ici, le rayonnement divin d'Ahura Mazda illumine tous les aspects de l'existence, offrant un état de paix éternelle et d'unité avec l'ordre divin. Dans le Garōdmān, les âmes connaissent la félicité qui découle de la réalisation de leur potentiel le plus élevé, vivant en harmonie avec les valeurs qu'elles ont défendues au cours de leur vie terrestre. Cette vision du Paradis n'est pas seulement une récompense, mais aussi une continuation du voyage de l'âme vers la perfection, où elle peut participer pleinement à la symphonie cosmique de la lumière et de la vérité.

Dans les enseignements zoroastriens, le Garōdmān est plus qu'une récompense céleste lointaine - il sert d'objectif éthique qui guide les actions des fidèles. Le désir d'atteindre la Maison du Chant motive les zoroastriens à vivre une vie d'intégrité, de bonté et de conscience spirituelle. L'accent mis sur le fait de gagner sa place dans l'au-delà en cultivant les vertus souligne la croyance zoroastrienne selon laquelle chaque individu participe activement à son destin spirituel. La joie du Garōdmān est donc considérée comme le résultat naturel d'une vie vécue en accord avec les principes d'Asha, où la lumière de l'âme devient plus brillante avec chaque bonne pensée, parole et action.

À l'inverse, Duzakh, ou la Maison du mensonge, présente une vision de l'au-delà qui sert d'avertissement sévère contre les conséquences de l'échec moral. Ce royaume est dépeint comme sombre, froid et désolé, un lieu où l'âme est confrontée à tout le poids de son alignement sur Druj (le mensonge). Contrairement aux enfers ardents d'autres traditions religieuses, l'enfer zoroastrien est un lieu de désolation spirituelle plutôt que de tourment physique. C'est un état où l'âme est isolée de la lumière divine, piégée dans les ténèbres qu'elle a cultivées par la tromperie, la cruauté et la trahison des valeurs d'Asha. La souffrance vécue dans le Duzakh n'est cependant pas considérée comme éternelle, mais comme un état temporaire destiné à purifier l'âme par la prise de conscience de ses faiblesses morales.

Le concept de Duzakh souligne la croyance zoroastrienne en la bonté inhérente de la création et en la possibilité de rédemption. Même dans les profondeurs de ce royaume de l'ombre, l'âme conserve un potentiel de transformation. Cette croyance est au cœur de l'idée de Frashokereti, la restauration finale du monde, lorsque toutes les âmes - quel que soit leur destin initial - seront purifiées et réconciliées avec Ahura Mazda. Les enseignements de Zarathoustra soulignent qu'aucune âme n'est hors de portée de la miséricorde divine et que le triomphe final d'Asha sur Druj apportera la guérison à toute la création. Cette vision d'espoir réconforte les fidèles en leur rappelant que la lutte entre le bien et le mal, tant dans la vie que dans l'au-delà, est finalement orientée vers le renouveau et l'unité.

Hamistagan, l'état intermédiaire, offre une vision nuancée de l'au-delà qui reconnaît la complexité du comportement humain. Les âmes qui ont vécu des vies de vertu et de vice y résident, ne connaissant ni les joies de Garōdmān ni la désolation de Duzakh. Hamistagan représente un état de réflexion et de stase spirituelle, où l'âme contemple ses actions et attend le renouveau cosmique. C'est un lieu où l'équilibre entre les bonnes et les mauvaises actions est étroitement mesuré, offrant la possibilité à l'âme de grandir dans la compréhension et de s'aligner plus complètement avec Asha au fil du temps. Hamistagan reflète ainsi la croyance zoroastrienne selon laquelle le voyage vers la croissance spirituelle ne s'achève pas avec la mort physique, mais se poursuit à mesure que l'âme cherche à s'harmoniser avec l'ordre divin.

Le rôle de Frashokereti dans l'eschatologie zoroastrienne est particulièrement important pour comprendre le sort ultime de toutes les âmes. Ce concept, qui décrit la rénovation et la purification du monde, envisage une époque où les forces d'Asha prévaudront pleinement, effaçant l'influence de Druj et apportant un état parfait et immortel à toute la création. À cette époque, les âmes de Hamistagan et de Duzakh sont censées être purifiées de leurs impuretés et rejoindre les justes dans la Maison du Chant. Le monde lui-même sera transformé, la mort et la souffrance seront abolies et le monde physique sera élevé à un niveau divin. L'idée d'une transformation finale incarne l'espoir zoroastrien d'un avenir où la justice, la paix et la vérité règnent en maître, et où chaque âme trouve sa place dans l'ordre restauré.

La croyance en Frashokereti façonne la manière dont les zoroastriens abordent leur vie terrestre, en leur inculquant un sentiment de responsabilité pour l'avenir du monde et le destin de toutes les âmes. Elle encourage les fidèles à s'engager dans des actions qui contribuent à l'amélioration du monde, qu'il s'agisse de charité, de service à la communauté ou de gestion de l'environnement. En alignant leurs actions sur la vision d'un monde purifié, les zoroastriens participent au processus continu de création, en faisant des choix qui soutiennent la réalisation d'un monde rempli de lumière et d'harmonie. L'idée que les actes de chacun peuvent influencer la restauration ultime du cosmos souligne la profonde interconnexion entre les actions individuelles et le destin plus large de l'univers.

Ces croyances sur l'au-delà influencent également les rites funéraires zoroastriens, qui sont conçus pour respecter le cheminement spirituel du défunt tout en préservant la pureté des éléments naturels. La récitation de prières durant les jours précédant le jugement de l'âme a pour but de guider et de soutenir le défunt, afin que la transition entre le monde terrestre et le monde spirituel se fasse le plus harmonieusement possible. Ces rituels, y compris l'utilisation de feu consacré et la récitation de versets sacrés, renforcent la croyance selon laquelle l'âme reste membre de la communauté, même lorsqu'elle entreprend son voyage sur le pont de Chinvat.

À l'époque contemporaine, les communautés zoroastriennes continuent d'adapter ces croyances et pratiques anciennes aux contextes modernes. Pour ceux qui n'observent plus l'usage traditionnel des dakhmas, la crémation ou l'enterrement sont effectués en veillant à maintenir l'intégrité spirituelle des rites, en s'assurant que les éléments sacrés restent respectés. Malgré ces changements, les enseignements fondamentaux concernant le voyage de l'âme, l'importance des actions morales et l'espoir de Frashokereti restent au cœur de la foi zoroastrienne. Ils offrent un cadre de compréhension de la vie et de la mort profondément enraciné dans la croyance que chaque vie contribue au plan divin et que chaque âme est destinée à trouver sa place dans la lumière d'Ahura Mazda.

La vision zoroastrienne de la vie après la mort offre un récit puissant qui mêle responsabilité et compassion, soulignant l'importance d'une vie éthique tout en offrant l'espoir d'une rédemption ultime. Le voyage de l'âme, depuis les épreuves du pont de Chinvat jusqu'à la promesse de Garōdmān et aux feux purificateurs de Frashokereti, reflète la vision zoroastrienne du cosmos comme un espace dynamique où chaque action se répercute dans le temps et l'espace. Cette vision encourage les adeptes à vivre dans un but précis, sachant que leurs choix façonnent non seulement leur propre destin, mais contribuent également à la grande lutte cosmique. À travers leurs croyances sur la vie après la mort, les zoroastriens tiennent la promesse qu'à la fin, Asha triomphera, apportant la lumière et l'ordre dans tous les recoins de la création.

Chapitre 14
Les Amesha Spentas

Les Amesha Spentas, souvent traduits par « Immortels bienfaisants », occupent une place centrale dans la théologie et la cosmologie zoroastriennes, représentant les aspects divins de la création d'Ahura Mazda. Ces sept entités spirituelles ne sont pas simplement considérées comme des divinités, mais comme des incarnations des principes qui régissent l'univers et maintiennent l'ordre cosmique d'Asha. Chaque Amesha Spenta domine un aspect particulier de l'existence, guidant les fidèles et aidant à maintenir l'équilibre entre le bien et le mal dans le monde. Par leurs attributs et leurs associations, les Amesha Spentas offrent aux zoroastriens un cadre pour comprendre leur relation avec le divin, avec la nature et avec leur propre développement spirituel.

Ahura Mazda, la divinité suprême du zoroastrisme, est considérée comme la source d'où émanent les Amesha Spentas. Ils servent de prolongement à sa volonté, manifestant ses qualités dans toute la création et veillant à ce que Asha - la vérité, la droiture et l'ordre - imprègne l'univers. Les Amesha Spentas ne sont pas seulement vénérés pour leurs pouvoirs individuels, ils sont aussi profondément liés entre eux, formant un réseau spirituel qui représente la nature interconnectée de la vie. Les zoroastriens considèrent ces êtres divins comme des guides qui participent à la lutte permanente contre Druj, les forces du chaos et du mensonge, en préservant l'intégrité de la création.

Parmi les Amesha Spentas, Vohu Manah, qui signifie « bon esprit », est considéré comme fondamental. Vohu Manah représente la sagesse divine qui inspire les bonnes pensées et guide les êtres humains vers des décisions morales et éthiques. Cette entité gouverne l'esprit et l'intellect, encourageant la clarté, la compassion et la compréhension. L'influence de Vohu Manah est cruciale pour aider les zoroastriens à discerner le bien du mal et à développer un sentiment d'empathie envers tous les êtres vivants. Cet Amesha Spenta est également associé aux animaux, symbolisant la compassion et l'attention que l'on doit porter à toutes les créatures. Pour les zoroastriens, cultiver Vohu Manah signifie développer un état d'esprit aligné sur les principes d'Asha, permettant à l'individu de faire des choix qui contribuent au bien commun.

Vient ensuite Asha Vahishta, ou « la meilleure vérité », qui incarne l'essence même d'Asha. Asha Vahishta est le gardien de la vérité, de l'ordre et des lois naturelles qui régissent le cosmos. Cet Amesha Spenta représente l'ordre divin qui maintient l'univers en équilibre, garantissant que chaque aspect de la création fonctionne en harmonie avec la volonté d'Ahura Mazda. Dans les pratiques zoroastriennes, Asha Vahishta est invoqué dans les prières et les rituels qui visent à maintenir la pureté et la droiture, que ce soit dans la conduite personnelle ou dans la communauté. L'influence d'Asha Vahishta s'étend au domaine du feu, considéré comme la manifestation physique de la vérité et de la pureté sur terre. Le feu, symbole de cet être divin, est au cœur du culte zoroastrien, les temples du feu servant de lieux où la lumière d'Asha Vahishta est vénérée et entretenue. Ce lien rappelle aux zoroastriens que vivre dans la vérité, c'est vivre en accord avec l'ordre cosmique qu'Asha Vahishta maintient.

Spenta Armaiti, ou « dévotion sacrée », représente les vertus de l'amour, de l'humilité et de la dévotion au divin. Spenta Armaiti est considérée comme la gardienne de la terre, incarnant les qualités nourricières qui soutiennent la vie et répondent aux besoins de tous les êtres. Cette Amesha Spenta enseigne aux zoroastriens l'importance de vivre dans un esprit de gratitude et de respect de la nature, en reconnaissant que la terre est un don sacré qui nécessite une gestion attentive. L'influence de Spenta Armaiti est évidente dans l'accent mis par les zoroastriens sur la protection de l'environnement et l'utilisation éthique des ressources naturelles. Les zoroastriens croient qu'en honorant la terre et en la traitant avec révérence, ils s'alignent sur les qualités de Spenta Armaiti, contribuant ainsi à la préservation d'Asha dans le monde.

Khshathra Vairya, ou « domination souhaitable », incarne les principes de force, d'autorité et de juste exercice du pouvoir. Cet Amesha Spenta est associé au ciel et au métal, représentant la force nécessaire pour protéger le monde des forces du chaos qui l'envahissent. Khshathra Vairya est invoqué dans le contexte du leadership et de la gouvernance, où l'accent est mis sur l'utilisation sage et équitable du pouvoir. Cette entité divine rappelle que la véritable autorité découle de la responsabilité de faire respecter la justice et de protéger les personnes vulnérables. Pour les zoroastriens, suivre la voie de Khshathra Vairya signifie s'efforcer d'être une force pour le bien dans le monde, en utilisant leur influence pour soutenir les valeurs d'équité et d'intégrité. Ils contribuent ainsi à l'établissement d'une société qui reflète l'ordre divin que représente Khshathra Vairya.

Haurvatat et Ameretat, souvent considérées comme des entités jumelles, sont respectivement associées à la plénitude et à l'immortalité. Haurvatat, qui signifie « Intégralité » ou « Perfection », est la gardienne de l'eau, élément sacré du zoroastrisme qui symbolise la vie, la pureté et le renouveau. L'influence d'Haurvatat encourage les fidèles à rechercher l'équilibre et la complétude dans leur vie spirituelle, reflétant l'harmonie naturelle que l'on trouve dans l'écoulement de l'eau. Les rituels impliquant l'eau, tels que les ablutions et la consécration des sources sacrées, honorent le rôle d'Haurvatat dans le maintien de la pureté. Ameretat, qui signifie « Immortalité », est associée aux plantes et à la vie éternelle, symbolisant la résilience et la continuité de l'âme au-delà de la mort physique. La présence d'Ameretat rappelle aux zoroastriens la nature éternelle de l'âme et la promesse d'une vie qui perdure à travers des cycles de croissance et de renouvellement. Ensemble, Haurvatat et Ameretat inspirent une vision de la vie qui est à la fois spirituellement accomplie et éternelle, guidant les fidèles vers une connexion plus profonde avec le divin.

Enfin, Spenta Mainyu, le « Saint-Esprit », représente l'aspect créatif et vivifiant de l'essence d'Ahura Mazda. Spenta Mainyu n'est pas considéré comme séparé d'Ahura Mazda, mais plutôt comme une extension de son énergie créatrice, œuvrant pour favoriser la croissance, la bonté et la vitalité dans tout le cosmos. Spenta Mainyu incarne les forces qui promeuvent la vie, l'innovation et le changement positif, en s'opposant aux tendances destructrices d'Angra Mainyu (l'Esprit destructeur). La présence de Spenta Mainyu dans le monde rappelle que la création elle-même est un acte sacré, auquel les zoroastriens sont appelés à participer par leurs propres actes de créativité, d'attention et de compassion. En s'alignant sur Spenta Mainyu, les zoroastriens s'engagent à nourrir la vie et à s'opposer à tout ce qui menace l'harmonie de la création. L'interaction entre les Amesha Spentas et leurs associations avec des éléments naturels tels que le feu, l'eau, la terre et les plantes reflète une vision du monde où chaque partie de la création est considérée comme imprégnée d'une signification spirituelle. Pour les zoroastriens, les Amesha Spentas sont des modèles de vertus divines qu'ils s'efforcent d'incarner dans leur vie quotidienne. Par des rituels, des prières et des méditations sur les qualités de chaque Amesha Spenta, les fidèles cherchent à approfondir leur lien avec ces principes divins, en veillant à ce que leurs actions reflètent les idéaux supérieurs qui soutiennent le cosmos.

En comprenant les rôles des Amesha Spentas, les zoroastriens se rappellent qu'ils ne marchent pas seuls sur leur chemin spirituel ; ils sont soutenus par ces êtres divins qui représentent les meilleures qualités auxquelles l'humanité peut aspirer. La relation entre les Amesha Spentas et le monde physique encourage les zoroastriens à considérer leur propre vie comme faisant partie d'une tapisserie divine plus vaste, où chaque acte de bonté, chaque vérité dite et chaque moment de dévotion contribuent au maintien permanent d'Asha. En tant que guides et protecteurs, les Amesha Spentas fournissent à la fois un plan de vie et une source de force spirituelle, aidant les zoroastriens à naviguer dans les complexités de la vie avec sagesse, dévotion et un engagement dans la lutte éternelle contre le chaos et le mensonge.

L'importance des Amesha Spentas dans la spiritualité zoroastrienne va au-delà de leur rôle symbolique, puisqu'ils font partie intégrante du culte, de l'éthique et de la vie quotidienne des zoroastriens. Chacun des Amesha Spentas offre aux fidèles une voie pour se connecter à l'ordre divin d'Ahura Mazda à travers des pratiques, des prières et des méditations spécifiques. Ce chapitre se penche sur les attributs profonds de chaque Amesha Spenta, en explorant la manière dont ils sont invoqués dans les rituels, leur présence dans les textes sacrés et leur influence sur la guidance morale et spirituelle des zoroastriens.

Vohu Manah (bon esprit) est particulièrement important dans les pratiques de prière et de méditation zoroastriennes. Les Gathas, les hymnes attribués à Zarathoustra, invoquent souvent Vohu Manah comme guide pour comprendre la sagesse divine et prendre des décisions en accord avec Asha. En récitant ces versets anciens, les zoroastriens cherchent à cultiver la clarté et la perspicacité, en utilisant leur esprit pour discerner les chemins qui mènent à la droiture. L'association de Vohu Manah avec l'intellect signifie qu'il est considéré comme essentiel pour parvenir à une compréhension plus profonde des vérités spirituelles. Au cours des rituels, les fidèles réfléchissent à la manière dont leurs pensées façonnent leurs actions, recherchant l'influence de Vohu Manah pour maintenir un état d'esprit empreint de compassion, de réflexion et de vérité. Ainsi, le bon esprit n'est pas seulement un idéal abstrait, mais une pratique quotidienne qui guide les zoroastriens à agir avec empathie envers tous les êtres vivants.

Dans les temples zoroastriens, Asha Vahishta (la meilleure vérité) est souvent symbolisée par le feu sacré qui brûle en permanence, appelé Atar. Le feu représente la présence d'Asha Vahishta, rappelant aux fidèles la pureté et l'intégrité qu'incarne cet Amesha Spenta. La flamme constante sert de méditation visuelle sur la nature éternelle de la vérité qui, comme le feu, doit être entretenue et préservée. Les zoroastriens offrent du bois de santal et d'autres offrandes au feu, invoquant Asha Vahishta pour qu'il bénisse leurs prières et maintienne la pureté spirituelle de leurs intentions. Ce lien entre le feu et la vérité souligne la croyance selon laquelle vivre en harmonie avec Asha revient à entretenir une flamme à l'intérieur de soi, en écartant les ténèbres de la tromperie et du mensonge. Asha Vahishta inspire les fidèles à rechercher l'honnêteté dans tous les aspects de leur vie, considérant chaque acte de vérité comme une contribution à l'ordre divin qui soutient l'univers.

Spenta Armaiti (dévotion sacrée) occupe une place particulière dans la relation zoroastrienne avec la terre, et les rituels honorant cette Amesha Spenta comprennent souvent des prières de gratitude pour la générosité de la nature. Dans les communautés agricoles, les agriculteurs peuvent remercier Spenta Armaiti avant de planter ou de récolter, reconnaissant ainsi le rôle de l'Amesha Spenta dans l'entretien du sol et le maintien de la vie. Lors de la célébration de festivals tels que Mehregan et Gahambars, les zoroastriens remercient pour les fruits de la terre, demandant les bénédictions de Spenta Armaiti pour s'assurer que la terre reste fertile et productive. Ces pratiques reflètent un engagement éthique plus large en faveur de la protection de la terre, considérant la nature comme un patrimoine sacré qui doit être protégé. En alignant leurs actions sur l'esprit de Spenta Armaiti, les zoroastriens soulignent l'importance de l'humilité, de la patience et du respect du monde naturel, reconnaissant que la dévotion au divin s'exprime à travers la gestion de la création.

Khshathra Vairya (la domination souhaitable) est invoquée dans les moments où la force et la justice sont nécessaires. Les zoroastriens se tournent vers cet Amesha Spenta pour être guidés dans leur rôle de leader, que ce soit au sein de la famille, de la communauté ou de la société dans son ensemble. L'association de Khshathra Vairya avec les métaux, symboles de durabilité et de résistance, rappelle que le véritable pouvoir ne consiste pas à dominer, mais à assurer la stabilité et la protection de ceux dont on a la charge. Dans les prières traditionnelles, les zoroastriens demandent à Khshathra Vairya de faire respecter la justice, de se défendre contre l'oppression et d'être une source d'influence positive. L'accent mis sur la domination juste renforce l'idée que chaque zoroastrien a un rôle à jouer dans le maintien de l'harmonie sociale, en veillant à ce que ses actions contribuent à un monde où règnent l'équité et l'intégrité. Khshathra Vairya invite les fidèles à réfléchir à la manière dont ils utilisent leur autorité, les exhortant à exercer le pouvoir avec un sens des responsabilités et à être les protecteurs des personnes vulnérables.

Haurvatat (plénitude) et Ameretat (immortalité) offrent ensemble une vision du bien-être spirituel et physique qui est au cœur de la vie zoroastrienne. Le concept d'Haurvatat est souvent invoqué lors de rituels de purification, tels que ceux qui font appel au Zam (eau) pour purifier le corps et l'esprit. Ces rituels, qui comprennent le Padyab (lavage rituel) et d'autres ablutions, sont accomplis non seulement pour la propreté physique, mais aussi comme des actes d'alignement spirituel sur les qualités de complétude et d'harmonie d'Haurvatat. En recherchant la bénédiction d'Haurvatat, les zoroastriens visent à atteindre une vie équilibrée, où la santé, le bien-être et la conscience spirituelle se rejoignent. Ameretat, quant à elle, est invoquée dans les prières pour le voyage éternel de l'âme. Cette Spenta Amesha est étroitement associée à l'espoir de survie de l'âme au-delà de la mort, offrant la promesse d'une vie qui transcende le domaine matériel. La dualité entre Haurvatat et Ameretat rappelle que la plénitude et l'immortalité sont intimement liées, le soin apporté à l'être spirituel et physique menant à une existence qui perdure dans le temps.

Dans la vie quotidienne, les zoroastriens intègrent les principes de ces Amesha Spentas par la pratique du rituel Kusti. Cet acte de prière, accompli plusieurs fois par jour, consiste à dérouler et à renouer le Kusti (un cordon sacré porté autour de la taille) tout en récitant des prières qui invoquent les vertus des Amesha Spentas. Chaque fois que le Kusti est noué, le fidèle réaffirme son engagement à vivre en accord avec Asha, en alignant son âme, son corps et son esprit sur l'ordre cosmique qu'incarnent les Amesha Spentas. Ce rituel, bien que simple dans sa pratique, rappelle avec force la présence de ces entités divines dans tous les aspects de la vie, encourageant les fidèles à rester constamment conscients de leurs responsabilités spirituelles.

Le lien entre les Amesha Spentas et le monde naturel s'étend aux paysages sacrés de la pratique zoroastrienne. Les temples du feu, les rivières, les montagnes et même certaines plantes sont considérés comme des manifestations de l'ordre divin que les Amesha Spentas défendent. Les pèlerinages vers les sites sacrés, tels que les Atash Behram (temples du feu de la plus haute qualité) ou les sources et rivières associées à Haurvatat, offrent aux zoroastriens la possibilité d'approfondir leur lien avec ces entités spirituelles. Sur ces sites, des prières et des offrandes sont faites en l'honneur des Amesha Spentas, en quête de leurs conseils et de leur force. Ces pèlerinages, bien que de nature physique, sont également des voyages de l'esprit, au cours desquels les fidèles cherchent à s'aligner sur les forces qui façonnent l'univers.

Dans la diaspora zoroastrienne, où les communautés sont souvent séparées des paysages physiques de l'ancienne Perse, l'invocation des Amesha Spentas prend de nouvelles formes. Les zoroastriens modernes trouvent des moyens d'adapter leurs rituels et leurs prières aux contextes contemporains, en veillant à ce que la présence de ces êtres divins reste un élément essentiel de leur vie spirituelle. Que ce soit dans les temples urbains ou sur les autels domestiques, les qualités des Amesha Spentas sont évoquées dans des prières qui recherchent la sagesse, la vérité, la force, la dévotion, la plénitude et la promesse d'un voyage spirituel qui transcende les limites du temps. Les Amesha Spentas restent des guides intemporels, offrant aux zoroastriens un chemin vers l'épanouissement spirituel qui est aussi pertinent aujourd'hui qu'il l'était dans les temps anciens.

Les Amesha Spentas, en tant que manifestations divines de la volonté d'Ahura Mazda, constituent un pont entre le matériel et le spirituel, aidant les zoroastriens à relever les défis de la vie avec un sens du but et de la direction. Ils rappellent aux fidèles que chaque aspect de l'existence, des pensées de l'esprit à l'entretien de la terre, fait partie d'un ordre cosmique plus vaste qui exige une attention et un respect constants. Par leurs prières et leurs rituels, les zoroastriens recherchent la présence de ces êtres divins dans leur vie, puisant leur force dans leurs qualités intemporelles. Les Amesha Spentas représentent l'idéal vers lequel les fidèles tendent, servant de symboles durables des valeurs qui définissent le zoroastrisme depuis des millénaires : la sagesse, la vérité, la dévotion, la justice, l'équilibre, l'immortalité et l'esprit sacré de la création.

Chapitre 15
Lumière et ténèbres

L'interaction entre la lumière et les ténèbres est un thème central du zoroastrisme, représentant la lutte éternelle entre le bien et le mal, la vérité et le mensonge, Asha (l'ordre) et Druj (le chaos). Ce cadre dualiste sous-tend non seulement la compréhension zoroastrienne de l'univers, mais façonne également les perspectives spirituelles et éthiques de ses adeptes. La lumière, associée à Ahura Mazda, symbolise la vérité, la connaissance et l'essence divine qui éclaire le chemin de la droiture. Les ténèbres, en revanche, sont liées à Angra Mainyu, représentant la tromperie, l'ignorance et les forces qui cherchent à perturber l'ordre divin.

Dans les enseignements de Zarathoustra, la lumière est plus qu'un simple phénomène physique, c'est une manifestation de pureté spirituelle. Ahura Mazda est souvent décrit comme la Lumière des Lumières, dont l'éclat soutient le cosmos. L'imagerie de la lumière dans les textes zoroastriens sert de métaphore à la sagesse divine et à la clarté morale qui guide les fidèles. C'est grâce à l'illumination de la lumière d'Ahura Mazda que les adeptes peuvent discerner le bon chemin, en faisant des choix qui s'alignent sur Asha. Cette association avec la lumière est très présente dans la pratique zoroastrienne qui consiste à entretenir des feux sacrés dans les temples, symbolisant la présence éternelle du divin.

Le concept de lumière dans le zoroastrisme ne se limite pas aux temples, mais s'étend aux pratiques quotidiennes des fidèles. Les prières du matin, connues sous le nom de Havan Gah, sont prononcées à l'aube, lorsque les premiers rayons du soleil percent l'obscurité. Cet acte rituel reconnaît la victoire de la lumière sur les ténèbres, reflétant la bataille cosmique entre Ahura

Mazda et Angra Mainyu. Les fidèles récitent des invocations qui louent le soleil en tant que création d'Ahura Mazda, réfléchissant au pouvoir de la lumière de dissiper l'ignorance et d'apporter chaleur et vie au monde. Cette vénération de la lumière rappelle que chaque jour offre une nouvelle occasion de choisir la droiture, de se tourner vers la lumière de la vérité et d'agir en accord avec les valeurs qui soutiennent l'ordre cosmique.

L'association entre la lumière et le bien s'étend au cadre éthique du zoroastrisme. Tout comme la lumière est considérée comme pure et vivifiante, les pensées, les paroles et les actes qui reflètent les principes d'Asha le sont également. Les zoroastriens estiment que chaque acte vertueux contribue à la diffusion de la lumière dans le monde, aidant ainsi à combattre les ombres projetées par le Druj. Cette vision dualiste du monde souligne que si les ténèbres et le mal existent, ils ne sont pas égaux à la puissance de la lumière. Les ténèbres sont plutôt considérées comme une absence de lumière, un vide qui peut être comblé par des actes de bonté et l'illumination de la sagesse divine. Cette perspective façonne la manière dont les zoroastriens abordent leurs responsabilités morales, les encourageant à devenir des phares de lumière dans leurs communautés et dans leur vie quotidienne.

Les ténèbres, en revanche, représentent les impulsions destructrices incarnées par Angra Mainyu. Cette entité n'est pas seulement une figure du mal, elle symbolise les forces chaotiques qui menacent de rompre l'harmonie de la création. L'influence d'Angra Mainyu se manifeste par des actes de tromperie, de violence et tout ce qui cherche à perturber l'ordre établi par Ahura Mazda. Dans la cosmologie zoroastrienne, la lutte entre la lumière et les ténèbres n'est pas simplement un combat abstrait ; c'est une tension dynamique qui se manifeste dans tous les aspects de la vie. La présence des ténèbres incite les fidèles à rester vigilants, à résister aux tentations du mensonge et à aligner leurs actions sur la lumière d'Asha.

Cette vision dualiste est particulièrement évidente dans la conception zoroastrienne du voyage de l'âme humaine. À la mort, l'âme est censée traverser le pont de Chinvat, un passage où les forces de la lumière et des ténèbres se disputent le sort ultime de l'âme. Ceux qui ont vécu en alignement avec Asha, incarnant les principes de vérité et de bonté, trouvent le pont large et facile à traverser, les menant vers la lumière de Garōdmān. Pour ceux dont la vie a été dominée par la tromperie et le chaos, le pont devient étroit et les conduit dans les ténèbres de Duzakh. Ces images frappantes renforcent l'importance de choisir la lumière plutôt que les ténèbres tout au long de sa vie, car chaque action contribue au cheminement de l'âme dans l'au-delà.

Cependant, malgré les contrastes marqués entre la lumière et les ténèbres, le zoroastrisme enseigne que la lutte entre ces forces a une résolution pleine d'espoir. La vision de Frashokereti, le renouveau ultime du monde, prévoit un moment où la puissance de la lumière vaincra pleinement les ténèbres. Dans cet âge futur, l'influence d'Angra Mainyu sera annulée et toute la création sera baignée dans le rayonnement divin d'Ahura Mazda. Cette promesse eschatologique incite les zoroastriens à s'engager activement dans la lutte contre le mensonge, convaincus que leurs efforts contribueront au triomphe final d'Asha. Il s'agit d'un message d'espoir, suggérant que les ténèbres, bien que redoutables, sont en fin de compte éphémères et destinées à céder la place à la lumière éternelle.

Le symbolisme de la lumière et de l'obscurité imprègne également l'art et la littérature zoroastriens, où les métaphores de l'illumination et de l'ombre sont utilisées pour explorer les dimensions morales et spirituelles de la vie. Dans les vers poétiques, la lutte de l'âme humaine est souvent comparée à un combat entre des pensées lumineuses et des tentations obscures, dont l'issue est déterminée par les choix que l'on fait. Des textes anciens tels que le Yashts et le Yasna contiennent des hymnes qui célèbrent l'éclat de la création d'Ahura Mazda, exhortant les fidèles à rechercher la clarté de l'esprit et de l'âme qui résulte de l'acceptation de la lumière. Ces traditions littéraires continuent d'inspirer la pensée zoroastrienne, rappelant que le voyage vers l'illumination spirituelle est un effort de toute une vie.

La pratique consistant à allumer des lampes à huile lors des cérémonies religieuses est une autre façon pour les zoroastriens d'exprimer leur vénération pour la lumière. Ces lampes, placées devant des images d'Ahura Mazda ou du feu sacré, symbolisent le désir de l'âme d'être illuminée par la sagesse divine. La douce lueur des lampes crée un espace où les fidèles peuvent réfléchir à la présence du divin dans leur vie, permettant à la lumière de guider leurs prières et leurs méditations. Cet acte d'allumage de la lumière est considéré comme une manière modeste mais significative de participer à la lutte cosmique, une affirmation de la foi dans le pouvoir de la lumière de transformer et d'élever.

Les festivals zoroastriens comme Nowruz, le Nouvel An perse, intègrent également les thèmes de la lumière et du renouveau. Célébré à l'équinoxe de printemps, Nowruz marque le triomphe du printemps sur l'hiver, de la lumière sur l'obscurité et de la vie nouvelle sur la dormance. Pendant cette période, les zoroastriens décorent leurs maisons avec des bougies et des lampes, symbolisant la lumière de l'espoir qui accompagne la nouvelle année. C'est l'occasion pour les familles de se réunir, de réfléchir au passé et d'accueillir les bénédictions d'Ahura Mazda pour l'année à venir. La lumière de Nowruz est une métaphore du renouveau du monde et de l'âme, qui encourage les fidèles à prendre un nouveau départ en s'engageant à respecter les valeurs d'Asha.

La vision zoroastrienne de la lumière et de l'obscurité n'est pas simplement une cosmologie ancienne, mais une lentille à travers laquelle les adeptes perçoivent leur place dans le monde. Elle encourage une vie vécue avec intention, où chaque choix est une occasion de répandre la lumière ou de succomber à l'ombre. En embrassant les enseignements de Zarathoustra, les zoroastriens se laissent guider par la lumière qui émane d'Ahura Mazda, l'utilisant pour naviguer dans les complexités de l'existence et pour trouver un but dans la lutte intemporelle pour la vérité et l'ordre. Par leur vénération de la lumière et leur vigilance à l'égard des ténèbres, ils honorent une tradition qui leur a appris à voir le monde non seulement tel qu'il est mais tel qu'il pourrait être - un lieu où la lumière d'Asha brûle avec éclat, guidant tout le monde vers un avenir de paix et d'harmonie.

Dans le zoroastrisme, les thèmes dualistes de la lumière et des ténèbres vont au-delà de simples métaphores et influencent profondément les rituels, les symboles et la philosophie qui façonnent la vie quotidienne des fidèles. L'interaction entre ces forces opposées n'est pas seulement un récit cosmique, mais aussi un voyage personnel, dans lequel chaque croyant navigue dans ses propres luttes internes entre la vertu et le vice, la vérité et le mensonge. Ce chapitre examine les expressions pratiques de ce dualisme dans les rituels zoroastriens, l'interprétation profonde de la lumière et de l'obscurité dans les textes sacrés et leur importance dans l'élaboration du cadre éthique zoroastrien.

L'une des expressions les plus profondes de la lumière dans les rituels zoroastriens est la vénération du feu, un élément qui incarne la présence de la lumière divine d'Ahura Mazda sur Terre. L'autel du feu, que l'on trouve aussi bien dans les temples que dans les maisons, sert de point central pour la prière, la méditation et les rassemblements communautaires. Cette flamme sacrée, qui brûle perpétuellement dans les temples Atash Behram (Feu de la victoire), représente la lutte éternelle contre les ténèbres envahissantes de l'ignorance et du mal. La pureté de la flamme est méticuleusement entretenue par les Mobeds (prêtres zoroastriens), qui veillent à ce que le feu sacré reste intact, symbolisant le lien ininterrompu entre le monde divin et le monde matériel. Par des rituels tels que le Yasna et la récitation d'hymnes avestaniens devant le feu, les fidèles cherchent à renforcer leur lumière intérieure, permettant à la chaleur et à la clarté de la flamme d'inspirer leurs actions et leurs pensées.

Dans la prière zoroastrienne, l'invocation de la lumière est plus qu'un geste physique, c'est un appel à l'illumination spirituelle. Des prières telles que Ashem Vohu et Yatha Ahu Vairyo soulignent le désir de l'âme de s'aligner sur Asha, la vérité divine qui guide toute la création. Ces prières sont traditionnellement récitées à des moments précis de la journée, correspondant aux cycles du soleil - l'aube, la mi-journée et le coucher du soleil - lorsque la présence de la lumière est la plus perceptible. À chaque fois, le fait de se tourner vers une source de lumière, qu'il s'agisse du soleil levant ou de la flamme du temple, symbolise le renouvellement de l'engagement envers Asha. Les fidèles cherchent à remplir leur vie intérieure de l'éclat de la vérité, en utilisant la métaphore de la lumière comme un guide pour combattre les impulsions sombres du doute, de la colère et du désespoir.

Les rituels zoroastriens mettent également l'accent sur le rôle du Kusti, une corde sacrée qui représente le lien entre le moi et la lumière d'Ahura Mazda. Dans le cadre des prières quotidiennes, les zoroastriens dénouent et renouent le Kusti tout en faisant face à une source de lumière, qu'il s'agisse du soleil ou d'un feu sacré. Cet acte symbolise la purification de l'âme et la réaffirmation de l'engagement de l'individu à marcher dans la lumière. Le Kusti rappelle que la lutte entre la lumière et les ténèbres n'est pas seulement un combat extérieur, mais une discipline intérieure permanente. Chaque fois qu'il est noué, il signifie un moment de réflexion sur la nature de ses pensées, de ses paroles et de ses actes, incitant le pratiquant à se débarrasser de toute ombre de mensonge et à embrasser la clarté et la vérité.

La présence de la lumière en tant que thème central est également profondément ancrée dans la mythologie et la cosmologie zoroastriennes. Le Bundahishn, texte zoroastrien sur la création, décrit les origines de l'univers comme une manifestation de lumière et de pureté apportée par Ahura Mazda. Cette lumière divine s'est immédiatement heurtée à l'opposition d'Angra Mainyu, qui a émergé des ténèbres avec l'intention de détruire et de corrompre la création. Selon ce récit, l'affrontement initial entre la lumière et les ténèbres a ouvert la voie à une lutte cosmique durable, dont le monde matériel est le champ de bataille. Le rôle des humains, tel qu'il est décrit dans le Bundahishn, est de choisir le camp de la lumière, en devenant les alliés d'Ahura Mazda en adhérant aux principes d'Asha. Cette perspective cosmique renforce l'importance des actions de chaque individu, car chaque choix contribue à l'équilibre entre l'ordre et le chaos, entre l'illumination et l'ombre.

La vision zoroastrienne de l'au-delà est également façonnée par la dichotomie de la lumière et de l'obscurité. Le pont Chinvat, que l'âme traverse après la mort, est éclairé par la lumière des bonnes actions et assombri par le poids des méfaits. Ceux qui ont vécu en accord avec la lumière d'Asha trouvent le pont accueillant, leur chemin guidé par l'éclat de leur vie vertueuse. À l'inverse, ceux qui se sont alignés sur la tromperie et le chaos voient le pont comme un passage traître, enveloppé de ténèbres. Cette image saisissante sert de boussole morale aux vivants, leur rappelant que leurs actions influencent directement leur voyage spirituel et leur destin ultime. La vision d'une âme cheminant vers la lumière ou tombant dans les ténèbres souligne la croyance zoroastrienne en la responsabilité personnelle et le pouvoir de transformation de l'alignement spirituel.

Au-delà des aspects rituels et eschatologiques, le symbolisme de la lumière et des ténèbres façonne profondément l'approche zoroastrienne de la communauté et de l'éthique sociale. Le concept de Hamazor, qui signifie unité et force par le biais d'un objectif commun, est considéré comme un effort collectif visant à promouvoir la lumière dans le monde. Les zoroastriens croient qu'en s'unissant dans des actes de charité, de bonté et de culte communautaire, ils peuvent amplifier la lumière d'Asha et repousser les ténèbres qui cherchent à isoler et à diviser. Cette quête communautaire de la lumière est évidente dans des traditions telles que les cérémonies du Jashan, au cours desquelles la communauté se réunit pour offrir des prières pour le bien-être du monde et pour renforcer les liens entre les membres de la communauté. Lors de ces rassemblements, le feu au centre symbolise leur engagement commun à maintenir la lumière spirituelle au sein de leurs foyers, de leurs communautés et du monde en général.

Dans les expressions artistiques, les thèmes de la lumière et de l'obscurité se manifestent souvent dans l'iconographie, l'architecture et même la littérature zoroastriennes. Le Faravahar, un symbole zoroastrien important, représente l'aspiration de l'âme humaine à la lumière et aux vérités supérieures. Ses ailes, souvent représentées avec des rayons ou des plumes qui ressemblent à la lumière du soleil, signifient le voyage spirituel vers l'illumination et le rejet des ombres de l'ignorance. De même, les temples du feu sont conçus pour capter la lumière naturelle, avec des espaces ouverts qui laissent entrer la lumière du soleil, mêlant les flammes sacrées à la lumière du ciel. Ce choix architectural rappelle la lumière divine omniprésente que les zoroastriens s'efforcent d'imiter.

La littérature zoroastrienne, des versets poétiques des Gathas aux interprétations modernes, continue d'explorer les thèmes de la lumière et de l'obscurité, offrant des réflexions intemporelles sur la condition humaine. Les écrivains établissent souvent des parallèles entre le monde naturel et les vérités spirituelles, utilisant le cycle du jour et de la nuit comme métaphore de la quête de sagesse de l'âme. Par exemple, l'aube est considérée comme un symbole de l'éveil spirituel, un moment où l'âme s'élève de l'obscurité de l'ignorance vers la clarté de la compréhension. La nuit, associée au repos et à la réflexion, rappelle également le danger permanent de s'éloigner du chemin de la lumière. À travers ces œuvres littéraires, la tradition zoroastrienne entretient un riche dialogue entre le physique et le spirituel, rappelant aux fidèles le choix permanent entre embrasser la lumière ou s'abandonner à l'ombre.

Dans les temps modernes, la pertinence de ces thèmes anciens continue de guider les zoroastriens dans la complexité d'un monde en mutation. La métaphore de la lumière et de l'obscurité offre un cadre pour aborder les dilemmes éthiques, depuis les questions de justice et d'honnêteté jusqu'aux défis de la préservation de la culture dans la diaspora. L'accent mis sur la lumière en tant que source d'espoir et de renouveau résonne avec les préoccupations contemporaines concernant l'avenir, encourageant les zoroastriens à rester fermes dans leur engagement envers la vérité et la bonté, même face à l'adversité. Il inspire également un sentiment de responsabilité à l'égard de l'environnement, la préservation de la lumière et de la pureté de la nature étant considérée comme faisant partie du maintien de l'équilibre cosmique.

La lutte entre la lumière et les ténèbres, bien qu'ancienne, n'est jamais statique. Elle évolue avec chaque génération, trouvant de nouvelles expressions dans les prières, les rituels et les choix moraux des fidèles. Lorsque les zoroastriens allument le feu sacré ou récitent des hymnes anciens, ils participent à une tradition qui considère depuis longtemps le monde comme un espace où la lumière doit être allumée, protégée et partagée. Ce chapitre n'est donc pas un simple récit de symboles et de rituels, mais une invitation à comprendre comment la foi zoroastrienne offre une vision de la vie comme un voyage vers la lumière - un chemin où chaque pas fait dans la vérité, chaque moment de clarté et chaque acte de bonté ajoute à la luminosité qui retient l'obscurité. Grâce à cette vision, les zoroastriens continuent à trouver un sens et un but, puisant leur force dans la conviction que, finalement, la lumière l'emportera.

Chapitre 16
Influence sur les autres religions

Le zoroastrisme, l'une des plus anciennes religions monothéistes du monde, a exercé une influence profonde et durable sur le développement des traditions religieuses ultérieures, en particulier celles qui ont émergé dans les traditions plus larges du Proche-Orient et de l'Occident. Ce chapitre explore les interactions complexes entre les concepts et les croyances zoroastriens et les cadres théologiques du judaïsme, du christianisme et de l'islam, ainsi que la manière dont ils les ont façonnés. Les échanges d'idées entre ces religions ont créé des fils qui ont tissé les thèmes zoroastriens dans la tapisserie plus large de la pensée monothéiste.

Dans l'ancienne Perse, l'essor du zoroastrisme a coïncidé avec l'expansion de l'empire achéménide qui, à son apogée, s'étendait sur un vaste territoire comprenant des régions habitées par le peuple juif. Lorsque les Achéménides, sous la direction de Cyrus le Grand, ont conquis Babylone en 539 avant notre ère, ils ont mis fin à la captivité babylonienne des Juifs, leur permettant de retourner à Jérusalem et de reconstruire leur temple. Ce moment historique est plus qu'un événement politique ; il marque le début d'un échange culturel et religieux important entre les zoroastriens et les exilés juifs. Cyrus lui-même est même dépeint de manière positive dans la Bible hébraïque, célébré comme un libérateur et un serviteur de Dieu.

L'influence du zoroastrisme sur le judaïsme est souvent évoquée dans le contexte des idées eschatologiques, telles que les concepts de vie après la mort, de résurrection et de jugement final des âmes. Avant l'influence perse, les écritures juives contenaient des références limitées à ces idées, se concentrant davantage sur l'identité collective et les promesses faites au peuple d'Israël.

Cependant, pendant la période de domination perse, la pensée juive a commencé à intégrer des idées rappelant les croyances zoroastriennes, telles que la résurrection des morts et le concept d'un jugement final où le bien serait récompensé et le mal puni. Ces idées ressemblent étrangement aux enseignements zoroastriens sur le Frashokereti (le renouvellement du monde) et le jugement des âmes sur le pont de Chinvat. Cela suggère que le zoroastrisme a contribué à façonner la vision apocalyptique juive qui a ensuite influencé l'eschatologie chrétienne.

Les éléments dualistes du zoroastrisme, en particulier la lutte cosmique entre Ahura Mazda et Angra Mainyu, ont également laissé leur empreinte sur la pensée juive primitive, qui a commencé à s'attaquer plus explicitement à la présence du mal dans le monde. L'évolution de la figure de Satan dans la littérature juive, en particulier pendant la période du Second Temple, reflète certains aspects d'Angra Mainyu, représentant une force d'opposition plus définie contre l'ordre divin. Si le judaïsme a fini par développer un cadre monothéiste qui diverge de la cosmologie dualiste zoroastrienne, la notion de combat spirituel entre les forces du bien et du mal s'est accentuée pendant et après l'influence perse.

Le christianisme, issu d'un contexte juif, a hérité d'un grand nombre de ces idées, amplifiant encore les thèmes eschatologiques et dualistes qui avaient été influencés par la pensée zoroastrienne. Le concept de sauveur messianique, présent dans le zoroastrisme à travers la figure du Saoshyant, trouve un parallèle dans l'idée chrétienne du Christ en tant que rédempteur qui reviendra pour vaincre le mal et restaurer l'ordre divin. La vision zoroastrienne d'une rénovation finale du monde, dans laquelle toutes les âmes sont purifiées et réconciliées avec Ahura Mazda, partage un espace conceptuel avec la promesse chrétienne d'un nouveau ciel et d'une nouvelle terre après le Jugement dernier.

En outre, l'imagerie de la lumière et de l'obscurité, qui est au cœur des enseignements zoroastriens, trouve un écho dans le Nouveau Testament. Par exemple, l'Évangile de Jean présente

Jésus comme « la lumière du monde », une phrase qui fait écho à l'association zoroastrienne d'Ahura Mazda avec la lumière divine qui dissipe les ténèbres. Les premiers textes chrétiens s'appuient souvent sur des métaphores de la lumière surmontant les ténèbres, un thème profondément enraciné dans la vision zoroastrienne de la lutte cosmique. Ces parallèles suggèrent que l'accent mis par le zoroastrisme sur la bataille métaphysique entre la lumière et les ténèbres a contribué à façonner le langage symbolique de la théologie chrétienne.

L'islam a lui aussi absorbé certains éléments zoroastriens au cours de son développement initial dans le contexte de l'empire sassanide, où le zoroastrisme était la religion dominante. Le concept islamique du jour du jugement, où chaque âme doit répondre de ses actes, présente des similitudes avec les croyances eschatologiques zoroastriennes. Dans les deux religions, il existe un pont que les âmes doivent traverser - le Sirat dans l'islam et le Chinvat dans le zoroastrisme - qui symbolise le chemin vers l'au-delà, les justes se rendant au paradis et les méchants tombant dans les tourments. Bien que ces concepts se soient développés indépendamment au sein de la tradition islamique, les échanges culturels et théologiques entre les zoroastriens et les premiers musulmans ont pu contribuer à façonner ces idées parallèles.

En outre, la pratique zoroastrienne des rituels de prière quotidiens, l'importance de la pureté et l'accent éthique mis sur le bien-être de la communauté ont des résonances dans les pratiques islamiques. L'accent mis sur la propreté, la pureté rituelle et les temps de prière structurés dans l'islam peuvent être considérés comme reflétant certaines des disciplines rituelles du zoroastrisme. Cette continuité des pratiques spirituelles d'une culture à l'autre montre comment les religions évoluent en intégrant des aspects des traditions voisines tout en préservant leurs croyances fondamentales.

Au-delà des parallèles théologiques, le zoroastrisme a également contribué aux courants philosophiques qui ont influencé la pensée monothéiste ultérieure. Dans l'environnement cosmopolite de l'Empire sassanide, où des érudits de diverses origines religieuses et culturelles échangeaient des idées, les discussions théologiques zoroastriennes ont interagi avec les traditions philosophiques grecques, juives et chrétiennes. Des concepts tels que la nature de l'âme, l'importance du libre arbitre et la lutte cosmique entre l'ordre et le chaos sont devenus partie intégrante d'un discours commun qui a enrichi le patrimoine intellectuel du Proche-Orient. Ces discussions ont jeté les bases de la philosophie islamique médiévale, qui cherchait à harmoniser la raison avec les croyances religieuses, en s'inspirant souvent de la métaphysique et du raisonnement éthique zoroastriens antérieurs.

L'influence du zoroastrisme sur les autres religions n'est pas une simple question d'emprunt direct, mais plutôt un processus complexe d'interaction culturelle et d'influence mutuelle. Au fur et à mesure que le zoroastrisme s'engageait dans le paysage religieux diversifié du monde antique, ses idées se sont répandues par le biais du commerce, des migrations et de l'expansion des empires, trouvant de nouvelles expressions dans les croyances évolutives d'autres traditions. Ce mélange de pensées religieuses reflète le dynamisme des traditions spirituelles qui s'adaptent à de nouveaux contextes, enrichissant leurs récits tout en préservant leurs identités distinctes.

Cependant, le zoroastrisme a également conservé son identité unique au milieu de ces interactions, en gardant une vision claire de son propre drame cosmique et de ses impératifs éthiques. L'accent mis par le zoroastrisme sur la responsabilité personnelle, l'impératif moral de choisir la voie d'Asha et la croyance en une victoire ultime du bien sur le mal continuent de le distinguer, même s'il a contribué à l'héritage spirituel d'autres religions. Le rôle qu'il a joué dans le façonnement de la pensée religieuse dans le monde antique témoigne du pouvoir durable de ses enseignements et de leur capacité à inspirer la réflexion sur la nature du divin et le parcours de l'homme.

Les contributions du zoroastrisme au développement de la pensée religieuse soulignent sa place de pilier fondamental dans l'histoire de la spiritualité. Son influence sur le judaïsme, le christianisme et l'islam met en évidence la façon dont les thèmes communs - tels que la lutte entre le bien et le mal, l'espoir d'un sauveur et la recherche de la vérité divine - transcendent les doctrines spécifiques, reliant l'humanité dans sa quête de sens et d'objectif. En explorant ces liens, nous comprenons mieux comment le zoroastrisme a contribué à façonner les contours spirituels du monde, laissant une marque indélébile sur le paysage religieux qui continue de résonner à travers les siècles.

L'influence du zoroastrisme sur les autres traditions religieuses fait l'objet d'un riche débat académique, les chercheurs examinant le réseau complexe d'idées qui ont circulé entre les cultures et les religions tout au long de l'histoire. Ce chapitre approfondit les discussions scientifiques sur la manière dont les croyances zoroastriennes ont pu être adaptées ou réinterprétées dans les textes religieux du judaïsme, du christianisme et de l'islam, en explorant les nuances de ces interactions et l'impact profond qu'elles ont eu sur la pensée théologique et philosophique.

L'un des points centraux de l'étude est le concept du messie, une figure de sauveur qui joue un rôle crucial dans la vision eschatologique du zoroastrisme et qui trouve un parallèle dans les traditions juives et chrétiennes. La notion zoroastrienne de Saoshyant - un futur sauveur qui viendra à la fin des temps pour vaincre le mal et restaurer le monde - présente des similitudes avec le concept juif de Machia'h et la vision chrétienne de la seconde venue du Christ. Si la nature exacte de ces figures diffère d'une religion à l'autre, le thème sous-jacent d'un rédempteur divinement ordonné qui apporte un renouveau cosmique final suggère une ligne de pensée commune.

Dans les textes apocalyptiques juifs de la période du Second Temple, l'attente d'un messie qui rétablirait la justice et la paix fait écho au rôle du Saoshyant dans le zoroastrisme. La transformation des attentes messianiques dans le judaïsme pendant et après l'influence perse marque un changement significatif par rapport aux croyances antérieures, qui se concentraient davantage sur la royauté terrestre et la restauration d'Israël. Les chercheurs ont noté que le cadre dualiste d'une bataille entre le bien et le mal, au cœur de l'eschatologie zoroastrienne, a pu contribuer à façonner la littérature apocalyptique juive, comme le livre de Daniel et les manuscrits de la mer Morte. Ces textes mettent l'accent sur l'avènement d'une ère messianique et sur le jugement dernier, reflétant une vision du monde qui considère l'histoire comme un champ de bataille entre des forces divines et malveillantes.

Dans le christianisme, l'influence de l'eschatologie zoroastrienne est perceptible dans la description de la fin des temps dans le Nouveau Testament, en particulier dans le livre de l'Apocalypse. L'imagerie d'une bataille finale entre les forces de la lumière et des ténèbres, et le triomphe ultime du bien sur le mal, résonne avec les concepts zoroastriens de conflit et de renouveau cosmiques. La promesse d'un nouveau ciel et d'une nouvelle terre, d'un monde purifié de la souffrance et de la corruption, s'aligne sur la vision zoroastrienne de Frashokereti, où le monde est restauré dans sa pureté et son harmonie originelles. Ce parallèle n'est pas un emprunt direct mais suggère que les premiers écrivains chrétiens étaient engagés dans un discours religieux plus large qui incluait les idées zoroastriennes sur la fin du monde.

En outre, la figure de Satan dans la pensée chrétienne, en tant qu'incarnation du mal et de l'opposition à Dieu, a été comparée à Angra Mainyu, l'esprit destructeur du zoroastrisme. Si le Satan chrétien n'est pas équivalent à Angra Mainyu, tous deux représentent un profond défi à l'ordre divin, menant à une lutte qui englobe à la fois le monde spirituel et l'histoire de l'humanité. Le développement de la démonologie chrétienne, qui met l'accent sur la chute des anges rebelles et la défaite finale des forces démoniaques, a peut-être été influencé par le dualisme zoroastrien, qui met l'accent sur la bataille cosmique entre le bien et le mal comme un aspect central de l'existence.

Dans la tradition islamique, l'influence du zoroastrisme est plus subtile, mais elle est perceptible dans les discussions sur la nature de la vie après la mort et le processus de jugement. Les enseignements islamiques sur le jour du jugement, où chaque âme est évaluée pour ses actes et envoyée soit au paradis, soit en enfer, partagent des similitudes conceptuelles avec les croyances zoroastriennes sur le pont de Chinvat. Dans les deux religions, ce moment de bilan n'est pas seulement une évaluation morale, mais un événement cosmique fondamental qui renforce le triomphe de la justice divine. Les descriptions de l'au-delà dans le Coran, avec des images frappantes de jardins pour les justes et de fosses ardentes pour les méchants, reflètent une vision dualiste du cosmos qui rappelle les idées eschatologiques zoroastriennes.

En outre, le concept islamique d'un sauveur final, connu sous le nom de Mahdi, qui émergera à la fin des temps pour rétablir la justice, a été discuté en relation avec le Saoshyant zoroastrien. Si les origines du concept de Mahdi sont ancrées dans la pensée islamique primitive, le contexte culturel plus large de l'Empire sassanide, où le zoroastrisme était la religion d'État, a pu fournir un cadre à de telles attentes messianiques. Le Mahdi et le Saoshyant symbolisent tous deux l'espoir d'une intervention divine qui mettrait fin à l'ère de la souffrance et inaugurerait une nouvelle ère d'ordre divin.

Au-delà des parallèles théologiques, le zoroastrisme a également influencé les discussions philosophiques dans le monde islamique, en particulier au cours des premiers siècles des califats islamiques, lorsque des érudits d'horizons divers se réunissaient dans des villes comme Bagdad et Gondeshapur. La Maison de la sagesse de Bagdad est devenue un creuset d'idées grecques, persanes, indiennes et zoroastriennes, où les érudits ont débattu de métaphysique, d'éthique et de cosmologie. L'accent mis par les zoroastriens sur le libre arbitre et la responsabilité morale des individus de choisir entre le bien et le mal a trouvé un écho dans la pensée philosophique islamique. Des personnalités comme Avicenne (Ibn Sina) et Al-Farabi se sont penchées sur ces idées, les mêlant à la philosophie grecque et aux enseignements islamiques pour créer une riche tradition intellectuelle qui s'est penchée sur la nature de l'âme, l'existence du mal et le rôle de la providence divine.

En outre, les thèmes de la lumière et des ténèbres, si importants dans le symbolisme zoroastrien, ont continué à influencer les traditions mystiques islamiques. Les écrits soufis, qui utilisent souvent des métaphores de lumière pour décrire la connaissance divine et l'éveil spirituel, reflètent une continuité de pensée qui remonte aux concepts zoroastriens d'illumination divine. La poésie de Rumi, par exemple, utilise fréquemment l'imagerie de la lumière comme symbole de la présence divine et de la clarté spirituelle, faisant écho à l'ancienne révérence zoroastrienne pour la lumière en tant que manifestation de la vérité d'Ahura Mazda. Si le mysticisme soufi s'est développé dans le cadre du monothéisme islamique, il a absorbé et transformé des éléments de traditions spirituelles plus larges antérieures à l'islam, notamment le zoroastrisme.

L'interaction entre le zoroastrisme et les autres traditions religieuses représente donc une tapisserie complexe d'influence, d'adaptation et de réinterprétation. Il ne s'agit pas simplement d'une transmission d'idées à sens unique, mais d'un processus dynamique dans lequel les concepts zoroastriens ont été intégrés dans les cadres théologiques du judaïsme, du christianisme et de l'islam, alors même que ces religions développaient leurs propres identités. Ce mélange d'idées au-delà des frontières culturelles et religieuses met en évidence la fluidité de la pensée ancienne et les préoccupations communes qui ont façonné la spiritualité humaine - les questions sur la nature du bien et du mal, la destinée de l'âme et le sort ultime du monde.

L'influence du zoroastrisme sur ces religions souligne également l'interconnexion du monde antique, où les routes commerciales, les migrations et les conquêtes impériales facilitaient l'échange non seulement de biens mais aussi d'idées. L'Empire perse a servi de pont entre l'Orient et l'Occident, un lieu où les traditions religieuses pouvaient se rencontrer, interagir et se transformer. L'impact de la pensée zoroastrienne sur les traditions monothéistes témoigne de la manière dont la sagesse ancienne peut laisser un héritage durable, façonnant les paysages spirituels et éthiques de l'humanité pour les siècles à venir.

Cette exploration approfondie des perspectives académiques sur l'influence zoroastrienne nous aide à apprécier la pertinence durable de cette ancienne religion, non pas comme une relique du passé, mais comme un participant dynamique à la formation de la pensée religieuse. Elle nous invite à réfléchir à la manière dont la vision zoroastrienne de l'ordre cosmique, de la responsabilité morale et du triomphe ultime du bien continue à faire écho dans les histoires, les croyances et les espoirs qui définissent une grande partie de l'héritage spirituel mondial. Grâce à ces liens, le zoroastrisme reste une force silencieuse mais toujours présente dans le dialogue permanent entre les plus grandes traditions spirituelles de l'humanité.

Chapitre 17
Les temples du feu

Les temples du feu, ou Atashkadeh, occupent une place centrale dans la pratique et la spiritualité du zoroastrisme. Plus que de simples lieux de culte, ils servent d'espaces sacrés où la présence divine d'Ahura Mazda se manifeste à travers la flamme éternelle. Ces temples sont devenus des symboles de l'identité et de la continuité zoroastrienne, préservant des rituels et des traditions qui remontent à des milliers d'années. Dans ce chapitre, nous explorerons la signification architecturale, spirituelle et culturelle de ces temples, ainsi que leur rôle dans la promotion d'un sens de la communauté parmi les zoroastriens à travers l'histoire.

L'architecture d'un temple du feu zoroastrien est simple mais profonde, conçue pour concentrer l'attention sur le feu sacré, qui représente la lumière, la pureté et l'essence divine d'Ahura Mazda. La structure est généralement orientée de manière à permettre à la lumière naturelle d'éclairer le sanctuaire intérieur où brûle le feu, créant ainsi un mélange harmonieux d'illumination naturelle et divine. De nombreux temples du feu sont construits avec des dômes ou des lucarnes au-dessus de l'Atashgah (autel du feu), permettant à la lumière du soleil d'entrer pendant la journée, symbolisant l'unité entre la lumière céleste et la lumière terrestre.

Au cœur de chaque temple se trouve le feu sacré, classé en trois catégories principales en fonction de leur degré de sainteté. Le plus élevé est l'Atash Behram (feu de la victoire), qui nécessite la consécration du feu provenant de seize sources différentes, y compris la foudre et les feux domestiques, ce qui en fait le plus vénéré. Viennent ensuite l'Atash Adaran et l'Atash Dadgah, chacun servant à différents niveaux de culte communautaire et personnel. L'Atash Behram représente le summum de la pureté rituelle et se trouve dans des temples de grande importance, où il est entretenu en permanence par des prêtres qui veillent à ce qu'il reste pur et inextinguible.

L'entretien rituel du feu sacré fait appel à des procédures strictes, qui soulignent l'importance accordée par les zoroastriens à la pureté et à la discipline spirituelle. Seuls les prêtres ordonnés, appelés Mobeds, sont autorisés à s'approcher directement du feu, et ils ne le font qu'après avoir procédé à des ablutions et revêtu des vêtements rituels, tels que le padan blanc (tissu couvrant la bouche) pour éviter que leur souffle ne contamine les flammes. Ce soin méticuleux souligne la croyance selon laquelle le feu est un lien vivant avec le divin, incarnant l'énergie spirituelle qui soutient la création. Grâce aux offrandes quotidiennes de bois de santal et d'encens, le feu n'est pas seulement entretenu mais aussi nourri spirituellement, symbolisant l'engagement des zoroastriens à favoriser la lumière et la vie.

Pour les zoroastriens, le temple du feu est plus qu'un lieu de culte : c'est un espace où l'identité communautaire est cultivée et entretenue. Le temple sert de point de rassemblement pour les festivals religieux, les rites de passage et les prières communautaires, comme lors des cérémonies du Jashan, qui célèbrent la création et remercient Ahura Mazda pour les bienfaits de la vie. Ces rassemblements renforcent les liens entre les membres de la communauté, en leur donnant un sentiment de continuité avec leurs ancêtres et un engagement commun à préserver leurs anciennes traditions. Par l'expérience collective de la prière devant la flamme sacrée, les zoroastriens réaffirment leur attachement aux principes de l'Asha et à la lutte contre le Druj.

L'importance spirituelle des temples de feu s'étend également à la vie personnelle des zoroastriens. Nombreux sont ceux qui se rendent régulièrement dans les temples pour prier et demander conseil, se tenant devant les flammes et récitant les hymnes avestaniens transmis de génération en génération. Pour les individus, le feu représente une source constante d'inspiration et un rappel de la lumière intérieure qui guide leurs pensées, leurs paroles et leurs actions. On pense que la présence du feu sacré contribue à purifier l'âme et l'esprit, en rapprochant les fidèles de l'ordre divin qu'Ahura Mazda a établi dans l'univers.

Historiquement, les temples du feu ont joué un rôle crucial dans le maintien de l'identité zoroastrienne pendant les périodes de bouleversements politiques et de changements culturels. Sous l'empire sassanide, le zoroastrisme était la religion d'État et la construction de temples du feu symbolisait l'unité de l'empire sous la direction divine d'Ahura Mazda. Les temples d'Atash Behram, en particulier, étaient non seulement des centres d'activité religieuse, mais aussi des symboles de l'autorité royale et de la continuité culturelle, leurs flammes représentant la lumière d'Ahura Mazda guidant le royaume. Cependant, avec l'avènement de la conquête islamique, de nombreux temples zoroastriens ont été détruits ou réaffectés, et les fidèles ont été contraints de protéger leurs feux sacrés en secret ou de les déplacer dans des régions plus sûres.

C'est le cas de l'Atash Behram de Yazd, en Iran, qui a survécu pendant des siècles en tant que phare de la foi zoroastrienne dans une région où la religion est devenue minoritaire. Dans des endroits comme Yazd, les zoroastriens ont préservé leurs pratiques dans des conditions difficiles, en conservant leurs temples comme des sanctuaires de lumière paisibles dans un paysage culturel et religieux en pleine mutation. Ces temples sont devenus des lieux sûrs pour les rituels, l'éducation et la transmission des connaissances sacrées, garantissant que la tradition zoroastrienne reste intacte même en période de persécution.

Dans la diaspora, les temples du feu se sont également adaptés à de nouveaux environnements, transportant avec eux l'essence de la vie spirituelle zoroastrienne tout en répondant aux réalités pratiques de la migration. Les communautés indiennes, en particulier les Parsis, ont établi des temples de feu qui continuent d'être des centres dynamiques de vie religieuse. En Inde, des villes comme Mumbai et Surat sont devenues des plaques tournantes pour les réfugiés zoroastriens après la conquête islamique de la Perse, où ils ont construit de nouveaux Atash Behrams et Adarans. Ces temples ont servi non seulement de lieux de culte, mais aussi de centres sociaux qui ont aidé la communauté à maintenir son identité unique dans un paysage culturel très différent.

Ces dernières années, alors que la diaspora zoroastrienne s'est étendue à travers le monde, de l'Amérique du Nord à l'Australie, des temples du feu sont apparus dans de nouveaux contextes, s'adaptant à la modernité tout en préservant leurs traditions fondamentales. Ces nouveaux temples associent souvent des éléments architecturaux traditionnels persans et indiens à un design moderne, créant ainsi des espaces accessibles aux zoroastriens vivant en milieu urbain, loin des terres de leurs ancêtres. Malgré ces changements, le rôle essentiel du feu - son entretien rituel, son symbolisme et sa présence spirituelle - reste inchangé, assurant la continuité de la foi zoroastrienne dans le monde moderne.

Les temples du feu revêtent également une dimension culturelle importante pour les zoroastriens, en servant de point focal pour l'éducation des jeunes générations à leur héritage. Des cours sur les Gathas, l'histoire zoroastrienne et la signification des rituels sont souvent organisés dans les murs de ces temples, où les jeunes membres de la communauté apprennent la signification de leurs anciennes coutumes et les valeurs qui sous-tendent leur foi. Ce rôle éducatif garantit que la flamme de la connaissance, comme le feu sacré, est transmise sans interruption, permettant à chaque nouvelle génération de trouver sa place dans le continuum de la tradition zoroastrienne.

L'importance des temples du feu va donc au-delà de leurs structures physiques ; ils incarnent le cœur spirituel du zoroastrisme, un symbole vivant d'une foi qui voit le monde comme une lutte cosmique entre la lumière et les ténèbres. Les flammes qui brûlent dans ces temples ne sont pas de simples phénomènes matériels : elles sont considérées comme des reflets de l'essence divine d'Ahura Mazda, guidant les fidèles vers la droiture et illuminant le chemin d'Asha. Dans chaque prière offerte devant le feu, dans chaque acte rituel d'entretien de la flamme, les zoroastriens se rattachent à une tradition qui a traversé des millénaires, une tradition qui s'en tient fermement à la croyance selon laquelle la lumière, sous toutes ses formes, est l'expression la plus vraie du divin.

Grâce à la résilience des temples du feu et à leur présence durable dans la vie zoroastrienne, l'ancienne sagesse de Zarathoustra continue de brûler, offrant un message intemporel d'espoir, de pureté et de pouvoir éternel de la lumière. Le chapitre suivant explorera plus avant les pratiques et les cérémonies qui se déroulent dans ces espaces sacrés, en se penchant sur les rituels qui ont été préservés et adaptés au fil des siècles, révélant le lien profond entre le feu sacré et l'expérience vécue de la foi zoroastrienne.

À la faible lueur de la flamme éternelle, les rituels et les cérémonies organisés dans les temples du feu zoroastriens se déroulent, formant un pont entre le passé ancien et le présent. Ces rituels ne sont pas seulement un moyen de se connecter à Ahura Mazda, mais aussi de renforcer l'ordre cosmique d'Asha, en renouvelant le lien entre le monde divin et le monde matériel. Ce chapitre se penche sur les pratiques et les cérémonies spécifiques qui se déroulent dans les temples du feu, révélant les couches de signification contenues dans chaque geste, prière et offrande, ainsi que leur importance dans la préservation de l'essence spirituelle du zoroastrisme.

La cérémonie du Yasna, rituel liturgique complexe qui incarne les principes fondamentaux du culte zoroastrien, est au cœur de la vie spirituelle dans les temples de feu. Le Yasna, qui signifie « culte » ou « sacrifice », est célébré par les Mobeds (prêtres) et comprend la récitation de versets de l'Avesta, les textes sacrés zoroastriens. Ce rituel se déroule devant le feu sacré, où des libations de haoma, une boisson sacrée à base d'éphédra, sont offertes. Le Yasna n'est pas seulement un acte de vénération mais une reconstitution de l'ordre cosmique, reflétant la lutte entre Asha et Druj. Chaque récitation et offrande faite pendant le Yasna a pour but d'aligner le monde physique sur les royaumes spirituels, renforçant ainsi le pouvoir d'Asha sur le chaos.

Un élément clé du Yasna est la préparation et l'offrande du haoma, qui revêt une profonde signification symbolique. Le haoma est censé posséder des propriétés divines, capables de purifier à la fois le corps et l'esprit. Les prêtres chantent des hymnes anciens tout en pilant la plante, en la mélangeant avec de l'eau et du lait, avant de la présenter au feu sacré. Cet acte représente le cycle éternel de la vie, de la mort et de la renaissance, ainsi que l'alimentation de la flamme divine qui soutient la création. La préparation rituelle du haoma souligne la croyance zoroastrienne en l'interconnexion de toutes les choses, où les éléments de la terre, de l'eau et du feu s'unissent pour honorer le divin.

Outre le Yasna, un autre rituel important est l'Afrinagan, une prière de bénédiction accomplie à diverses occasions, telles que les naissances, les mariages et la commémoration des défunts. L'Afrinagan comprend l'allumage de bougies et l'offrande de fruits et de fleurs devant le feu sacré, accompagnés par le chant de prières qui invoquent des bénédictions sur les individus et la communauté. Cette cérémonie met l'accent sur les valeurs zoroastriennes de générosité et de gratitude, en recherchant les faveurs d'Ahura Mazda pour la prospérité, le bonheur et la protection contre les influences du mal. C'est un moment où la communauté se rassemble pour renforcer ses liens les uns avec les autres et pour célébrer l'harmonie entre l'humain et le divin.

L'entretien quotidien du feu sacré lui-même est une pratique profondément rituelle, qui exige le plus grand soin et la plus grande révérence. Les Mobeds nettoient l'autel et l'espace environnant, en veillant à ce que le feu ne soit pas pollué par les impuretés du monde matériel. Ils ajoutent du bois de santal et de l'encens aux flammes, qui non seulement nourrissent le feu mais portent également les prières des fidèles vers le haut, vers le royaume d'Ahura Mazda. Ce processus est considéré comme un acte de dévotion, un moyen de maintenir la pureté qui est au cœur de l'éthique zoroastrienne. Il symbolise la lutte éternelle pour que la lumière intérieure de l'âme reste brillante, sans être entachée par les ténèbres du mensonge et du désordre.

Les mariages dans la tradition zoroastrienne, connus sous le nom de Navjote pour les initiations ou simplement Nikah pour les mariages, comprennent souvent des cérémonies spéciales menées dans les temples du feu, où le couple est béni devant le feu sacré. Au cours de ces rituels, le couple est assis devant les flammes, qui représentent la présence d'Ahura Mazda en tant que témoin de leur union. Les prêtres chantent des prières qui soulignent l'importance de vivre selon Asha, guidant le couple vers une vie de respect mutuel, d'amour et de croissance spirituelle. Cet acte d'engagement devant le feu signifie la promesse de défendre la vérité et de contribuer à l'ordre cosmique par le biais de leur partenariat.

La cérémonie du Jashan fait également partie intégrante de la vie dans le temple du feu, célébrant les événements importants de la vie ou marquant des occasions communautaires comme le Nouvel An zoroastrien, Nowruz. Au cours d'un Jashan, les Mobeds accomplissent des rituels d'action de grâce et invoquent des bénédictions sur les participants et la communauté. La cérémonie comprend la disposition des myazd - offrandes de pain, de lait, de fruits et de fleurs - devant le feu sacré. Ces offrandes représentent les bienfaits de la création, une reconnaissance de la générosité d'Ahura Mazda et un rappel du rôle de l'humanité en tant que gardienne de la terre. La récitation collective des prières pendant le Jashan favorise un sentiment d'unité, rappelant aux fidèles leur objectif commun de défendre les valeurs de leur foi ancestrale.

Au-delà de ces rituels formels, les temples du feu servent également d'espaces de méditation et de prière personnelle, où les individus viennent réfléchir à leur vie intérieure et chercher des conseils. Le feu sacré, avec sa chaleur et sa lumière constantes, offre un espace de contemplation, où les flammes vacillantes deviennent le symbole de l'étincelle divine qui se trouve dans chaque âme. C'est dans ces moments de calme que les zoroastriens trouvent le réconfort, puisant leur force dans la présence d'Ahura Mazda et renouvelant leur détermination à vivre en accord avec les principes d'Asha.

L'adaptabilité des rituels des temples du feu leur a également permis de rester pertinents dans la diaspora zoroastrienne, où des temples ont vu le jour dans des lieux éloignés de leurs origines en Perse. Les communautés indiennes, en particulier les Parsis, ont maintenu ces traditions avec une grande fidélité, tout en adaptant certaines pratiques à leur nouvel environnement. À Mumbai, par exemple, les Atash Behrams et les Agiyaris (petits temples du feu) servent à la fois de centres de vie spirituelle et de préservation culturelle, garantissant que la flamme de l'identité zoroastrienne continue de brûler avec éclat, même en terre étrangère.

Ces dernières années, alors que des communautés zoroastriennes se sont installées dans des pays comme l'Amérique du Nord, l'Europe et l'Australie, de nouveaux temples du feu ont été créés, offrant des espaces où les anciens rituels peuvent être pratiqués même dans un contexte moderne. Ces temples sont souvent construits avec un mélange d'architecture traditionnelle et contemporaine, reflétant l'engagement de la communauté à préserver son héritage tout en s'adaptant aux réalités de son nouveau lieu de résidence. Les rituels, bien qu'exécutés dans un nouveau cadre, conservent leur essence intemporelle, maintenant le lien avec Ahura Mazda et les enseignements de Zarathoustra.

Le rôle des temples du feu dans la vie zoroastrienne moderne s'étend également à la préservation de l'éducation religieuse. Dans leurs murs, les Mobeds enseignent à la génération suivante les Gathas, les enseignements moraux du zoroastrisme et la bonne conduite des rituels. Ce rôle éducatif est crucial à une époque où la communauté zoroastrienne est confrontée aux défis d'une population en baisse et aux pressions de l'assimilation. Grâce à l'enseignement dispensé dans les temples du feu, les jeunes zoroastriens apprennent l'importance de la flamme sacrée, non seulement en tant que symbole, mais aussi en tant que pratique vivante qui les relie à leurs ancêtres et à leur foi.

Les temples du feu, avec leurs flammes persistantes, restent un symbole puissant de la vision zoroastrienne du monde, un rappel de la lutte éternelle pour maintenir la pureté, la vérité et la lumière dans un monde qui est souvent confronté à l'obscurité. Les rituels accomplis dans ces espaces sacrés renforcent les liens communautaires et les engagements individuels qui soutiennent la tradition zoroastrienne, garantissant que la flamme de la foi est transmise de génération en génération, de manière ininterrompue et inaltérée. En se rassemblant devant le feu, les fidèles se voient rappeler leur rôle dans le drame cosmique, en tant que gardiens de la lumière et intendants de l'ordre divin proclamé par Zarathoustra.

Ces rituels, à la fois anciens et vivants, continuent de façonner la vie quotidienne et l'expérience spirituelle des zoroastriens du monde entier. Ils témoignent d'une religion qui a traversé les tempêtes de l'histoire tout en restant fidèle aux symboles et aux pratiques qui définissent son essence. Dans la lueur tranquille du temple du feu, au milieu des prières et des offrandes, les zoroastriens trouvent un espace où le temps s'arrête et où la sagesse ancienne de leur foi continue de parler, les guidant vers un avenir où la lumière d'Asha peut briller encore plus fort.

Chapitre 18
Les prêtres

Au cœur de la tradition zoroastrienne, là où le feu brûle d'une lumière impérissable, le rôle des Mobeds - les prêtres zoroastriens - constitue un phare de continuité spirituelle et d'orientation. Tout au long de l'histoire, ces figures religieuses ont été les gardiens de la flamme sacrée, veillant à ce que les enseignements de Zarathoustra soient non seulement préservés, mais aussi pratiqués avec révérence. Leurs responsabilités vont au-delà de la simple exécution des rituels ; ils sont les gardiens de la vie spirituelle et morale de la communauté zoroastrienne, défendant les principes fondamentaux de l'Asha et la sagesse contenue dans l'Avesta.

Le chemin pour devenir un Mobed est un chemin de dévouement, qui commence par l'instruction précoce des jeunes garçons nés dans des familles sacerdotales. Ce parcours n'est pas seulement académique ; il s'agit d'une immersion dans l'essence spirituelle du zoroastrisme. Les jeunes initiés, qui commencent souvent leur formation à l'âge de sept ou huit ans, apprennent à réciter les Gathas, des hymnes censés avoir été composés par Zarathoustra lui-même. La mémorisation de ces versets est considérée comme un moyen d'intérioriser la sagesse divine dont ils sont porteurs. Parallèlement à ces enseignements, ils apprennent les rituels, les mouvements complexes et les récitations nécessaires aux cérémonies telles que la Yasna et la Vendidad.

La formation d'un Mobed comprend également une compréhension profonde des significations symboliques des rituels, tels que la préparation du haoma et l'entretien de l'Atash Behram, le degré le plus élevé du feu sacré. Cette éducation garantit que chaque action accomplie par le Mobed pendant les rituels est imprégnée d'une conscience de sa signification. La relation entre le Mobed et le feu sacré est profonde ; il en est le gardien, veillant à ce que les flammes restent pures et ne s'éteignent pas, une responsabilité qui symbolise la lutte éternelle pour maintenir Asha en vie dans le monde.

La hiérarchie entre les prêtres zoroastriens reflète la profondeur de leurs connaissances et de leur expérience. Les Ervads, qui conduisent les rituels de base et offrent les prières quotidiennes, constituent le niveau de base. Avec le temps et une formation supplémentaire, un Ervad peut devenir Mobed, un rôle qui lui permet d'accomplir des cérémonies plus complexes, telles que les mariages et les initiations. Au sommet de cette structure se trouve le Dastur, un grand prêtre chargé de guider la direction spirituelle de la communauté et d'interpréter les textes sacrés. Les Dastur ont le pouvoir de présider les rituels communautaires importants et servent d'intermédiaires entre la volonté divine d'Ahura Mazda et la vie quotidienne des fidèles.

Cette structure hiérarchique n'est pas seulement une question d'autorité, mais aussi de transmission de la sagesse d'une génération à l'autre. Les Mobeds les plus âgés encadrent les plus jeunes, leur transmettant non seulement les méthodes précises du rituel, mais aussi les nuances de la compréhension des enseignements de l'Avesta. Cette relation entre mentor et apprenti est un aspect vital de la préservation de la profondeur de la pratique spirituelle zoroastrienne, assurant la continuité de la tradition même si le monde change autour d'eux.

La vie d'un Mobed est profondément liée aux cycles de la nature et aux rythmes de la vie communautaire. Ils sont présents aux moments les plus cruciaux de la vie d'un zoroastrien, depuis la naissance et l'initiation jusqu'au mariage et à la mort. À chacune de ces étapes de la vie, le Mobed accomplit des rituels destinés à sanctifier les événements et à les aligner sur l'ordre cosmique. Par exemple, le Navjote, ou cérémonie d'initiation, marque l'entrée d'un jeune zoroastrien dans la foi. Ici, le Mobed guide l'initié pour qu'il revête la Sudreh (chemise sacrée) et la Kusti (ceinture sacrée), symboles de l'engagement à respecter l'Asha. Par ce rituel, le Mobed joue un rôle central en liant l'individu à la lignée spirituelle du zoroastrisme.

Au-delà de leurs fonctions rituelles, les Mobeds sont souvent sollicités pour leurs conseils, sur les dilemmes moraux et éthiques auxquels leur communauté est confrontée. Leur rôle de conseillers reflète leur profonde compréhension de la vision cosmologique zoroastrienne, où chaque action a une conséquence spirituelle. Ce rôle de conseiller devient particulièrement important lorsqu'il s'agit d'aborder des questions contemporaines qui n'ont pas forcément de précédents directs dans les textes anciens. Les mobeds interprètent les principes d'Asha et de Druj, aidant les fidèles à naviguer dans les complexités de la vie moderne tout en restant fidèles à leur héritage spirituel.

À l'époque contemporaine, le rôle des mobeds a évolué en réponse aux défis auxquels la communauté zoroastrienne est confrontée, tels que la diminution du nombre d'adeptes et les pressions liées à l'assimilation dans différentes cultures. Dans les communautés de la diaspora, en particulier parmi les Parsis de l'Inde et les Zoroastriens des pays occidentaux, les Mobeds ont assumé des rôles supplémentaires d'ambassadeurs culturels, s'efforçant de préserver l'identité zoroastrienne au milieu des diverses influences de la société mondiale. Cela nécessite un équilibre : maintenir l'intégrité des rituels anciens tout en les rendant accessibles à une jeune génération qui ne parle peut-être pas les langues traditionnelles de l'Avesta.

Les Mobeds de la diaspora doivent souvent combler le fossé entre les traditions anciennes et les attentes modernes. Il peut s'agir de traduire les prières dans les langues locales ou d'adapter les cérémonies aux horaires et aux modes de vie de ceux qui vivent loin du cœur de la Perse. Par exemple, si les rituels quotidiens du feu peuvent être condensés dans certaines communautés en raison des aspects pratiques de la vie moderne, l'essence spirituelle de ces pratiques est maintenue. Cette adaptabilité témoigne de la résilience de la foi zoroastrienne et de la créativité de ses chefs spirituels pour entretenir la flamme.

Outre leurs devoirs spirituels et culturels, les Mobeds sont chargés de l'intendance des lieux de culte zoroastriens, en veillant à ce que les temples du feu restent des centres de la vie communautaire. Ils supervisent non seulement l'entretien du feu sacré, mais aussi l'entretien des terrains du temple, en veillant à ce que ces espaces restent des lieux de pureté et de réflexion. Les temples du feu deviennent des lieux de rassemblement communautaire, de festivals religieux et de programmes éducatifs, où les Mobeds jouent un rôle central en favorisant un sentiment d'unité et de continuité parmi les fidèles.

Le chemin d'un Mobed n'est pas celui de la récompense matérielle ; c'est une vocation qui exige de l'humilité et un sens profond du devoir envers le divin. De nombreux Mobeds, en particulier ceux qui servent dans les petites communautés de la diaspora, concilient leurs responsabilités religieuses avec des occupations séculières, trouvant des moyens de subvenir aux besoins de leur famille tout en restant dévoués à leur vocation spirituelle. Cette double vie exige un équilibre délicat, où les exigences du monde matériel doivent être satisfaites sans perdre de vue les idéaux spirituels qui guident leur vie.

Gardiens de l'une des plus anciennes traditions religieuses ininterrompues du monde, les Mobeds sont porteurs d'un héritage qui remonte aux enseignements de Zarathoustra lui-même. Ils ne sont pas de simples exécutants de rituels ; ils sont les gardiens d'une flamme spirituelle qui a brûlé pendant des millénaires, une flamme qui a survécu aux bouleversements des empires et aux marées changeantes des croyances. Leur rôle rappelle que l'essence du zoroastrisme ne réside pas seulement dans ses textes anciens ou ses temples grandioses, mais dans les actes quotidiens de dévotion et de service qui maintiennent l'esprit d'Asha vivant dans le monde.

Dans un monde où la continuité des petites communautés religieuses est confrontée à de nombreux défis, le dévouement des Mobeds à leur devoir sacré témoigne du pouvoir durable de la foi. Ils incarnent les idéaux du zoroastrisme, s'efforçant de vivre selon les principes de Humata (bonnes pensées), Hukhta (bonnes paroles) et Hvarshta (bonnes actions), donnant ainsi l'exemple à la communauté qu'ils servent. Grâce à leur engagement inébranlable, les Mobeds veillent à ce que l'ancien appel à vivre en harmonie avec l'ordre divin continue de résonner dans les couloirs du temps, guidant les fidèles zoroastriens dans leur quête d'une vie illuminée par la lumière d'Asha.

Le rôle des Mobeds dans le zoroastrisme est profondément lié aux dimensions spirituelles et culturelles de la foi, façonnant non seulement les pratiques religieuses mais aussi l'identité de la communauté zoroastrienne. En guidant les rituels et en soutenant les enseignements de Zarathoustra, les Mobeds deviennent des figures centrales dans la continuité de traditions qui remontent à des millénaires. Au-delà de leurs devoirs fondamentaux, la complexité et l'étendue de leurs responsabilités s'étendent aux domaines de la pureté rituelle, de la cohésion de la communauté et de la préservation des connaissances sacrées.

Au cœur des fonctions du mobed se trouvent les rituels qui définissent les moments clés de la vie des fidèles. De la solennité des rites funéraires à l'essence festive des mariages, ces cérémonies ne sont pas simplement des marqueurs culturels, mais des moments de transition spirituelle. Les rites funéraires, par exemple, sont très structurés et visent à aider l'âme à traverser le pont de Chinvat. Ces rituels comprennent des prières et des actions spécifiques destinées à protéger l'âme des mauvaises influences pendant son passage. Par ces pratiques, les Mobeds veillent à ce que l'ordre sacré d'Asha reste intact, même face à la mort.

L'un des principaux rituels pratiqués par les Mobeds est la Yasna, une liturgie élaborée qui comprend la préparation du haoma, une plante sacrée dont le jus est utilisé dans le rituel. Le Yasna est plus qu'une prière, c'est une invocation qui fait appel à Ahura Mazda et aux Amesha Spentas, tissant un lien entre les mondes physique et spirituel. Pendant la Yasna, le Mobed récite des passages de l'Avesta qui, lorsqu'ils sont prononcés dans leur langue ancienne, sont censés avoir un pouvoir de transformation. Ce rituel sert à réaffirmer l'alignement de la communauté sur la vérité cosmique et rappelle la lutte éternelle entre Asha (l'ordre) et Druj (le chaos).

Outre la Yasna, les Mobeds procèdent à la cérémonie de la Vendidad, un rite de purification qui protège la communauté des impuretés physiques et spirituelles. Ce rituel est particulièrement important pour renforcer l'importance de la pureté, un thème profondément ancré dans le zoroastrisme. Au cours de la Vendidad, des passages spécifiques sont récités pour purifier les espaces et les individus de toute souillure, symbolisant l'accent mis par les zoroastriens sur le maintien d'un environnement pur, reflet de la pureté spirituelle intérieure. La cérémonie souligne également le rôle de médiateur du Mobed, qui jette un pont entre les mondes matériel et spirituel et veille à ce que l'ordre cosmique ne soit pas perturbé.

La préservation des connaissances rituelles est un autre aspect essentiel du rôle du Mobed. Une grande partie du contenu sacré de l'Avesta a été transmise oralement de génération en génération, et les Mobeds jouent un rôle clé dans cette tradition. Ils sont formés aux intonations et aux rythmes précis des chants de l'Avesta, une pratique qui exige des années de dévouement. Cette transmission orale garantit que le pouvoir des récitations originales, censées avoir été révélées par Zarathoustra, reste puissant. Même si le texte écrit de l'Avesta sert de référence, c'est la parole, transmise de maître à élève, qui préserve l'essence mystique des enseignements.

Le rôle des mobeds va au-delà des rituels religieux et s'étend à la vie communautaire et éducative des zoroastriens. Dans les régions où le zoroastrisme est une religion minoritaire, les mobeds deviennent souvent des éducateurs qui enseignent aux jeunes leur héritage, la signification des rituels et le cadre éthique de la foi. À ce titre, ils servent de mentors, contribuant à inculquer un sentiment d'identité et de continuité à la jeune génération. Ils expliquent la signification des prières quotidiennes, le symbolisme du port du Sudreh et du Kusti, et l'importance de vivre en harmonie avec l'Asha.

Ce mentorat est particulièrement important dans le contexte de la diaspora zoroastrienne, où les jeunes zoroastriens peuvent être confrontés à des difficultés pour maintenir leur identité religieuse dans un environnement multiculturel. La capacité du Mobed à relier les enseignements anciens à la vie contemporaine permet de combler le fossé entre les générations, en veillant à ce que les jeunes membres de la communauté perçoivent la pertinence de leur héritage. En adaptant la sagesse de Zarathoustra aux dilemmes modernes - qu'il s'agisse de défis éthiques ou de questions sur la conduite personnelle - les Mobeds maintiennent les enseignements de l'Avesta en vie et en résonance.

Les mobeds jouent également un rôle essentiel lors des festivals zoroastriens, tels que Nowruz (Nouvel An persan) et les Gahanbars, qui sont des festivals saisonniers célébrant différents aspects de la création. Lors de ces rassemblements, les mobeds dirigent la communauté dans des prières et des rituels qui honorent les cycles de la nature et réaffirment le lien entre l'humanité et le divin. L'allumage du feu sacré lors de ces festivals symbolise le triomphe de la lumière sur les ténèbres, thème central de la cosmologie zoroastrienne. En dirigeant ces cérémonies, les Mobeds contribuent à entretenir l'esprit communautaire et à garantir le maintien des rythmes sacrés de la vie zoroastrienne.

Une autre dimension du travail du Mobed concerne les soins pastoraux, en particulier l'accompagnement des individus dans leurs luttes spirituelles et leurs décisions morales. Le zoroastrisme accorde une grande importance au libre arbitre, chaque individu étant responsable du choix entre Asha et Druj. Les mobeds jouent le rôle de guides spirituels, aidant leurs disciples à faire ces choix. Ils conseillent les zoroastriens dans les moments difficiles, les aidant à comprendre comment leurs actions s'alignent ou s'écartent des principes d'Asha. Ce rôle de conseiller implique souvent d'interpréter les textes anciens de manière à les clarifier dans le contexte des questions modernes, telles que les pratiques commerciales éthiques ou les questions relatives à la gestion de l'environnement.

Malgré le rôle vital qu'ils jouent, la vie d'un Mobed n'est pas sans défis. Dans les régions où la population zoroastrienne est peu nombreuse, peu de nouveaux initiés accèdent à la prêtrise. Il en résulte un vieillissement de la population des Mobeds et la question de la succession devient de plus en plus urgente. En réponse, certaines communautés ont lancé des initiatives visant à encourager les jeunes zoroastriens à envisager la voie du Mobed, en soulignant l'importance de maintenir leur héritage spirituel en vie. Des programmes ont vu le jour, mêlant formation traditionnelle et méthodes éducatives modernes, visant à rendre la vie d'un Mobed accessible et attrayante pour une nouvelle génération.

En outre, les responsabilités des Mobeds dans les communautés de la diaspora incluent souvent des efforts pour éduquer le grand public sur le zoroastrisme. Ils participent à des dialogues interconfessionnels, offrant un aperçu des croyances et des pratiques zoroastriennes à ceux qui ne connaissent pas cette foi ancienne. Par le biais de conférences, de visites de temples et de discussions publiques, les Mobeds deviennent les ambassadeurs de la sagesse zoroastrienne, dissipant les idées fausses et soulignant les valeurs durables de leur tradition. Ce rôle est particulièrement important pour favoriser une meilleure compréhension du zoroastrisme chez les non-zoroastriens, contribuant ainsi à une vision plus inclusive du paysage religieux mondial.

Les mobeds doivent également relever le défi de maintenir la pureté des rituels tout en s'adaptant aux réalités de la vie contemporaine. Par exemple, les règles strictes concernant l'utilisation d'éléments naturels dans les rituels - comme la nécessité d'avoir de l'eau fraîche et courante - peuvent être difficiles à respecter en milieu urbain. Certains Mobeds ont adapté ces pratiques en trouvant des alternatives symboliques qui restent fidèles à l'esprit des traditions, montrant que l'essence des rituels peut être préservée même lorsque les détails sont modifiés.

Cette capacité d'adaptation garantit que le zoroastrisme reste une foi vivante, capable de prospérer dans des contextes divers sans perdre ses valeurs fondamentales.

Pourtant, malgré les pressions de la modernité, la mission centrale du Mobed reste inchangée : être un gardien de la flamme sacrée, un transmetteur de la sagesse ancienne et un guide pour ceux qui cherchent à vivre en accord avec Asha. Le rôle du Mobed en tant que gardien spirituel témoigne de la résilience du zoroastrisme, qui a résisté à des siècles de changements et de défis. Par leur dévouement, les Mobeds maintiennent vivant le message intemporel de Zarathoustra, rappelant à la communauté sa place dans la lutte cosmique entre l'ordre et le chaos.

Alors que le zoroastrisme fait face aux défis du présent et se tourne vers l'avenir, le dévouement inébranlable des Mobeds à leurs devoirs sacrés est une source de continuité et d'espoir. Leurs rituels lient la communauté au passé, tandis que leurs conseils l'aident à faire face aux incertitudes du monde moderne. Dans chaque prière qu'ils récitent, dans chaque flamme qu'ils entretiennent, les Mobeds incarnent l'esprit durable d'une foi qui, contre vents et marées, continue d'éclairer le chemin de la justice depuis plus de trois mille ans.

Chapitre 19
Zarathoustra dans les traditions orales et les légendes

La figure de Zarathoustra, enveloppée à la fois de faits historiques et de mythes, a été un personnage central dans la conscience spirituelle des communautés zoroastriennes pendant des siècles. Au-delà des textes fondateurs de l'Avesta, les récits entourant la vie de Zarathoustra ont été transmis de génération en génération, devenant de riches traditions orales qui mêlent éléments mystiques et récits culturels. Ces récits sont non seulement un moyen de préserver le passé, mais aussi une source d'inspiration et d'identité pour les zoroastriens confrontés aux défis de la modernité.

L'un des aspects les plus intrigants de l'histoire de Zarathoustra est sa naissance, qui est entourée de signes miraculeux indiquant sa mission divine. Selon les traditions orales, le moment de sa naissance a été marqué par une lueur surnaturelle qui a illuminé la pièce, signalant qu'un prophète unique était arrivé dans le monde. On raconte que les forces du mal, conscientes de la menace qu'il représentait pour leur domination, ont cherché à éliminer Zarathoustra alors qu'il n'était encore qu'un enfant. Cependant, toutes les tentatives pour lui nuire échouèrent, car la protection divine enveloppait le futur prophète. Ces récits soulignent non seulement son statut particulier, mais s'inscrivent également dans le thème zoroastrien de la lutte éternelle entre le bien et le mal, et ce avant même qu'il ne prononce ses premiers mots.

Au fur et à mesure que Zarathoustra grandit, les légendes décrivent ses débuts comme marqués par la sagesse et la curiosité, ce qui le distingue de ses pairs. Il est souvent dépeint comme un enfant profondément lié au monde naturel, capable de percevoir la présence divine dans les éléments que sont le feu, l'eau, la terre et l'air. Ces récits le décrivent comme un chercheur de vérité bien avant sa révélation divine, suggérant que sa voie de prophète a été tissée dans la trame de son être dès son plus jeune âge. Ce récit, profondément ancré dans la tradition orale, rappelle que le parcours spirituel d'un prophète ne se résume pas à un moment d'illumination, mais qu'il nécessite toute une vie de préparation et d'introspection.

L'un des moments clés de ces récits est la rencontre de Zarathoustra avec Ahura Mazda, la divinité suprême. Cette rencontre aurait eu lieu au bord d'une rivière, où Zarathoustra serait entré en transe et aurait eu une vision d'Ahura Mazda, entouré des Amesha Spentas. C'est là qu'il reçut le mandat divin de diffuser le message d'Asha (la vérité) et de combattre le mensonge et le chaos représentés par Angra Mainyu. Plus qu'un simple moment de révélation, cet événement est décrit dans les traditions orales comme un événement cosmique, où le temps semble s'être arrêté et où le cours futur de l'humanité a été modifié. Cette rencontre mystique est souvent racontée lors de rassemblements religieux, servant de pierre angulaire à l'identité zoroastrienne et de symbole du pouvoir de la vérité divine.

La résistance initiale à laquelle Zarathoustra a dû faire face de la part des dirigeants et des prêtres de son époque est un autre thème qui figure en bonne place dans ces récits oraux. Selon la tradition, les enseignements de Zarathoustra ont d'abord été accueillis avec hostilité, car ils remettaient en cause les pratiques religieuses établies et les structures de pouvoir qui en bénéficiaient. Il a été emprisonné et a subi des procès visant à discréditer son message. Pourtant, grâce à l'intervention divine et à son engagement inébranlable en faveur de la vérité, Zarathoustra a surmonté ces obstacles. Son triomphe est célébré dans des récits où des éléments naturels lui viennent en aide, comme le récit d'une inondation miraculeuse qui l'a libéré de ses chaînes. Ces récits soulignent la résilience du prophète et la victoire finale de la justice divine, renforçant la croyance zoroastrienne dans le pouvoir de la justice.

Une partie importante des traditions orales concerne l'interaction de Zarathoustra avec le roi Vishtaspa, qui deviendra son converti et son protecteur le plus influent. Selon la légende, l'entrée de Zarathoustra à la cour de Vishtaspa a été accueillie avec scepticisme, des prêtres rivaux ayant tenté de l'affaiblir. Pour prouver la véracité de ses enseignements, Zarathoustra accomplit une série de miracles, dont la guérison du cheval bien-aimé du roi, qui avait été frappé par une maladie inconnue. Le rétablissement de la santé du cheval a été perçu comme un signe de la faveur d'Ahura Mazda, ce qui a conduit le roi Vishtaspa à accepter les enseignements de Zarathoustra et à déclarer le zoroastrisme religion d'État. Ce moment est souvent raconté avec un sentiment de triomphe, symbolisant le pouvoir de la foi à surmonter le doute et l'opposition.

Ces légendes jouent un rôle crucial dans la préservation de la mémoire culturelle des zoroastriens, en particulier dans les périodes d'adversité. Pendant les périodes de persécution, comme la conquête islamique de la Perse, ces histoires sont devenues une source de résilience, rappelant à la communauté ses origines et la faveur divine qui avait guidé son prophète. Lorsque les communautés zoroastriennes se sont dispersées et adaptées à de nouvelles terres, ces récits les ont accompagnées, évoluant à chaque fois qu'ils étaient racontés, mais conservant toujours l'essence de la mission de Zarathoustra. Ils sont devenus un moyen de maintenir l'esprit du zoroastrisme en vie, même lorsque la pratique ouverte de la foi comportait des dangers.

Dans ces récits, Zarathoustra n'est pas seulement un prophète, mais aussi un symbole de la lutte éternelle contre l'ignorance et la tromperie. Ses enseignements, transmis par des textes sacrés, sont rendus vivants et vibrants par les récits qui les entourent. Les récits de ses rencontres avec des êtres surnaturels, de ses batailles contre la sorcellerie et de ses débats avec ses adversaires illustrent les défis auxquels sont confrontés ceux qui cherchent à défendre la vérité dans un monde rempli de tromperies. Ces récits présentent Zarathoustra comme un personnage incarnant les qualités auxquelles aspirent les zoroastriens : le courage, la sagesse et un engagement inébranlable sur la voie d'Asha.

Les traditions orales ont également joué un rôle en comblant les lacunes laissées par la perte de nombreux textes zoroastriens au cours des siècles. Les histoires qui n'ont jamais été écrites, ou qui ont pu être perdues dans la tourmente des bouleversements historiques, ont survécu grâce à la narration. Les familles se réunissaient lors de festivals tels que Nowruz et racontaient la vie de Zarathoustra, s'assurant ainsi que même en l'absence de documents écrits, l'essence de son message perdurait. Ainsi, les traditions orales entourant Zarathoustra agissent comme des archives vivantes des valeurs zoroastriennes, façonnant l'identité des fidèles à travers les générations.

Ces récits révèlent également les diverses interprétations de l'héritage de Zarathoustra dans les différentes communautés zoroastriennes. Dans certaines versions, il est présenté comme un mystique capable de communiquer avec la nature, tandis que dans d'autres, il est dépeint comme un sage philosophe dont la logique et la raison sont inattaquables. Chaque interprétation ajoute une couche de richesse à la tapisserie zoroastrienne, montrant comment l'essence des enseignements de Zarathoustra a été adaptée pour résonner dans différents contextes culturels et historiques. Cette adaptabilité a permis au zoroastrisme de conserver son message principal tout en embrassant les expressions uniques de la foi de ses divers adeptes.

La vénération pour Zarathoustra dans ces traditions est profonde, mais elle s'accompagne d'une reconnaissance de son humanité. Les récits décrivent souvent des moments de doute ou de solitude au cours de sa mission, des moments où il se demandait si ses efforts seraient couronnés de succès. Dans ces récits, Zarathoustra est réconforté par des visions d'Ahura Mazda ou par des signes qui réaffirment la justesse de sa voie. Ce double portrait - celui d'un prophète guidé par Dieu et celui d'un homme confronté aux difficultés de la vie - rend l'histoire de Zarathoustra profondément compréhensible. Elle rappelle aux fidèles que même les plus grands chefs spirituels sont confrontés au doute et que la persévérance face à l'adversité est en soi un chemin vers la vérité divine.

Les traditions orales et les légendes de Zarathoustra, transmises au fil des siècles, font partie intégrante de l'héritage spirituel des zoroastriens. Elles mêlent le mystique et l'historique, offrant un récit qui transcende le temps. Grâce à ces récits, la mémoire de Zarathoustra n'est pas confinée aux pages des anciennes écritures, mais vit dans la parole, dans les expériences partagées des communautés et dans le cœur de ceux qui continuent à chercher la lumière d'Asha dans leur propre vie. Ces récits servent de pont entre l'ancien et le présent, garantissant que les enseignements de Zarathoustra restent une étoile directrice dans le ciel nocturne en constante évolution de l'expérience humaine.

Au fil des générations, les récits de Zarathoustra ont évolué, s'adaptant aux besoins culturels et spirituels des communautés zoroastriennes. Ces récits, bien qu'enracinés dans l'Antiquité, ont une fluidité qui leur a permis d'intégrer les influences et les interprétations locales, offrant ainsi une riche tapisserie de légendes qui révèlent les diverses façons dont les zoroastriens se sont connectés à leur prophète. Dans cette évolution, la figure de Zarathoustra est devenue plus qu'un chef spirituel lointain - elle est devenue un symbole de résilience et d'espoir, incarnant des qualités qui trouvent un écho chez les fidèles à travers différentes époques et différents paysages.

L'un des thèmes centraux de ces récits est la transformation de Zarathoustra, d'un chercheur solitaire de vérité en un prophète vénéré dont les enseignements ont remodelé toute une culture. Dans les traditions les plus mystiques, Zarathoustra est considéré comme possédant une compréhension profonde des forces cosmiques qui régissent l'univers, capable de percevoir le jeu subtil entre la lumière et les ténèbres. On dit qu'il pouvait communiquer avec la nature et que les éléments eux-mêmes - le feu, l'eau, la terre et l'air - répondaient à sa présence. Dans ces récits, la connexion de Zarathoustra avec Ahura Mazda lui permettait de voir au-delà du monde matériel, dans les royaumes où la bataille divine entre Asha (la vérité) et Druj (le mensonge) se jouait à une plus grande échelle.

Ces récits mystiques mettent souvent l'accent sur le caractère extraordinaire de la vie de Zarathoustra, brossant le portrait d'un prophète qui n'a pas été simplement choisi par le divin, mais qui a activement façonné son propre destin par des actes de courage et de perspicacité. Un récit populaire raconte sa rencontre avec des êtres démoniaques envoyés par Angra Mainyu, l'esprit du chaos, pour le détourner de sa mission. Selon la tradition, Zarathoustra a affronté ces entités avec une conviction inébranlable, utilisant des chants sacrés et des prières pour les bannir. L'imagerie de cette lutte, de la lumière affrontant les ténèbres sous leur forme la plus tangible, résonne profondément chez les adeptes du zoroastrisme. Elle sert de métaphore aux batailles quotidiennes qu'ils mènent contre les mensonges et les tentations, affirmant que la voie de la droiture exige à la fois force et constance.

En se répandant, ces légendes se sont également imprégnées des contextes culturels des régions où les zoroastriens se sont installés, en particulier lors des périodes de migration. Ainsi, au sein des communautés parsies de l'Inde, les contes de Zarathoustra ont pris de nouvelles dimensions, se mêlant au folklore local et acquérant une saveur régionale distinctive. Dans ces versions, la sagesse de Zarathoustra est souvent comparée aux enseignements d'autres sages anciens, créant un dialogue entre le zoroastrisme et les traditions spirituelles du sous-continent indien. Ce syncrétisme est évident dans la façon dont l'histoire de Zarathoustra est racontée lors de festivals tels que Nowruz, où des éléments de la cosmologie zoroastrienne sont célébrés en même temps que le changement des saisons, soulignant le renouveau et le cycle éternel de la vie.

L'adaptation de ces légendes ne se limite pas à des contextes religieux ou spirituels. Elles ont également trouvé leur place dans la littérature et la poésie persanes, où la figure de

Zarathoustra est souvent invoquée comme symbole de pureté spirituelle et de profondeur philosophique. Les œuvres de poètes comme Ferdowsi dans le Shahnameh et les écrits des mystiques médiévaux intègrent l'histoire de Zarathoustra dans le récit culturel plus large de la Perse, mêlant l'histoire au mythe. Dans cette tradition littéraire, Zarathoustra devient un symbole de l'esprit iranien - luttant intérieurement contre l'adversité, recherchant la connaissance et préservant l'ancienne sagesse du pays. Ces représentations ont contribué à maintenir un sentiment de continuité avec la culture persane préislamique, fournissant une pierre de touche pour l'identité pendant les périodes de bouleversements culturels.

Pourtant, même si ces histoires se sont développées et transformées, elles ont conservé un message essentiel : Le dévouement inébranlable de Zarathoustra à la vérité et sa vision d'un monde où Asha l'emporte sur Druj. Dans certains récits, les luttes de Zarathoustra sont considérées comme un précurseur des défis auxquels les communautés zoroastriennes allaient être confrontées au cours des siècles suivants, face à la montée de nouveaux empires et de nouvelles religions qui ont remodelé le Moyen-Orient. La pérennité de ces récits à travers les périodes de persécution et de déplacement illustre le pouvoir de la tradition orale à soutenir l'esprit d'une communauté, même lorsque sa présence physique dans un pays devient ténue. Les récits des épreuves de Zarathoustra reflètent ainsi les expériences de ses disciples, créant un puissant sentiment d'histoire et de destin partagés.

Ces récits ont également un aspect pédagogique profond, car ils servent à transmettre des leçons éthiques et philosophiques aux jeunes générations. Les parents racontaient à leurs enfants les histoires de la sagesse de Zarathoustra et de ses rencontres avec les défis célestes et terrestres, en mettant l'accent sur les vertus de l'honnêteté, de l'humilité et du courage. Ces récits rendaient accessibles des concepts théologiques complexes et enseignaient les valeurs des bonnes pensées, des bonnes paroles et des bonnes actions d'une manière accessible et attrayante. Même si les histoires ont pris les caractéristiques d'un mythe, elles ont conservé un objectif didactique, garantissant que les principes du zoroastrisme resteraient pertinents pour chaque nouvelle génération.

La souplesse de ces légendes leur a également permis de s'adapter aux défis de la modernité. Au fur et à mesure que les communautés zoroastriennes se sont répandues dans le monde, s'installant dans des lieux aussi divers que l'Amérique du Nord, l'Europe et l'Australie, les histoires de Zarathoustra ont été racontées sous de nouvelles formes. Les zoroastriens contemporains continuent de se réunir lors d'événements communautaires et de raconter les histoires de leur prophète, les utilisant comme un moyen de se connecter à leur héritage tout en adaptant les thèmes aux luttes modernes, qu'il s'agisse de la quête d'identité dans un monde multiculturel ou du défi que représente le maintien des traditions anciennes dans une société en rapide évolution.

Ces dernières années, certains zoroastriens se sont tournés vers des médias tels que le cinéma, le théâtre et la narration numérique pour maintenir vivant l'esprit de ces légendes. Ces nouvelles interprétations explorent souvent la pertinence de Zarathoustra par rapport à des questions contemporaines, telles que la gestion de l'environnement et l'utilisation éthique de la technologie, reflétant ainsi l'évolution des préoccupations de la communauté. Pourtant, même dans ces relectures modernes, l'essence des histoires originales demeure : la vision d'un monde où la vérité triomphe du mensonge, où les choix de chaque individu contribuent à l'équilibre cosmique entre le bien et le mal. Ces adaptations démontrent le pouvoir durable de l'histoire de Zarathoustra à inspirer et à guider, en transcendant les frontières du temps et du lieu.

Malgré les changements de forme et de contexte, les histoires de Zarathoustra continuent d'occuper une place particulière dans la mémoire collective des zoroastriens. Ils rappellent que leur foi n'est pas seulement une question de doctrine et de rituel, mais aussi un récit vivant, tissé dans le tissu même de leur identité. En racontant et en rejouant ces récits, la communauté zoroastrienne trouve un sentiment de continuité avec son passé, même si elle se tourne vers l'avenir. L'histoire de Zarathoustra n'est donc pas simplement une relique de l'histoire, mais une tradition vivante et évolutive qui reste une source de force et d'inspiration.

L'héritage de ces traditions orales offre également un aperçu plus large du pouvoir de la narration dans les cultures humaines. Grâce aux mythes et aux légendes, les communautés sont en mesure de préserver l'essence de leurs croyances, de s'adapter à de nouvelles réalités et de trouver un sens à leurs luttes. Les légendes de Zarathoustra ont accompli cela à travers les millénaires, contribuant à maintenir la foi zoroastrienne en vie à travers les périodes de prospérité et de persécution. Les histoires qui ont commencé dans les plaines balayées par le vent de l'ancienne Perse ont traversé les continents, portées par le cœur de ceux qui refusent de laisser leur lumière s'éteindre.

En fin de compte, les légendes de Zarathoustra témoignent de la résilience de l'esprit zoroastrien. Elles reflètent une compréhension profonde du fait que la recherche de la vérité est un voyage sans fin et que chaque génération doit trouver sa propre façon de porter la flamme. À travers ces récits, Zarathoustra reste le compagnon des fidèles, les guidant à travers les ténèbres avec la promesse d'une aube plus lumineuse, où Asha brille toujours plus clairement et où le monde se rapproche de l'ordre divin envisagé il y a si longtemps par un prophète sur les rives d'une rivière sacrée.

Chapitre 20
La fin des temps

L'un des aspects les plus profonds et les plus énigmatiques du zoroastrisme est sa vision de la fin des temps, un récit qui mêle batailles cosmiques, renouveau divin et promesse d'un monde transformé. Au cœur de l'eschatologie zoroastrienne se trouve la prophétie d'une grande restauration, connue sous le nom de Frashokereti, où l'univers est purifié, le mal vaincu et l'ordre rétabli selon la volonté divine d'Ahura Mazda. Cette vision est à la fois pleine d'espoir et de solennité, car elle promet non seulement un monde nouveau et glorieux, mais aussi les épreuves et les tribulations qui doivent le précéder.

Au cœur de cette croyance se trouve l'arrivée du Saoshyant, une figure de sauveur prophétisée pour mener l'humanité dans la lutte finale contre les forces d'Angra Mainyu. Selon la tradition zoroastrienne, le Saoshyant émergera à une époque de grands troubles, une période où le chaos et le mensonge semblent dominer la terre. Ce personnage n'est pas simplement un guerrier mais un guide spirituel, chargé d'unir les justes et d'éveiller l'humanité aux principes de l'Asha - la vérité et l'ordre. À bien des égards, le Saoshyant est considéré comme l'accomplissement des enseignements de Zarathoustra, incarnant la même mission divine de combattre le mal et d'apporter l'illumination.

L'imagerie de la fin des temps dans le zoroastrisme est vivante, dépeignant un bouleversement cosmique où les royaumes matériel et spirituel convergent dans une bataille finale. Les textes anciens décrivent cette période comme une période où la terre elle-même semble trembler, où les catastrophes naturelles et les signes célestes annoncent l'approche du conflit ultime. On dit que les fleuves vont grossir, que le soleil et la lune vont s'obscurcir et que le tissu même de la réalité sera mis à l'épreuve alors que les forces opposées d'Asha et de Druj s'affrontent dans leur dernière lutte désespérée. Pourtant, au milieu de ce chaos, les fidèles sont appelés à rester inébranlables, car c'est leur adhésion à la vérité et à la droiture qui contribuera à faire pencher la balance en faveur du divin.

Le rôle d'Ahura Mazda au cours de cette période eschatologique est décrit comme celui d'un juge cosmique et d'un orchestrateur du jugement final. Grâce aux révélations transmises à Zarathoustra et conservées dans l'Avesta, les fidèles zoroastriens comprennent que la justice d'Ahura Mazda n'est pas arbitraire, mais qu'elle se fonde sur les actes accumulés par chaque âme. À l'approche de la fin, toutes les actions, pensées et intentions humaines sont pesées, et le sort de chaque âme est suspendu dans la balance. Ce jugement a lieu au pont de Chinvat, un passage que chaque âme doit franchir après la mort. Les justes y trouvent un chemin large et facile, tandis que les méchants rencontrent une traversée périlleuse qui les conduit vers des royaumes de souffrance.

C'est dans cette optique que le concept zoroastrien de salut est compris, non pas comme une question de foi aveugle, mais comme la conséquence des choix moraux d'une personne tout au long de sa vie. L'arrivée du Saoshyant et le déroulement de la fin des temps nous rappellent que la lutte cosmique entre le bien et le mal se reflète dans les actions quotidiennes des individus. Chaque choix d'embrasser Asha contribue au triomphe final sur Angra Mainyu, renforçant l'accent zoroastrien sur la responsabilité personnelle et le pouvoir du libre arbitre.

Le rôle du Saoshyant est de catalyser ce réveil mondial, en appelant les restes dispersés des fidèles à se joindre à la lutte contre les ténèbres. Les légendes décrivent cette figure comme accomplissant des actes miraculeux, tels que la résurrection des morts et la guérison de la terre des cicatrices de la destruction causée par les disciples d'Angra Mainyu. La résurrection, moment clé de l'eschatologie zoroastrienne, est censée permettre à toutes les âmes de retrouver leur corps physique et de participer au renouveau final. Cette vision offre un profond sentiment d'espoir, suggérant qu'aucune âme n'est au-delà de la rédemption et que tous auront la possibilité de s'aligner sur l'ordre divin d'Ahura Mazda.

La purification du monde, connue sous le nom de Frashokereti, est décrite comme un événement transformateur où les domaines matériel et spirituel sont fusionnés en parfaite harmonie. Dans ce monde renouvelé, la souffrance et le mensonge n'ont plus leur place, car les éléments eux-mêmes - le feu, l'eau, la terre et l'air - sont purifiés de la souillure du Druj. C'est la vision d'un monde où chaque être, de la plus petite créature à la plus grande montagne, chante à l'unisson les louanges d'Ahura Mazda. Les fidèles sont rassurés sur le fait que leurs luttes et leurs sacrifices dans cette vie ne sont pas vains, car ils contribuent à la création de cet état idéal.

La transition vers ce monde parfait ne se fait cependant pas sans épreuves. Les textes parlent d'un fleuve de métal en fusion qui traversera la terre, une épreuve que toutes les âmes devront subir. Pour les justes, cette rivière est décrite comme un bain chaud et purificateur, tandis que pour les méchants, il s'agit d'une punition brûlante, d'un jugement final pour leur alignement sur le mensonge et le chaos. Cette imagerie souligne la croyance zoroastrienne en la justice cosmique, où les conséquences des choix de vie d'une personne sont directement ressenties lors de la transition vers le nouveau monde.

Au terme de la bataille finale, Angra Mainyu et ses forces démoniaques sont liés et projetés dans les profondeurs de la non-existence, où ils ne peuvent plus perturber l'harmonie de la création. Dans certaines interprétations, cet acte est considéré comme un retour à l'état d'ordre primordial, une restauration du monde tel qu'Ahura Mazda l'avait prévu avant la corruption du mal. La nouvelle ère qui s'ensuit est caractérisée par la paix, la prospérité et un lien ininterrompu entre les royaumes divin et terrestre. L'humanité, unie par les enseignements de Zarathoustra et les conseils du Saoshyant, entre dans une ère où la souffrance, la tromperie et la mort ne sont plus que de lointains souvenirs.

La vision zoroastrienne de la fin des temps n'est pas simplement une prophétie, mais un cadre qui façonne la vie éthique et spirituelle des fidèles. Elle enseigne que chaque action du présent a une signification cosmique, que chaque moment de choix moral est un pas vers ou loin de la réalisation d'une réalité divine. Le récit du Saoshyant et du renouveau à venir incite les croyants à rechercher la pureté de leurs pensées et de leurs actes, sachant que leurs efforts contribuent à une plus grande victoire cosmique. Il constitue un appel à la vigilance, rappelant aux fidèles que si la bataille entre Asha et Druj est ancienne, sa conclusion reste inachevée et que chaque âme a un rôle à jouer pour la mener à une fin juste.

L'espoir ancré dans l'eschatologie zoroastrienne résonne particulièrement dans les moments difficiles, offrant une vision de la justice ultime lorsque la justice du monde semble insaisissable. Pour ceux qui ont été persécutés ou déplacés, l'histoire de la fin des temps constitue une assurance puissante que leur fidélité n'est pas oubliée et qu'une ère plus radieuse les attend au-delà des épreuves de ce monde. C'est cette promesse de renouveau qui a permis au zoroastrisme de traverser des siècles d'adversité, comme un phare guidant ses adeptes à travers les temps les plus sombres.

Alors que les communautés zoroastriennes envisagent leur place dans le monde moderne, les enseignements anciens sur la fin des temps restent d'actualité. Ils incitent les croyants à réfléchir à ce que signifie vivre en accord avec Asha à une époque de changements rapides et d'incertitude. Le message du Saoshyant, selon lequel un monde meilleur est possible si l'humanité choisit de s'y efforcer, reste une source d'inspiration, même lorsque les fidèles sont aux prises avec les complexités de la vie contemporaine.

Dans le drame de la création et du renouveau, la vision zoroastrienne de la fin des temps rappelle que la lutte pour la vérité et la droiture est intemporelle, s'étendant de l'aube de la création aux derniers jours de l'existence. La promesse de Frashokereti, d'un monde restauré dans l'ordre divin, continue de résonner dans le cœur de ceux qui recherchent la lumière d'Ahura Mazda, offrant l'assurance intemporelle que, quelle que soit la longueur de la nuit, l'aube viendra, apportant avec elle l'accomplissement de tout ce qui est bon.

La vision zoroastrienne de la fin des temps se poursuit par une exploration plus approfondie du jugement dernier et de la transformation qui attend les vivants et les morts. Dans ce récit cosmique, le destin de chaque âme est lié à la destinée grandiose de l'univers lui-même, révélant le lien intime entre les actes individuels et la lutte globale entre le bien et le mal. Le jugement dernier, ou la traversée du pont de Chinvat, est le moment du bilan ultime, où le poids des actions et des choix de chacun est mesuré avec une précision infaillible. Ahura Mazda, aux côtés d'entités divines telles que Mithra, préside à ce moment, guidant les âmes vers les résultats qu'elles méritent.

Le pont de Chinvat sert de seuil métaphysique entre le monde matériel et les royaumes spirituels. Pour ceux dont la vie est alignée sur Asha (la vérité, la droiture et l'ordre divin), la traversée est réputée se faire en douceur, les conduisant vers les royaumes de la lumière et de la joie. L'Avesta décrit cette expérience avec des images poétiques, où l'âme est accueillie par sa Daena, une contrepartie spirituelle qui prend la forme d'une belle jeune fille, incarnant les vertus cultivées au cours de la vie de l'individu. Ce voyage mène à Garōdmān, la Maison du Chant, où les justes demeurent en communion éternelle avec Ahura Mazda.

En revanche, ceux qui se sont écartés du chemin d'Asha et ont embrassé le Druj - le mensonge, la tromperie et le chaos - trouvent la traversée périlleuse. Alors qu'ils tentent de traverser le pont de Chinvat, celui-ci se rétrécit sous leurs pieds, se transformant en un passage en forme de lame qui les plonge dans un gouffre de ténèbres. Pour ces âmes, le Daena apparaît comme une figure effrayante et défigurée, une manifestation des actes négatifs accumulés au cours de leur existence terrestre. Elles sont entraînées dans un royaume de souffrance, connu sous le nom de Duzakh ou d'enfer zoroastrien, où elles subissent les conséquences de leurs actes dans un état purgatoire. Toutefois, même cet état n'est pas éternel, car le zoroastrisme croit en la possibilité d'une purification ultime par le biais de la Frashokereti.

Le concept de Frashokereti, ou « rendre merveilleux », est au cœur de l'espoir eschatologique du zoroastrisme. Cet événement cosmique signifie la restauration de la création à son état originel, non corrompu. Le Saoshyant, aux côtés d'autres chefs spirituels, joue un rôle crucial dans ce processus de renouveau, en menant une ultime bataille contre les vestiges de l'influence d'Angra Mainyu. Il ne s'agit pas d'un simple affrontement physique, mais d'une lutte spirituelle où les forces de la lumière et de la vérité s'efforcent de purifier l'univers du mal qui y persiste. Il s'agit d'un processus qui transcende le temps et qui culmine avec la victoire ultime du bien et la dissolution de toutes les formes de souffrance.

Pendant Frashokereti, le feu du jugement est allumé sur la terre, symbole de la purification divine. La rivière en fusion, qui coule sur la terre, brûle les impuretés, raffinant à la fois le monde physique et l'essence spirituelle de tous les êtres. Pour les justes, ce feu est une caresse, une étreinte chaleureuse qui renforce leur lien avec Asha. Pour les méchants, il s'agit d'une épreuve brûlante, qui les oblige à affronter les conséquences de leurs choix. Cependant, dans la pensée zoroastrienne, même cette souffrance a un but rédempteur, car elle prépare toutes les âmes à l'unité finale avec l'ordre divin.

Au milieu de cette purification, le Saoshyant est censé procéder à la résurrection des morts, ramenant toutes les âmes dans leur corps pour qu'elles fassent l'expérience directe du renouveau du monde. Ce moment est décrit comme une réunion des vivants et des défunts, où les familles et les communautés se rassemblent une fois de plus, partageant la joie d'un monde qui renaît. La terre est décrite comme étant remodelée en un lieu d'équilibre parfait, où les éléments - la terre, l'eau, le feu et l'air - existent sous leur forme la plus pure, libérés de la corruption due à l'influence d'Angra Mainyu.

Avec la défaite d'Angra Mainyu, le temps lui-même est transformé. Le concept du temps comme un cycle sans fin de création et de destruction cède la place à une nouvelle ère de bonheur immuable. Cette période, souvent appelée le « Nouveau Temps », est marquée par l'arrêt de toutes les formes de décomposition et de mort. Dans cette ère, le monde ne souffre plus du passage du temps ; au contraire, il existe dans un état d'éternel printemps, où la nature s'épanouit et où tous les êtres vivent en harmonie. La présence d'Ahura Mazda est pleinement réalisée, imprégnant chaque aspect de l'existence, et la distinction entre les domaines matériel et spirituel se dissout dans l'unité.

Cette vision d'un monde éternel et harmonieux n'est pas seulement un concept théologique, mais aussi un guide éthique profond pour les zoroastriens. Elle renforce l'importance de contribuer à ce renouveau éventuel par des actions quotidiennes, en s'alignant sur Asha et en résistant aux tentations de Druj. La promesse de Frashokereti rappelle que chaque petit acte de bonté, chaque choix en faveur de la vérité, est un pas vers la transformation finale du monde. Elle incite les croyants à vivre comme des agents du changement cosmique, sachant que leurs efforts s'inscrivent dans un récit divin qui s'étend au-delà de leur vie.

Les enseignements zoroastriens sur la fin des temps soulignent également la nature communautaire de cet espoir eschatologique. Le renouveau du monde n'est pas une expérience solitaire, mais un voyage collectif. Lorsque les communautés se rassemblent en prévision de Frashokereti, elles se remémorent les histoires des anciens héros et martyrs qui ont résisté aux empiètements des ténèbres. Cette mémoire commune renforce leur détermination, en reliant leurs luttes actuelles à la grande saga du cosmos. Des fêtes telles que Nowruz, qui marque le nouvel an persan, deviennent des moments de célébration non seulement du renouveau de la nature, mais aussi de la promesse d'un avenir où toute la création sera restaurée.

Cependant, cette vision cosmique comporte une dimension profondément personnelle. Le voyage vers la fin des temps est en fin de compte un chemin que chaque individu doit emprunter. Les enseignements sur le Saoshyant et le Frashokereti mettent chaque croyant au défi d'affronter ses propres luttes intérieures, de discerner où il se situe entre Asha et Druj. L'idée que le Saoshyant peut naître de n'importe quelle personne ayant une véritable conviction est un appel à l'action, incitant chaque adepte à s'efforcer d'atteindre l'excellence morale et la perspicacité spirituelle. Ce message transcende les frontières du temps et trouve un écho auprès de ceux qui cherchent un sens à leur vie dans un monde en constante évolution.

Dans un contexte moderne, la vision zoroastrienne de la fin des temps offre un contre-récit au désespoir et au nihilisme. Elle propose que les défis du présent, aussi écrasants soient-ils, ne soient que le prélude à une transformation plus profonde. C'est un appel à persévérer dans l'adversité, à voir au-delà de la surface des événements et à reconnaître les rouages cachés de la justice divine. Pour de nombreux zoroastriens d'aujourd'hui, ces enseignements constituent un point d'ancrage spirituel au milieu des incertitudes de la diaspora et des marées mouvantes du changement mondial.

Le pouvoir durable de cette vision réside dans sa capacité à équilibrer la gravité de la lutte cosmique par un message d'espoir. Elle ne craint pas de reconnaître la réalité de la souffrance, mais elle insiste sur le fait que cette souffrance n'est pas sans but. Dans l'optique de Frashokereti, la douleur et la perte font partie d'un processus de raffinement qui mène à un avenir où toutes les choses trouveront leur juste place dans l'ordre d'Asha. Cette croyance en une réconciliation finale entre le bien et le mal, où même les forces les plus obstinées du chaos sont finalement maîtrisées, offre un sentiment de clôture au long et difficile voyage de l'existence.

Alors que les enseignements sur la fin des temps continuent à façonner la pratique zoroastrienne, ils rappellent aux croyants que l'histoire de la création est toujours en cours. Les derniers chapitres n'ont pas encore été écrits et chaque individu a un rôle à jouer pour déterminer comment le récit se termine. La promesse d'un monde renouvelé par la Frashokereti n'est pas un fantasme lointain, mais une tradition vivante, transmise au fil des siècles, qui attend d'être concrétisée par les actions des fidèles. C'est un appel à rester vigilant, à entretenir la flamme sacrée de la sagesse d'Ahura Mazda et à se préparer à l'aube d'un nouvel âge où les ténèbres n'existeront plus.

Ainsi, la vision zoroastrienne de la fin des temps reste un témoignage profond de la résilience de l'esprit humain, une déclaration selon laquelle, malgré les épreuves de l'histoire, l'espoir perdure. Elle invite tous ceux qui entendent son message à regarder au-delà du moment présent, à voir les modèles divins tissés dans la trame de la réalité et à croire qu'à la fin, la lumière triomphera.

Chapitre 21
Les chants rituels

Dans le zoroastrisme, les chants et les hymnes sacrés qui font partie des pratiques rituelles sont plus que de simples mots ; ce sont des ponts qui relient le royaume terrestre au divin. Chaque son, chaque intonation, est porteur d'un pouvoir spirituel, censé résonner avec l'ordre cosmique établi par Ahura Mazda. Le Yasna, chant liturgique qui constitue la pierre angulaire du culte zoroastrien, occupe une place centrale. Il s'agit d'une prière profonde qui invoque les éléments, les esprits et les êtres divins qui veillent sur l'ordre du monde. La Yasna n'est pas une simple récitation mais une performance rituelle, où la parole devient un outil pour invoquer les énergies spirituelles et favoriser l'harmonie entre les mondes matériel et spirituel.

Les chants du zoroastrisme, traditionnellement chantés en avestan, l'ancienne langue liturgique, sont considérés comme porteurs d'un pouvoir intrinsèque. Dans ces invocations, chaque syllabe est considérée comme une force vibratoire qui interagit avec les royaumes invisibles, guidant l'esprit du pratiquant vers l'alignement avec Asha. Cette tradition a été préservée au fil des siècles grâce à une transmission précise de maître à disciple, soulignant l'importance de la précision de la prononciation et de la mélodie. Les anciens Mobeds, ou prêtres, consacrent des années à la maîtrise de ces récitations, conscients que leur rôle de gardiens de ces chants est crucial pour le maintien du lien entre l'humanité et le divin.

La cérémonie de la Yasna elle-même est un rituel complexe qui exige concentration et discipline. Se déroulant autour d'un feu central, la cérémonie implique la préparation du haoma, une plante sacrée considérée comme ayant des propriétés spirituelles. Pendant que le prêtre chante les versets sacrés, le haoma est consacré et offert au feu, symbolisant un pont entre les éléments physiques et la lumière spirituelle d'Ahura Mazda. Par ce processus, les chants rituels purifient l'espace, créant un havre spirituel où la présence divine peut être ressentie. Cet acte de chant ne consacre pas seulement les offrandes, mais purifie également le cœur des participants, en renouvelant leur lien avec Asha.

Outre le Yasna, d'autres chants, tels que les Gathas, occupent une place particulière dans le culte zoroastrien. Les Gathas sont considérés comme les paroles mêmes de Zarathoustra, et leur récitation est considérée comme une forme de communion avec les enseignements du prophète. Ces hymnes reflètent la vision de Zarathoustra d'un monde gouverné par les principes de vérité, de droiture et de justice, et leur mélodie est censée porter l'essence de ses révélations spirituelles. Les Gathas ne sont pas simplement récités, ils sont vécus, chaque verset offrant des couches de signification qui se déploient à travers la cadence rythmique du chant. Pour les fidèles zoroastriens, l'acte de chanter les Gathas est un moyen d'intérioriser la sagesse du prophète et de la laisser guider leurs actions quotidiennes.

Le chant, dans le zoroastrisme, est souvent exécuté collectivement, transformant la dévotion individuelle en un acte de culte communautaire. Dans les temples du feu, les voix de la communauté s'élèvent ensemble, tissant une tapisserie sonore censée purifier l'environnement des énergies négatives. Cet aspect communautaire renforce les liens entre les membres de la communauté zoroastrienne, créant un espace commun de refuge spirituel. Les chants rappellent la responsabilité collective de maintenir Asha et de résister aux influences de Druj, favorisant un sentiment d'unité qui transcende l'individu.

Le pouvoir du son dans les rituels zoroastriens est profondément lié au concept de Manthra, terme qui désigne une parole sacrée ou une prière qui incarne le pouvoir spirituel. Le Manthra ne concerne pas seulement les mots eux-mêmes, mais aussi l'intention qui les sous-tend, l'état intérieur du praticien au moment où il parle. On dit qu'un Manthra prononcé correctement peut invoquer des bénédictions divines, offrant une protection contre le chaos d'Angra Mainyu. En ce sens, l'acte de chanter devient un acte de création, façonnant la réalité par la parole et alignant l'esprit du praticien sur l'ordre cosmique.

Le lien entre le chant et la nature est également souligné dans la pratique zoroastrienne. De nombreux hymnes honorent les éléments naturels - l'eau, la terre, l'air et le feu - en les reconnaissant comme des manifestations sacrées de la création d'Ahura Mazda. Ces chants sont censés maintenir l'harmonie entre les êtres humains et le monde naturel, en veillant à ce que chaque élément reste en équilibre. La révérence manifestée à l'égard de ces éléments par le biais de chants sacrés souligne l'engagement des zoroastriens à préserver le monde naturel, qui fait partie intégrante de leur devoir spirituel.

Au fil du temps, les chants zoroastriens se sont adaptés aux contextes culturels et géographiques de la diaspora. En Inde, au sein de la communauté Parsi, la tradition des chants a été préservée avec une dévotion méticuleuse, garantissant que les anciennes mélodies continuent de résonner dans les temples du feu, loin de leurs origines persanes. Cette adaptation n'est pas seulement une question de préservation, mais aussi de résilience, une façon pour la communauté zoroastrienne de maintenir son identité dans un monde qui a changé radicalement depuis l'époque de Zarathoustra. Les chants deviennent un lien vivant avec le passé, un moyen de perpétuer l'essence de la spiritualité zoroastrienne dans le présent.

Les chants jouent également un rôle dans les rites de passage, marquant des moments importants dans la vie d'un zoroastrien. De la cérémonie d'initiation du Navjote, au cours de laquelle un enfant est accueilli dans la foi, aux récitations solennelles qui accompagnent le voyage d'une âme au-delà du pont de Chinvat, ces chants apportent réconfort, conseils et un sentiment de continuité. Ils rappellent à la communauté que chaque vie individuelle fait partie d'un grand voyage spirituel, lié à la lutte cosmique entre Asha et Druj.

Alors que le zoroastrisme navigue dans les complexités du monde moderne, le rôle des chants rituels continue d'évoluer. La préservation de ces mélodies anciennes à une époque de changements rapides est considérée comme un devoir sacré, un témoignage de la résilience de la culture zoroastrienne. Cependant, au-delà de la préservation, il est reconnu que les chants doivent rester pertinents et offrir une nourriture spirituelle aux nouvelles générations qui cherchent un sens à leur vie dans un monde qui évolue rapidement. Le défi consiste à trouver un équilibre entre la nécessité de conserver ces traditions intactes et le désir de les rendre accessibles à une communauté de croyants mondialisée.

À une époque où de nombreux jeunes zoroastriens grandissent loin des temples d'Iran et d'Inde, les efforts pour enseigner ces chants ont adopté de nouvelles méthodes. Les enregistrements de la Yasna et des Gathas sont partagés en ligne, ce qui permet d'atteindre ceux qui ne peuvent pas assister aux rituels en personne. Des ateliers et des rassemblements organisés dans le monde entier s'attachent à enseigner la prononciation et la compréhension correctes des manthras, afin que la profondeur spirituelle des chants ne se perde pas dans la traduction. Ces efforts reflètent un engagement plus large à maintenir la flamme du zoroastrisme en vie, en veillant à ce que les sons sacrés qui résonnaient autrefois dans les anciens temples de feu continuent de résonner dans le cœur des fidèles.

Ainsi, la tradition des chants rituels zoroastriens reste un fil essentiel dans la tapisserie de la foi, reliant le pratiquant moderne à une lignée qui remonte à l'aube des temps. Elle rappelle que dans un monde en constante évolution, certaines choses perdurent, comme le pouvoir d'une parole sacrée, prononcée avec dévotion, qui s'élève comme un encens vers la lumière éternelle d'Ahura Mazda.

Le rôle du chant rituel dans le zoroastrisme est tissé dans le tissu de la vie spirituelle, allant au-delà de la simple récitation dans le domaine de la profonde résonance métaphysique. Chaque chant porte en lui le poids de la tradition, un fil qui relie chaque génération aux pratiques anciennes inspirées par les enseignements de Zarathoustra. Si le Yasna et les Gathas occupent une place centrale, d'autres chants - chacun avec sa propre mélodie et sa propre intonation - jouent un rôle spécifique dans le cadre spirituel des rituels zoroastriens. Ces chants ont le pouvoir de consacrer, de purifier et d'appeler la présence divine pendant les moments de prière et de méditation.

Parmi eux, le Niyash et le Yashts sont des prières qui rendent hommage aux esprits divins associés aux éléments naturels et aux êtres célestes. Chaque chant est une invocation, un appel aux énergies divines qui régissent la création. Le Niyash, par exemple, est chanté en l'honneur du soleil, de la lune et des eaux, reconnaissant ainsi leurs pouvoirs vitaux et leur place dans l'ordre cosmique. Par ces chants, les zoroastriens expriment leur gratitude et leur respect pour les dons divins de la nature, réaffirmant ainsi leur rôle de gardiens de la création d'Ahura Mazda. Les motifs mélodiques du Niyash font écho aux rythmes du monde naturel, créant un sentiment d'unité entre l'adorateur et le divin.

Les Yashts, en revanche, sont des hymnes plus complexes dédiés à des divinités individuelles, telles que Mithra, le gardien des alliances, ou Anahita, la déesse des eaux. Chaque Yasht est une tapisserie de récits mythologiques anciens, de louanges et d'invocations, mêlant le poétique au mystique. Lorsqu'ils sont chantés lors de cérémonies spéciales, les Yashts sont censés invoquer les faveurs de ces entités spirituelles, leur offrant protection, bénédictions et conseils. Les cadences des Yashts, avec leurs différents tempos et intonations, créent une atmosphère spirituelle dynamique, élevant l'esprit à la contemplation des mystères divins.

Dans le zoroastrisme, l'art du chant tient autant à la justesse de la prononciation et du rythme qu'à l'état intérieur du récitant. La disposition spirituelle, ou la pureté du cœur, est considérée comme essentielle pour l'efficacité des chants. À cet égard, l'ancienne pratique consistant à maintenir une discipline spirituelle avant d'entrer dans le temple du feu ou de participer aux cérémonies est de la plus haute importance. Les mobeds, gardiens de ces traditions, suivent un entraînement rigoureux non seulement pour maîtriser les mélodies complexes, mais aussi pour cultiver un alignement intérieur avec Asha, la vérité et l'ordre qu'ils cherchent à manifester à travers chaque mot prononcé. Leurs voix ont une résonance que l'on croit capable de relier le temporel à l'éternel.

La transmission de ces techniques de chant de maître à disciple a toujours été un processus de mentorat profond, où l'accent n'est pas simplement mis sur l'apprentissage, mais sur l'incarnation des principes spirituels que les chants représentent. Dans cette tradition, l'acte d'écoute est aussi important que l'acte de récitation. C'est en écoutant la voix d'un Mobed expérimenté que les subtilités de chaque chant sont absorbées, permettant à l'initié de saisir toute la profondeur du rituel. Cette tradition orale souligne que le savoir sacré se transmet mieux par l'expérience que par la simple étude d'un texte.

Dans les communautés zoroastriennes du monde entier, la préservation des chants s'est heurtée à des difficultés, en particulier à l'ère moderne où de nombreuses familles vivent loin des centres de culte traditionnels. En réponse, des efforts croissants ont été déployés pour documenter ces chants par le biais d'enregistrements, afin que la jeune génération puisse accéder à ces mélodies sacrées et les apprendre, même si elle se trouve loin d'un temple du feu. Les plateformes en ligne sont devenues les dépositaires de ces pratiques anciennes, où les enregistrements de la Yasna, des Yashts et d'autres chants sont partagés, comblant ainsi le fossé entre la tradition et la modernité.

Cette adaptation des chants anciens aux médias numériques reflète la nature évolutive du culte zoroastrien, où la tradition et la technologie se rencontrent. Ces enregistrements, souvent accompagnés d'explications sur leur signification et leur portée spirituelle, aident les jeunes zoroastriens à se rapprocher de leur héritage d'une manière qui s'harmonise avec la vie contemporaine. Dans la diaspora, où les zoroastriens sont répartis sur tous les continents, c'est un moyen essentiel de maintenir un sentiment d'appartenance à la communauté, malgré les distances géographiques. Pour beaucoup, écouter ces chants devient un moyen de renouer avec les racines de leur foi, d'entendre les mêmes mots que ceux qui résonnaient dans les anciens temples de Perse.

Cependant, la numérisation des chants traditionnels soulève également des questions d'authenticité et de fidélité. L'équilibre délicat entre la préservation des intonations anciennes et l'adaptation aux contextes des nouvelles générations nécessite une réflexion approfondie. Les mobeds et les responsables communautaires débattent souvent des meilleurs moyens de préserver l'intégrité de ces chants tout en garantissant leur accessibilité à ceux qui n'entreront peut-être jamais dans un temple du feu. Cette conversation s'inscrit dans un dialogue plus large au sein du zoroastrisme sur la préservation de la tradition dans un monde en mutation, où le désir de connexion spirituelle doit coexister avec les réalités de la vie moderne.

Malgré ces défis, le cœur du chant reste inchangé - une pratique destinée à élever, à purifier et à relier l'âme au divin. Même dans la solitude tranquille d'une maison, loin de la présence d'un Mobed, un zoroastrien peut chanter les mots simples de l'Ashem Vohu ou du Yatha Ahu Vairyo, deux des mantras les plus anciens et les plus puissants de la foi. Ces courtes invocations distillent l'essence de la philosophie zoroastrienne, axée sur la vérité, la droiture et la lutte éternelle pour s'aligner sur Asha. Pour de nombreux zoroastriens, la répétition de ces mantras est un rappel quotidien de leur chemin spirituel, un moment pour se recentrer au milieu des distractions de la vie quotidienne.

Le pouvoir du chant s'étend aux rites de passage, moments qui marquent les étapes de la vie des zoroastriens. La cérémonie du Navjote, qui marque l'initiation d'un jeune zoroastrien à la foi, s'accompagne du chant de versets sacrés, un rituel qui symbolise la transmission du savoir spirituel d'une génération à l'autre. De même, lors des cérémonies de mariage, des chants bénissent l'union et invoquent la protection divine pour le voyage du couple. Lors des derniers rites, lorsqu'un zoroastrien décède, les chants sacrés guident l'âme vers le pont de Chinvat, apportant du réconfort à l'endeuillé et garantissant que le défunt est accompagné par les paroles sacrées de sa foi.

L'impact des chants va au-delà du spirituel et touche les aspects communautaires et culturels de la vie zoroastrienne. Lors de festivals tels que Nowruz, le Nouvel An persan, les chants emplissent l'air d'un sentiment de renouveau et d'espoir. Lors de ces rassemblements, le fait de chanter ensemble renforce les liens entre les membres de la communauté, transformant le simple acte de récitation en une puissante expérience collective. C'est dans ces moments que toute la profondeur du rituel zoroastrien devient évidente - une foi qui porte autant sur l'expérience communautaire du divin que sur le voyage individuel vers l'illumination spirituelle.

Alors que les communautés zoroastriennes continuent de s'adapter à la mondialisation, la tradition du chant leur rappelle leur lien permanent avec l'ancienne sagesse de Zarathoustra. C'est une façon de maintenir en vie les connaissances spirituelles transmises depuis des millénaires, en veillant à ce qu'elles ne s'évanouissent pas dans les échos de l'histoire. Au contraire, ces chants continuent de résonner, parfois dans les anciens temples du feu d'Iran, parfois dans les petits rassemblements des communautés de la diaspora, et parfois à travers les haut-parleurs numériques de ceux qui réapprennent leurs prières ancestrales.

Sous toutes ses formes, le chant reste un témoignage de l'esprit vivant du zoroastrisme, une ligne sonore ininterrompue qui remonte à l'aube de la foi et s'étend vers un avenir inconnu. Il incarne la croyance zoroastrienne selon laquelle la parole a un pouvoir, un pouvoir qui peut façonner, transformer et élever à la fois l'individu et le monde. Grâce à cette tradition durable, les chants sacrés du zoroastrisme offrent un chemin vers la connexion, rappelant qu'en chaque voix réside le potentiel de toucher la lumière éternelle d'Ahura Mazda.

Chapitre 22
La diaspora

L'histoire de la diaspora zoroastrienne est une histoire d'endurance, d'adaptation et de préservation culturelle. Alors que la conquête arabe remodelait le paysage perse, de nombreux zoroastriens ont dû faire face à de profonds changements dans leur statut social, religieux et politique. Pourtant, même face à l'adversité, la foi et les traditions culturelles de cette ancienne communauté ont trouvé les moyens de survivre et ont fini par s'enraciner dans de nouvelles terres. Ce chapitre se penche sur les voyages qui ont conduit les zoroastriens au-delà des frontières de la Perse, sur leurs luttes pour maintenir leurs croyances dans des environnements étrangers et sur la création de nouvelles communautés qui assureraient la continuité de leur héritage spirituel.

Les premières vagues de migration zoroastrienne ont commencé peu après la conquête islamique de la Perse au VIIe siècle. Alors que les nouveaux dirigeants imposaient des restrictions aux pratiques religieuses et que les zoroastriens étaient soumis à une pression croissante pour se convertir, un grand nombre de croyants ont cherché refuge dans des régions où ils pouvaient préserver leurs coutumes. Beaucoup se sont réfugiés dans les régions montagneuses du nord de l'Iran, où des poches de pratiques zoroastriennes ont perduré pendant des siècles. D'autres ont poursuivi leur voyage en empruntant les périlleuses routes maritimes qui les ont menés jusqu'aux côtes occidentales de l'Inde, où ils ont fini par établir une communauté prospère connue sous le nom de Parsis.

La migration des Parsis est l'un des chapitres les plus importants de l'histoire de la diaspora zoroastrienne. Arrivés au Gujarat vers le 8e ou le 9e siècle, les Parsis ont négocié avec les dirigeants locaux le droit de pratiquer librement leur foi. Une légende bien connue raconte que les prêtres parsis rencontrèrent un roi local qui, lorsqu'on lui offrit un récipient rempli de lait à ras bord, lui dit que leur présence serait comme ajouter du sucre au lait - en l'améliorant, mais sans l'écraser. Cette assurance métaphorique symbolisait l'engagement des Parsis à s'intégrer dans leur nouvelle patrie tout en préservant leur identité religieuse distincte. Au fil du temps, les Parsis ont construit des temples du feu, établi des communautés et sont devenus partie intégrante du tissu culturel de l'Inde.

L'installation en Inde a permis au zoroastrisme de s'épanouir dans un nouveau contexte, loin des pressions subies en Iran. Cependant, les Parsis ont également dû relever le défi d'adapter leurs coutumes à une société majoritairement hindoue et musulmane. Cette adaptation a nécessité une négociation minutieuse entre le maintien des principes fondamentaux de leur foi et l'acceptation du nouvel environnement culturel. Ils ont préservé les éléments essentiels des rituels zoroastriens, du feu sacré à la cérémonie du Navjote, tout en adaptant certaines pratiques à leur nouvel environnement. Il en est résulté une culture parsi dynamique qui a conservé sa spécificité religieuse tout en contribuant à la société indienne dans son ensemble par la philanthropie, l'éducation et le commerce.

Les défis de la diaspora allaient au-delà des pratiques religieuses et concernaient la préservation de la langue et des traditions. La communauté parsi s'est efforcée de conserver l'usage de l'avestan et du pahlavi, les langues anciennes de leurs écritures, dans leur contexte religieux, alors même que le gujarati et d'autres langues régionales devenaient la langue courante de la vie quotidienne. Cette dualité linguistique est devenue la marque de la résilience culturelle de la communauté, symbolisant son lien avec une patrie lointaine et son engagement à maintenir une lignée spirituelle qui s'étend sur des millénaires.

Pendant ce temps, en Iran, les communautés zoroastriennes ont continué à subir des discriminations et des difficultés économiques sous les dynasties musulmanes successives. Pourtant, de petites populations zoroastriennes ont réussi à survivre dans des villes comme Yazd et Kerman, des régions connues pour leur dévotion durable à l'ancienne foi. Ils y ont maintenu les anciennes coutumes dans le secret, protégeant leurs temples de feu et se réunissant pour les rituels sous l'ombre constante de la persécution. Ces communautés, bien que réduites, ont servi de lien vivant avec le passé zoroastrien de la Perse, préservant des traditions qui allaient plus tard inspirer un sentiment de fierté et de renouveau parmi les zoroastriens du monde entier.

Les XIXe et XXe siècles ont été marqués par de nouveaux changements, les communautés zoroastriennes d'Iran et d'Inde cherchant à rétablir des liens entre elles et avec le reste du monde. Cette période a vu se multiplier les interactions entre les Parsis et les zoroastriens d'Iran, les Parsis offrant souvent une aide financière à leurs homologues iraniens. Ces échanges étaient plus que des actes de charité - ils représentaient des efforts pour reconstruire un sentiment d'unité parmi les zoroastriens séparés par le temps, la géographie et les circonstances historiques. Ces interactions ont contribué à renforcer une identité partagée, en rappelant aux communautés leur héritage commun et les enseignements universels de Zarathoustra.

L'ère moderne a également apporté de nouvelles migrations, les opportunités économiques et les bouleversements politiques ayant conduit les zoroastriens à s'installer dans les pays occidentaux, notamment aux États-Unis, au Canada, au Royaume-Uni et en Australie. Ces nouvelles communautés de la diaspora se sont retrouvées dans une nouvelle phase d'adaptation, s'intégrant dans la société occidentale tout en s'efforçant de transmettre leurs traditions à la génération suivante. Pour beaucoup, l'installation en Occident représentait une chance d'échapper aux préjugés persistants auxquels ils étaient confrontés en Iran ou de trouver de nouvelles possibilités d'éducation et de développement professionnel.

La dispersion des zoroastriens dans diverses parties du monde a présenté à la fois des opportunités et des défis. Dans des villes comme Los Angeles, Toronto et Londres, les zoroastriens ont formé de nouvelles associations et construit des centres culturels pour maintenir leur esprit communautaire. Ces centres sont devenus des lieux de rassemblement, où les familles pouvaient célébrer Nowruz ensemble, où les jeunes pouvaient découvrir leur héritage et où les anciens pouvaient transmettre les histoires de leurs ancêtres. Dans le même temps, les pressions de l'assimilation et la taille réduite de ces communautés ont rendu de plus en plus difficile le maintien de l'engagement des jeunes générations dans la foi.

Dans la diaspora occidentale, les zoroastriens sont souvent confrontés à un équilibre délicat entre la liberté de pratiquer ouvertement leur religion et le risque de perdre les jeunes générations au profit des influences séculaires de leur nouvelle patrie. De nombreuses familles se trouvent confrontées à des questions d'identité, essayant de préserver les principes fondamentaux de leur foi tout en veillant à ce que leurs enfants aient un sentiment d'appartenance dans leur contexte social plus large. Il en résulte une compréhension dynamique et évolutive de ce que signifie être zoroastrien au XXIe siècle, qui s'inspire des enseignements anciens tout en s'adaptant aux réalités d'un monde globalisé.

L'histoire de la diaspora zoroastrienne est aussi un récit d'échanges culturels. Dans chaque nouvel environnement, les zoroastriens ont contribué aux sociétés qu'ils habitent, qu'il s'agisse des activités commerciales et philanthropiques influentes des Parsis en Inde ou des contributions académiques et culturelles des zoroastriens en Occident. Ces communautés sont devenues des exemples vivants des principes zoroastriens d'Asha et de Vohu Manah, apportant l'ordre, la vérité et les bonnes intentions dans leurs interactions avec les autres. L'importance qu'ils accordent à l'éducation, à la charité et à l'intégrité a valu aux zoroastriens la réputation d'être des membres industrieux et respectueux des principes de la société, quel que soit l'endroit où ils se sont installés.

Pourtant, à chaque génération, le défi du maintien de l'identité zoroastrienne devient plus pressant. Les dirigeants et les anciens de la communauté sont profondément conscients de la nécessité d'entretenir le feu ancien, non seulement au sens littéral des flammes sacrées de leurs temples, mais aussi en tant que symbole de la lumière spirituelle durable d'Ahura Mazda. Ce défi a incité de nombreuses personnes à développer de nouvelles approches, qu'il s'agisse de plateformes en ligne où les jeunes zoroastriens peuvent se connecter et s'informer sur leur foi, ou d'initiatives qui promeuvent la compréhension interculturelle et la sensibilisation à l'histoire et à la philosophie zoroastriennes.

La résilience de la diaspora zoroastrienne témoigne en fin de compte de la force durable d'une foi qui a traversé des siècles de changement. Elle reflète la capacité d'adaptation d'une communauté qui a porté l'ancienne sagesse de Zarathoustra au-delà des océans et des frontières, la préservant à travers d'innombrables transformations. Chaque génération de la diaspora, que ce soit en Iran, en Inde ou dans les coins les plus reculés de l'Occident, a été confrontée à la question de savoir ce que signifie être zoroastrien à son époque, et chacune a trouvé les moyens d'y répondre, en maintenant vivant l'esprit de leur ancienne tradition tout en saisissant les opportunités du monde qui les entoure.

La persistance de la diaspora zoroastrienne est marquée non seulement par l'adaptation, mais aussi par un effort continu pour tisser leur ancienne foi dans le tissu des nouvelles patries. Au fur et à mesure que la communauté s'est répandue en Inde, en Occident et au-delà, les défis liés à la préservation de son patrimoine culturel et religieux ont évolué. Chaque nouveau contexte exigeait un équilibre délicat : conserver l'essence de leurs croyances tout en naviguant dans la modernité, embrasser de nouvelles identités sans perdre les valeurs fondamentales enseignées par Zarathoustra. Ce chapitre approfondit les contributions, les adaptations culturelles et les luttes identitaires des communautés zoroastriennes de la diaspora, en explorant leurs efforts constants pour maintenir un lien avec leur passé.

En Inde, la communauté parsi est devenue un élément important du paysage social et économique, contribuant notamment à l'industrie, à l'éducation et aux arts. Des pionniers comme Jamsetji Tata et Dadabhai Naoroji ont contribué à façonner l'éthique industrielle et politique de l'Inde moderne, mais leurs contributions ont toujours été profondément liées à leurs valeurs zoroastriennes. Leur philanthropie, guidée par le principe du « Hvarshta » (bonnes actions), a laissé un héritage durable sous la forme d'établissements d'enseignement, d'hôpitaux et de fondations culturelles qui continuent à servir la société. L'importance accordée par les Parsis à la charité et à l'aide sociale est devenue une caractéristique de leur identité en Inde, reflétant le principe zoroastrien de promotion du bien-être de toute la création.

Cet esprit de générosité et de service à la communauté s'est toutefois accompagné d'une tension interne : le désir de maintenir une identité distincte au sein de la société indienne élargie. Alors que les mariages mixtes et l'assimilation à des pratiques culturelles plus larges augmentent, la communauté est confrontée à des débats sur ce que signifie être authentiquement Parsi. Ces discussions tournaient souvent autour de questions telles que la préservation des rituels, l'utilisation de l'avestan dans les cérémonies religieuses et l'adhésion aux vêtements et coutumes traditionnels. La question de savoir qui peut être considéré comme zoroastrien ou parsi, en particulier dans les cas d'héritage mixte, a suscité des débats passionnés, révélant les inquiétudes profondes que suscite la dilution de leurs traditions ancestrales.

En Iran, les luttes des communautés zoroastriennes restantes ont pris une tournure différente. Dans l'ombre d'une marginalisation séculaire, elles se sont efforcées de maintenir leurs coutumes avec des ressources limitées. Face aux pressions culturelles, les zoroastriens de Yazd, Kerman et Téhéran se sont efforcés de maintenir en vie leurs pratiques religieuses, en sauvegardant les feux sacrés et en se rassemblant pour des rituels communautaires, même si beaucoup d'entre eux ont été confrontés à l'isolement social. La période post-révolutionnaire en Iran, avec l'accent mis sur les valeurs islamiques, a apporté de nouveaux défis, mais elle a également suscité un sentiment de fierté et de solidarité parmi les zoroastriens déterminés à protéger leur identité. Au cours des dernières décennies, on a assisté à un regain de fierté culturelle, les zoroastriens d'Iran mettant l'accent sur la préservation des sites historiques et redoublant d'efforts pour éduquer les jeunes à leur patrimoine.

En s'établissant en Occident, les communautés zoroastriennes ont trouvé de nouveaux moyens d'exprimer leur identité et de partager leur riche héritage avec les autres. Dans des villes comme New York, Londres et Toronto, les associations zoroastriennes et les centres culturels sont devenus des points névralgiques de la vie communautaire. Les zoroastriens s'y rassemblent pour célébrer des fêtes traditionnelles telles que Nowruz et Gahambars, organiser des camps de jeunes et engager des dialogues interconfessionnels pour faire connaître la sagesse de Zarathoustra. Ces efforts ne se limitent pas à la préservation des rituels : ils représentent une mission plus large visant à maintenir les valeurs zoroastriennes de vérité, de droiture et d'harmonie dans un monde globalisé.

L'utilisation des technologies modernes par la diaspora zoroastrienne a joué un rôle essentiel dans ses efforts de préservation et de diffusion de son patrimoine. Les plateformes de médias sociaux, les rassemblements de prière en ligne et les archives numériques ont permis aux membres de la foi de rester en contact à travers les continents. Cette présence numérique a permis de redéfinir la notion de communauté, qui transcende les frontières géographiques et favorise un sentiment d'unité parmi les zoroastriens du monde entier. Les jeunes zoroastriens, en particulier ceux qui sont nés dans les pays occidentaux, ont utilisé ces outils pour explorer leur identité, en cherchant un équilibre entre leur héritage et leur place dans les sociétés multiculturelles. Pour beaucoup, ce lien avec leurs racines a pris la forme d'une exploration des textes anciens, d'un apprentissage des chants avestans et d'une participation à des discussions sur la manière dont les valeurs zoroastriennes peuvent répondre à des défis contemporains tels que la durabilité environnementale et la justice sociale.

L'expérience de la diaspora zoroastrienne a également été façonnée par les contributions de personnalités influentes qui ont servi de passerelles culturelles. Des universitaires, des écrivains et des dirigeants de la diaspora se sont efforcés d'interpréter les enseignements zoroastriens de manière à ce qu'ils trouvent un écho auprès du public moderne. Leurs écrits et leurs engagements publics ont mis en lumière la pertinence intemporelle de concepts zoroastriens tels que Asha (la vérité et l'ordre) et Spenta Mainyu (l'esprit de créativité et de croissance). En présentant le zoroastrisme comme une tradition qui valorise le choix individuel, la gestion de l'environnement et la recherche de la connaissance, ces maîtres à penser ont aidé la diaspora à voir leur foi non seulement comme un héritage ancien, mais aussi comme une philosophie ayant de profondes implications pour la vie moderne.

Pourtant, malgré ces progrès, la diaspora zoroastrienne reste très consciente des défis démographiques auxquels sa communauté est confrontée. La population zoroastrienne mondiale est peu nombreuse et, à chaque génération qui passe, la question de la continuité devient plus pressante. Les taux de natalité au sein de la communauté sont faibles et les règles relatives aux mariages mixtes ont entraîné une réduction supplémentaire des effectifs. Cette situation a donné lieu à une série d'initiatives visant à renforcer la communauté et l'engagement. Des programmes tels que les camps de jeunes dirigeants, les associations d'étudiants zoroastriens et les ateliers interculturels sont apparus comme des moyens de favoriser un sentiment d'appartenance parmi les jeunes membres. Ces programmes mettent l'accent sur l'idée que si les rituels et les pratiques du zoroastrisme sont anciens, la manière dont ils sont vécus peut évoluer pour répondre aux besoins d'un monde en mutation.

Pour de nombreux zoroastriens de la diaspora, la préservation de leur foi passe également par la sauvegarde de leur mémoire culturelle. Cela implique des efforts pour documenter l'histoire de leur migration, les luttes qu'ils ont dû mener dans leur nouvelle patrie et les contributions qu'ils ont apportées à diverses sociétés. Cette documentation sert non seulement d'archives historiques, mais aussi de source d'inspiration, rappelant aux jeunes générations la résilience et la capacité d'adaptation de leurs ancêtres. Des projets tels que les enregistrements d'histoire orale et les archives communautaires ont joué un rôle crucial dans la capture des diverses expériences des zoroastriens, garantissant que leur histoire reste accessible aux générations futures.

Les défis de la diaspora, bien qu'intimidants, ont également suscité un sentiment de renouveau au sein de la communauté. Ces dernières années, on a assisté à un mouvement de réinterprétation du zoroastrisme en fonction des valeurs contemporaines et des défis mondiaux. Il s'agit notamment de mettre l'accent sur l'éthique environnementale, en résonance avec les crises écologiques d'aujourd'hui. L'accent mis par les zoroastriens sur la préservation de la nature, le respect de la pureté des éléments et la vie en harmonie avec la terre a trouvé une nouvelle pertinence, inspirant les jeunes générations à considérer leur foi comme un guide pour l'activisme environnemental.

Ce renouveau se manifeste également par l'intérêt croissant des chercheurs et du grand public pour l'histoire et les enseignements du zoroastrisme. L'ouverture de la communauté à partager son héritage par le biais de festivals culturels, de conférences publiques et de collaborations universitaires a contribué à rehausser le profil du zoroastrisme sur la scène mondiale. En mettant l'accent sur les thèmes universels de leur foi, tels que la lutte entre le bien et le mal, le pouvoir du choix individuel et la recherche de la vérité, les zoroastriens ont positionné leur ancienne tradition comme une source de sagesse qui s'adresse à l'expérience humaine commune.

Dans le paysage moderne, la diaspora zoroastrienne incarne un paradoxe vivant : une petite communauté qui perpétue une tradition ancienne tout en s'engageant dans les complexités de la modernité mondiale. Leur histoire n'est pas simplement celle de la survie, mais celle de la création active d'un avenir où les enseignements de Zarathoustra continuent d'inspirer. Grâce à leur résistance culturelle, à leur engagement en faveur de l'éducation et de la communauté, et à leur volonté de s'adapter sans perdre de vue leurs racines spirituelles, les zoroastriens du monde entier ont trouvé des moyens de maintenir leurs traditions vivantes, témoignant ainsi du pouvoir durable de la foi et de la mémoire culturelle.

Ainsi, la diaspora représente la poursuite d'un voyage qui a commencé avec les révélations de Zarathoustra dans l'ancienne Perse - un voyage qui a traversé les mers et les continents, tout en restant profondément enraciné dans les principes intemporels d'Asha et de Vohu Manah. Pour la communauté zoroastrienne, l'avenir est à la fois incertain et prometteur, et dans chaque coin du monde où brûle un feu sacré, l'histoire de la résilience et de l'espoir continue de se dérouler.

Chapitre 23
La conquête islamique de la Perse

La conquête islamique de la Perse au VIIe siècle a profondément modifié le paysage culturel et religieux de la région, marquant un tournant dans l'histoire du zoroastrisme. Au fur et à mesure de leur progression, les forces arabes ont découvert une terre profondément enracinée dans les anciens enseignements de Zarathoustra, où les temples du feu zoroastriens parsemaient le paysage et où l'Avesta servait de guide pour la vie spirituelle comme pour la vie quotidienne. Cependant, avec l'arrivée des nouveaux dirigeants islamiques, l'ordre social a été irrévocablement modifié et le zoroastrisme a dû faire face à son plus grand défi.

Au début, la conquête a été marquée par la résistance et les conflits, les forces perses, dirigées par l'empire sassanide, luttant pour défendre leurs territoires. Malgré leurs efforts, l'empire sassanide finit par s'effondrer, submergé par la puissance militaire et l'acuité stratégique des armées arabes. La chute de Ctésiphon, la capitale sassanide, a symbolisé la fin d'une époque pour les zoroastriens, car elle a ouvert la voie à la domination islamique sur la Perse. La défaite n'a pas seulement signifié un changement politique, elle a aussi marqué le début d'une transformation de la vie religieuse de la région.

Les premiers temps qui ont suivi la conquête ont été marqués par une période de tolérance, au cours de laquelle les zoroastriens se sont vu accorder le statut de dhimmis - des non-musulmans qui pouvaient continuer à pratiquer leur religion sous le régime islamique en échange du paiement de la jizya, un impôt spécial. Cependant, l'imposition de cette taxe a fait peser un fardeau économique sur les communautés zoroastriennes, ce qui a conduit nombre d'entre elles à faire le choix difficile de se convertir à l'islam ou d'endurer des difficultés économiques. Pour certains, la conversion offrait une voie vers la mobilité sociale et l'allégement des taxes, mais pour d'autres, il s'agissait d'un sacrifice de leurs croyances les plus profondes.

À mesure que les nouveaux dirigeants islamiques consolidaient leur pouvoir, ils ont mis en œuvre des changements qui ont affecté le tissu de la vie communautaire zoroastrienne. L'influence du zoroastrisme commença à s'affaiblir, les mosquées remplaçant les temples du feu, et l'arabe supplantant progressivement le moyen-persan comme langue de l'administration et de l'érudition. La perte de la cour sassanide, qui avait été un fervent défenseur du zoroastrisme, a laissé la communauté sans protecteur central pour défendre ses traditions. Les prêtres zoroastriens, les Mobeds, ont eu de plus en plus de mal à entretenir leurs feux sacrés et à transmettre les enseignements de l'Avesta aux nouvelles générations.

Malgré ces pressions, le zoroastrisme n'a pas disparu. Les communautés des zones rurales et des régions comme Yazd et Kerman sont devenues des refuges pour les fidèles. Dans ces régions reculées, les zoroastriens cherchaient à préserver leurs coutumes en secret, à l'abri des regards des nouveaux dirigeants. Les familles se réunissaient dans leurs maisons pour chuchoter des prières, réciter des versets de l'Avesta et partager les histoires de leurs ancêtres qui avaient suivi la voie de Zarathoustra. Les temples du feu qui subsistent deviennent non seulement des lieux de culte, mais aussi des symboles de résistance et d'identité, où les flammes sacrées représentent un lien permanent avec leur héritage et la présence divine d'Ahura Mazda.

Dans ce nouveau contexte, les communautés zoroastriennes ont dû adapter leurs pratiques pour survivre. Les rituels autrefois pratiqués ouvertement dans les grands temples de l'empire sassanide se déroulent désormais dans la discrétion. Les célébrations de Nowruz, qui ont longtemps été un événement public marquant le renouveau de la vie, sont devenues plus discrètes, mais elles ont conservé leur importance en tant que moment de réflexion sur la résilience de leur foi. Le devoir sacré de préserver la pureté du feu, de l'eau et de la terre a pris une nouvelle signification, les zoroastriens cherchant à maintenir l'intégrité de leurs croyances, même à l'ombre d'une culture dominante qui cherchait à remodeler leur monde.

L'adaptation à cette nouvelle réalité a également entraîné des changements dans la compréhension qu'avaient les zoroastriens de leur place dans l'univers. Les enseignements d'Asha (l'ordre cosmique) et la lutte éternelle contre Druj (le chaos) ont acquis une résonance plus profonde, car les zoroastriens ont interprété leur situation changeante comme faisant partie de cette bataille cosmique. La survie de leur communauté dans l'adversité a été perçue comme une manifestation de leur rôle de gardiens d'Asha, un engagement à défendre la vérité et la droiture malgré les défis imposés par le nouvel ordre social. Cette croyance est devenue une source de force, guidant les zoroastriens dans les périodes d'incertitude et de perte.

Les défis posés par la préservation du zoroastrisme sous le régime islamique allaient au-delà des pratiques religieuses et s'étendaient à la vie quotidienne. Les zoroastriens se sont retrouvés marginalisés, limités dans leurs possibilités d'éducation, de commerce et de vie publique. Nombre d'entre eux ont été victimes de discrimination et d'ostracisme social, ce qui a renforcé le sentiment d'être une communauté à part. Ce sentiment d'isolement a conduit à un resserrement des liens communautaires entre les zoroastriens, qui se sont appuyés les uns sur les autres pour se soutenir, forgeant ainsi une identité collective forte qui les a aidés à supporter les siècles de changements et de bouleversements qui ont suivi.

Au fil du temps, alors que de plus en plus de Persans se convertissaient à l'islam, la population zoroastrienne diminuait et la connaissance de leurs textes et traditions anciens était de plus en plus menacée. La perte de manuscrits et de traditions orales au cours de cette période a constitué une grave menace pour la préservation du patrimoine zoroastrien. Pourtant, grâce au dévouement de quelques fidèles Mobeds et érudits, des efforts ont été déployés pour compiler et préserver ce qui restait des textes sacrés. La littérature Pahlavi, qui a enregistré une grande partie de la pensée théologique et philosophique zoroastrienne, est devenue une source cruciale de connaissances, agissant comme un pont entre l'ancien passé préislamique et l'avenir de la foi.

La conquête islamique de la Perse n'a pas seulement été l'histoire d'un déclin du zoroastrisme ; elle a témoigné de la résilience et de la capacité d'adaptation d'une communauté déterminée à conserver son identité spirituelle. Au milieu des transformations politiques et sociales, les zoroastriens ont maintenu leur lien avec les anciens enseignements de Zarathoustra, adaptant leurs pratiques aux réalités de leur nouvel environnement sans jamais abandonner les principes fondamentaux de leur foi. À force de persévérance, ils sont parvenus à préserver l'essence de leurs croyances et à faire en sorte que la flamme de leur tradition continue de brûler, même si c'est plus faiblement qu'auparavant.

Ce chapitre explore la dynamique complexe de cette période, en réfléchissant aux stratégies de survie et d'adaptation que les zoroastriens ont employées pour naviguer dans un monde transformé par de nouveaux dirigeants et de nouvelles idéologies. Il met en lumière les expériences de ceux qui ont choisi de rester fidèles à leur ancienne voie malgré les défis, et la façon dont leur résilience est devenue le fondement des communautés zoroastriennes qui allaient continuer à perdurer, tant en Perse qu'au-delà de ses frontières.

La conquête islamique est donc un moment charnière dans l'histoire du zoroastrisme, non seulement comme une période de perte, mais aussi comme un creuset dans lequel l'identité de la communauté a été remodelée et réaffirmée. Elle a ouvert la voie à la migration des zoroastriens vers de nouvelles terres, comme l'Inde, où ils allaient être connus sous le nom de Parsis, et à l'émergence d'une diaspora qui allait porter leurs croyances dans l'avenir. C'est l'histoire d'une lutte, d'une adaptation et, surtout, d'un engagement durable en faveur des idéaux d'Asha et des enseignements de Zarathoustra, même face à la formidable vague de l'histoire.

Les conséquences de la conquête islamique de la Perse ont profondément marqué la communauté zoroastrienne, transformant ses pratiques religieuses, son identité culturelle et son rôle dans la société. Ce chapitre se penche sur la résilience et les stratégies de survie des zoroastriens pendant la longue période de domination islamique, en soulignant comment leurs traditions ont été préservées, adaptées et parfois dissimulées alors qu'ils naviguaient dans un environnement difficile et souvent hostile.

À mesure que l'influence islamique s'est consolidée en Perse, les conditions de vie des zoroastriens sont devenues de plus en plus difficiles. Si la conquête initiale a permis une certaine liberté religieuse grâce au statut de dhimmi, les périodes ultérieures ont été marquées par une pression accrue pour se conformer aux normes islamiques des nouveaux dirigeants. Les zoroastriens, en tant que minorité dans une société majoritairement musulmane, devaient faire face non seulement à des charges économiques telles que l'impôt de la jizya, mais aussi à la stigmatisation et aux restrictions sociales. Leurs pratiques religieuses, qui s'épanouissaient autrefois ouvertement dans de grands temples de feu, étaient désormais menées discrètement pour éviter les persécutions ou les interférences de la part des autorités.

Malgré ces difficultés, la communauté zoroastrienne est restée attachée aux principes fondamentaux de sa foi, conservant l'essence de ses rituels et de ses croyances. Un aspect essentiel de cette préservation est le rôle des Mobeds, ou prêtres zoroastriens, qui sont devenus non seulement des chefs spirituels, mais aussi des gardiens de la connaissance. Ils mémorisaient et transmettaient méticuleusement les versets de l'Avesta, maintenant ainsi la tradition orale alors même que les textes écrits se raréfiaient et étaient souvent cachés pour éviter qu'ils ne soient confisqués ou détruits par ceux qui les considéraient comme des reliques d'une religion dépassée.

Dans des communautés isolées, loin des centres politiques des califats islamiques, les zoroastriens ont trouvé une certaine sécurité pour poursuivre leurs pratiques. Des villes comme Yazd et Kerman sont devenues des bastions de la culture zoroastrienne, où les rituels de la Yasna et les prières à Ahura Mazda pouvaient encore être entendus. Ces enclaves ont servi de sanctuaires où les temples du feu ont été préservés, bien qu'avec beaucoup moins de grandeur qu'à l'époque de l'empire sassanide. Les feux sacrés, symboles de la présence divine, ont continué à brûler, devenant de puissants symboles de l'endurance zoroastrienne.

En ces temps d'adversité, la théologie zoroastrienne a évolué pour refléter les expériences de la communauté. Le concept d'Asha (ordre, vérité) et sa lutte éternelle contre le Druj (chaos, mensonge) ont gagné de nouvelles couches de signification, les zoroastriens interprétant leur marginalisation sociale et politique comme faisant partie d'une lutte cosmique. Cette perspective a constitué une source de résilience, la communauté se considérant comme la gardienne de la vérité dans un monde de plus en plus dominé par d'autres croyances. Cette vision a également favorisé un sentiment d'isolement spirituel, mais a renforcé la détermination de la communauté à préserver son identité unique.

L'adaptation des rituels à de nouvelles conditions était un élément crucial de la continuité du zoroastrisme. Alors que les célébrations publiques telles que Nowruz ont été réduites, de nombreuses familles ont continué à marquer ces occasions dans l'intimité de leur foyer, transmettant les coutumes aux jeunes générations. Les Gahambars - fêtes saisonnières célébrant la création d'éléments tels que l'eau, la terre et le feu - sont restés au cœur du calendrier zoroastrien, bien qu'avec des rites plus simples. Ces célébrations étaient des moments de solidarité communautaire, où les histoires de Zarathoustra et des anciens rois de Perse étaient racontées, entretenant ainsi la mémoire de leur héritage.

Le secret entourant les pratiques zoroastriennes s'étendait à l'étude des textes religieux. Les écritures Pahlavi, rédigées dans une langue qui n'était plus couramment parlée, sont devenues à la fois un dépôt de sagesse ancienne et un outil permettant de cacher les connaissances religieuses à ceux qui n'appartenaient pas à la communauté. Des textes comme le Denkard et le Bundahishn, qui fournissent des commentaires théologiques et des aperçus cosmologiques, ont été copiés et étudiés dans des coins tranquilles, garantissant que les enseignements de Zarathoustra ne se perdraient pas avec le temps. L'importance accordée par la communauté zoroastrienne à l'éducation, même dans ce contexte contraignant, a contribué à maintenir un lien avec ses racines spirituelles.

Alors que les zoroastriens s'adaptaient à leur nouvelle situation, leurs interactions avec la culture islamique qui les entourait ont entraîné des changements subtils dans leurs pratiques. Certaines coutumes zoroastriennes ont absorbé les influences des traditions islamiques persanes, mélangeant les éléments tout en conservant leur cadre théologique distinct. Ce mélange n'était pas un signe de reddition mais une stratégie de survie, permettant aux zoroastriens de naviguer dans leur double identité de sujets persans d'un califat islamique et d'adeptes d'une foi ancienne. Ils ont toutefois veillé à préserver les aspects fondamentaux de leur religion, tels que le respect du feu, la récitation des prières anciennes et les principes éthiques des bonnes pensées, des bonnes paroles et des bonnes actions.

La pérennité du zoroastrisme au cours de cette période dépendait également de sa capacité à s'adapter à l'évolution des structures sociales et économiques. De nombreux zoroastriens se sont tournés vers les métiers et l'artisanat, travaillant souvent comme artisans, tisserands et marchands - des professions qui leur permettaient d'opérer de manière quelque peu indépendante des activités économiques dominées par les guildes musulmanes. Grâce à ces activités, ils ont pu maintenir une certaine stabilité économique, ce qui a permis à leur communauté d'entretenir les temples du feu restants et d'éduquer les générations futures à la doctrine zoroastrienne.

Les défis de l'ère islamique ont également stimulé les migrations, conduisant certains zoroastriens à chercher refuge au-delà des frontières de la Perse. Ce mouvement, en particulier vers l'Inde, a jeté les bases de l'émergence de la communauté Parsi, qui allait devenir un centre dynamique de la vie zoroastrienne dans les siècles à venir. Cependant, ceux qui sont restés en Perse ont continué à maintenir leurs traditions, malgré les pressions de l'assimilation. L'histoire de leur persévérance témoigne de leur attachement profond aux enseignements de Zarathoustra et de leur espoir en une époque où leur foi pourrait à nouveau s'épanouir ouvertement.

La survie du zoroastrisme face à la conquête islamique illustre une interaction complexe entre adaptation et résistance. Les zoroastriens de Perse n'ont pas accepté passivement leur statut amoindri ; ils ont plutôt trouvé des moyens de négocier leur place dans une société transformée. Ils se sont accrochés à leurs traditions tout en s'adaptant aux nouvelles réalités, s'assurant ainsi que le cœur de leurs croyances puisse perdurer à travers les siècles. Leur résilience a permis au zoroastrisme de persister, même dans un monde où leurs temples anciens et leurs textes sacrés semblaient sur le point de disparaître.

Ce chapitre montre comment, grâce à ces formes subtiles de résistance, la communauté zoroastrienne a préservé son essence spirituelle et jeté les bases de futurs efforts de revitalisation. Les stratégies employées, qui vont du culte clandestin à la réinterprétation de leurs luttes dans le cadre d'un récit cosmique plus vaste, démontrent le pouvoir durable de la foi et de l'identité face à de profonds bouleversements culturels. Si la conquête islamique a fondamentalement remodelé le paysage de la Perse, elle n'a pas éteint la flamme de la croyance zoroastrienne, qui a continué à brûler, offrant une lueur d'espoir et de continuité à ceux qui suivaient toujours la voie de Zarathoustra.

Chapitre 24
La philosophie du libre arbitre

Dans la vision zoroastrienne du monde, le concept de libre arbitre est fondamental, car il façonne le paysage spirituel et éthique dans lequel chaque individu navigue dans son existence. Contrairement aux traditions déterministes, le zoroastrisme accorde une grande importance au pouvoir de choix, qu'il considère comme un don divin accordé par Ahura Mazda. Ce chapitre examine comment les enseignements de Zarathoustra articulent ce principe et la manière dont il s'entrelace avec la lutte cosmique entre Asha (ordre, vérité) et Druj (chaos, mensonge).

Dès les premiers passages des Gathas, les hymnes de Zarathoustra dans l'Avesta, le thème du libre arbitre apparaît comme un aspect déterminant de la relation de l'humanité avec le divin. Le message de Zarathoustra est clair : chaque personne a la capacité de choisir entre le bien et le mal, et ce choix n'est pas seulement un privilège mais un devoir sacré. Le monde, tel que le conçoivent les enseignements zoroastriens, est un champ de bataille où les choix humains font pencher la balance en faveur de l'ordre ou du chaos, en s'alignant sur les forces de la lumière ou de l'obscurité.

Le rôle des êtres humains en tant qu'agents moraux dans le grand ordre cosmique est au cœur de cette philosophie. Ahura Mazda, en tant que divinité suprême, a créé un monde où la lutte entre la vérité et le mensonge est omniprésente. Cependant, il n'a pas dicté l'issue du combat ; il a plutôt confié à chaque âme la responsabilité de choisir. Cette idée contraste avec d'autres croyances anciennes qui plaçaient souvent le destin entre les mains de dieux capricieux ou de forces cosmiques prédéterminées. Dans le zoroastrisme, les êtres humains sont considérés comme des co-créateurs de leur destin, capables de le façonner par leurs pensées, leurs paroles et leurs actions.

Cette croyance en l'action morale des individus est résumée dans la triade « Humata, Hukhta, Hvarshta » - Bonnes pensées, bonnes paroles, bonnes actions. Ce principe directeur souligne que chaque pensée, chaque mot prononcé et chaque action entreprise a des conséquences, non seulement pour l'individu, mais aussi pour le monde dans son ensemble. Choisir d'agir en accord avec Asha n'est donc pas simplement un choix moral personnel, mais une contribution au maintien de l'ordre cosmique. À l'inverse, succomber à Druj est perçu comme une aide aux forces des ténèbres, contribuant au déséquilibre de l'univers.

La notion de libre arbitre est également étroitement liée à la conception zoroastrienne de la récompense et du châtiment après la mort. La traversée du pont de Chinvat, où l'âme est jugée, n'est pas un simple test d'adhésion aux lois religieuses, mais une évaluation de la somme totale des choix effectués tout au long de la vie. C'est ici que le poids des décisions prises détermine si l'âme monte à la Maison du Chant (le Ciel) ou tombe dans l'abîme des ténèbres. Le pont, étroit pour les méchants et large pour les justes, symbolise la clarté ou la confusion d'une vie vécue dans la vérité ou le mensonge.

Pourtant, la doctrine du libre arbitre dans le zoroastrisme n'est pas présentée comme une source d'anxiété ou un fardeau. Au contraire, il s'agit d'un message de responsabilisation, qui offre l'espoir que même le plus petit acte de bonté contribue au triomphe de la lumière sur les ténèbres. Les enseignements de Zarathoustra célèbrent le potentiel de chaque individu à apporter des changements, tant dans son monde intérieur que dans la lutte cosmique au sens large. La conviction que chaque action a de l'importance renforce le sens de l'objectif et de l'action, guidant les zoroastriens à se considérer comme des participants actifs au plan divin plutôt que comme des bénéficiaires passifs du destin.

Ce sens de l'action s'étend, au-delà de l'individu, aux responsabilités collectives de la communauté. Le zoroastrisme insiste sur le fait que les fidèles, en s'unissant dans des actes de culte, de charité et d'entretien des temples du feu, renforcent Asha collectivement. Le rôle de la communauté est d'encourager chaque membre à faire des choix qui reflètent les valeurs de vérité, de pureté et d'harmonie avec le monde naturel, qui est également considéré comme une incarnation de l'ordre divin. Cette responsabilité partagée permet de cultiver une culture où la liberté de choisir est contrebalancée par la compréhension que chaque choix se répercute sur la trame de l'univers.

Dans ce cadre, le rôle d'Ahura Mazda n'est pas celui d'un dieu distant ou punitif, mais celui d'un créateur compatissant qui souhaite établir un partenariat avec sa création. La sagesse divine de Mazda offre des conseils, à travers les textes sacrés et les enseignements des Mobeds, mais elle ne dicte rien. Au contraire, elle invite les individus à exercer leur libre arbitre avec sagesse, à s'aligner sur l'ordre divin et à devenir des guerriers de la lumière dans la bataille en cours contre la tromperie d'Angra Mainyu. Cette perspective positionne Ahura Mazda comme une figure qui respecte l'autonomie humaine, offrant son soutien par le biais d'une vision spirituelle tout en permettant à chaque âme de tracer son chemin.

La lutte entre Asha et Druj n'est pas seulement externe mais profondément interne, une bataille menée dans le cœur et l'esprit de chaque adepte. Les enseignements zoroastriens comparent souvent cette lutte à l'entretien d'un feu sacré à l'intérieur de chaque personne. Tout comme les flammes dans les temples du feu requièrent soin et vigilance pour rester pures et brillantes, les individus doivent protéger leurs pensées et leurs désirs contre l'obscurité qui les envahit. Le libre arbitre est l'outil avec lequel les fidèles zoroastriens entretiennent leur feu intérieur, brûlant le mensonge et allumant la lumière de la vérité.

Grâce à cette compréhension du libre arbitre, le zoroastrisme présente une philosophie morale profonde qui relie les choix individuels à l'ordre cosmique. Il enseigne que chaque décision, aussi petite soit-elle, contribue à l'équilibre de l'univers. Cette philosophie est un appel à l'action, exhortant chacun à reconnaître sa capacité à façonner le monde qui l'entoure, à considérer chaque instant comme une occasion d'affirmer la vie, la vérité et la présence durable de la lumière au milieu des ombres.

Comme le montre ce chapitre, l'importance accordée au libre arbitre dans la pensée zoroastrienne n'a pas seulement façonné la vision du monde de ses adeptes, mais a également trouvé un écho dans des traditions philosophiques plus larges qui cherchent à comprendre la nature du choix et de la responsabilité de l'homme. Cette réflexion sur le concept de libre arbitre sert de base au chapitre suivant, qui approfondira les tensions entre liberté et destin dans la philosophie zoroastrienne, en explorant la manière dont ces idées continuent d'évoluer dans les interprétations modernes de la foi.

L'interaction entre le libre arbitre et le destin dans la pensée zoroastrienne offre une riche tapisserie de contemplation philosophique. Au cœur de cette exploration se trouve une tension : la liberté inhérente accordée aux humains par Ahura Mazda et la vision grandiose d'un monde façonné par les forces cosmiques. Ce chapitre examine la manière dont le zoroastrisme a géré cette tension, en réfléchissant aux enseignements anciens, aux débats entre érudits et aux interprétations modernes qui maintiennent ces idées pertinentes aujourd'hui.

L'un des principaux débats au sein de la philosophie zoroastrienne concerne les limites de la liberté humaine dans le contexte d'un plan cosmique divinement orchestré. Si les enseignements zoroastriens mettent en avant la capacité des individus à choisir leur voie, ils affirment également qu'Ahura Mazda, le sage créateur, a prévu la victoire finale de la lumière sur les ténèbres. Ce paradoxe apparent - les actions humaines sont libres, mais l'issue de la lutte cosmique est préétablie - a inspiré des générations de penseurs zoroastriens qui ont réfléchi à la nature du destin.

Dans la pensée zoroastrienne, le concept de Frashokereti, le renouvellement du monde, représente le point final de ce plan divin. C'est le moment où toute la création est purifiée et restaurée dans un état d'harmonie sous la domination d'Ahura Mazda. Cependant, le chemin qui mène à ce renouveau n'est pas un simple déroulement du destin. Il est envisagé comme un voyage qui requiert la participation active de l'humanité. Les fidèles sont appelés à aligner leur volonté sur les principes d'Asha, à combattre les forces de Druj et à s'efforcer d'atteindre cet avenir divin par leurs choix quotidiens.

Les enseignements de Zarathoustra suggèrent que si la Frashokereti est inévitable, le rôle que chaque individu joue dans le processus ne l'est pas. Les écritures soulignent que le moment et la nature de ce renouveau dépendent des choix moraux cumulés des humains. La volonté divine n'est donc pas coercitive ; elle invite plutôt à la coopération, offrant un destin que l'humanité doit choisir d'embrasser. C'est par cet alignement volontaire sur Asha que les zoroastriens participent au plan divin, hâtant le triomphe du bien.

Au fil des siècles, les érudits zoroastriens ont cherché à articuler cet équilibre entre la prédestination et le libre arbitre. Certains l'ont comparé à un jardinier qui s'occupe d'un jardin. Ahura Mazda, en tant que jardinier divin, met en place les conditions - soleil, sol, pluie - permettant aux plantes de pousser, mais c'est le choix de chaque graine, l'effort de chaque plante, qui détermine la façon dont elle prospère. Les humains sont donc comme des graines dans le jardin du monde, qui poussent en fonction de leurs choix, alors même que le jardinier divin veille sur le déroulement général des saisons.

Cette analogie s'étend également au concept du pont de Chinvat, qui relie le monde terrestre au monde spirituel. Le jugement auquel les âmes sont confrontées lorsqu'elles traversent le pont reflète la somme des actions qu'elles ont librement choisies. Cependant, même dans ce cas, les enseignements zoroastriens laissent une place à la miséricorde divine, reconnaissant que si les êtres humains sont liés par leurs choix, la sagesse d'Ahura Mazda transcende l'entendement humain et permet un équilibre entre justice et compassion. Cette perspective a été un point de réconfort pour de nombreux zoroastriens, offrant l'espoir que même lorsque les choix humains échouent, la vision divine reste celle d'une restauration ultime.

Dans les interprétations contemporaines du zoroastrisme, l'accent mis sur le libre arbitre continue de résonner, en particulier lorsque la foi rencontre les idées modernes sur l'autonomie, l'éthique et la responsabilité personnelle. Les zoroastriens d'aujourd'hui réfléchissent souvent à la manière dont leur ancienne tradition aborde des questions telles que la gestion de l'environnement, la justice sociale et les droits individuels. Le message selon lequel les choix de chacun peuvent avoir un impact sur le monde dans son ensemble s'aligne sur les mouvements contemporains qui prônent une citoyenneté active et un mode de vie éthique.

Pour de nombreux zoroastriens modernes, la lutte entre Asha et Druj est interprétée non seulement comme un combat métaphysique, mais aussi comme un appel à s'attaquer à des problèmes concrets tels que le changement climatique, les inégalités sociales et la préservation de l'héritage culturel. Le concept de libre arbitre permet aux croyants de se considérer comme des agents du changement, faisant écho à l'ancien appel de Zarathoustra à choisir la voie de la vérité et de la droiture. Cet engagement dynamique avec le monde permet au zoroastrisme de maintenir une voix pertinente dans les conversations éthiques mondiales, soulignant la signification durable de ses enseignements sur la liberté et la responsabilité.

Cependant, l'accent mis aujourd'hui sur l'autonomie soulève également de nouvelles questions. Comment conserver le sens de la liberté individuelle tout en reconnaissant le poids d'une tradition qui parle de destin cosmique ? Comment les principes du zoroastrisme s'adaptent-ils à un monde où beaucoup considèrent que le destin est moins divin et davantage façonné par des forces sociopolitiques ? Ces questions reflètent les dialogues internes qui ont longtemps façonné les communautés zoroastriennes, favorisant une tradition vivante qui évolue tout en restant enracinée dans ses valeurs fondamentales.

L'expérience zoroastrienne moderne reflète le désir d'harmoniser l'action personnelle avec la poursuite communautaire de l'Asha. Dans les communautés de la diaspora, où l'adaptation à de nouveaux contextes culturels est souvent nécessaire, l'accent mis sur le libre arbitre devient une source de force. Il permet aux zoroastriens de relever les défis du maintien de l'identité tout en s'intégrant dans des sociétés diverses, en les encourageant à faire des choix qui honorent à la fois leur héritage et les réalités de leur nouveau foyer.

Pour les jeunes générations de zoroastriens, les réflexions philosophiques sur le libre arbitre deviennent un pont entre la tradition et la modernité. Elles trouvent dans les enseignements de Zarathoustra une validation de leur désir d'une vie pleine de sens, où leurs actions ont une signification qui dépasse l'individu et résonne avec le récit cosmique plus large. L'idée que les choix de chacun contribuent au déroulement d'un plan divin leur donne un sens dans un monde qui leur semble souvent incertain et fragmenté.

L'exploration du libre arbitre dans le zoroastrisme, tant dans ses racines anciennes que dans ses interprétations modernes, souligne l'interaction dynamique entre l'action humaine et la sagesse divine. C'est une philosophie qui encourage à la fois l'humilité et la responsabilisation, demandant aux fidèles de reconnaître leurs limites tout en embrassant leur pouvoir de façonner le monde. Cette dualité, où coexistent le libre arbitre et la destinée divine, constitue la pierre angulaire de l'identité zoroastrienne, invitant les croyants à suivre une voie à la fois autonome et alignée sur les vérités éternelles d'Asha.

En quittant ce terrain philosophique, le récit s'oriente vers l'impact culturel plus large du zoroastrisme sur la société persane. Le chapitre suivant commencera à retracer la manière dont ces principes spirituels de libre arbitre, d'ordre et de lutte cosmique ont laissé leur marque sur l'art, l'architecture et la littérature de la Perse, révélant l'héritage indélébile de la pensée zoroastrienne dans le tissu culturel de la région. À travers ce voyage, nous verrons comment les valeurs zoroastriennes ont transcendé les frontières religieuses, façonnant un héritage culturel qui continue d'inspirer le monde d'aujourd'hui.

Chapitre 25
Influence sur la culture persane

Les fils du zoroastrisme sont profondément tissés dans la riche tapisserie de la culture persane. De l'architecture grandiose des palais anciens à la poésie complexe qui résonne à travers les âges, l'influence de cette foi ancienne a profondément façonné l'identité culturelle de la Perse. Retracer cet impact, c'est suivre l'ombre des enseignements de Zarathoustra à travers les siècles, en observant comment les valeurs de l'Asha, la lutte cosmique contre le Druj et la révérence pour le divin trouvent leur expression dans les arts, les structures sociétales et même les valeurs tacites qui définissent la vie persane.

Au cœur de cette influence culturelle se trouve l'accent zoroastrien sur la dualité - l'interaction éternelle entre la lumière et les ténèbres, le bien et le mal. Ce concept n'est pas seulement une construction théologique ; il a inspiré le symbolisme que l'on retrouve dans les arts visuels de la Perse. Dans les reliefs et les motifs architecturaux de la Perse ancienne, le thème de la lutte entre l'ordre et le chaos apparaît souvent. L'image du Faravahar, dont la forme ailée représente le voyage de l'âme humaine vers la vérité divine, est un motif qui a perduré dans l'iconographie persane, symbolisant le lien entre le terrestre et le spirituel.

Dans l'architecture de la Perse ancienne, la vénération zoroastrienne pour les éléments naturels tels que le feu et l'eau est évidente. Les temples du feu, avec leurs flammes sacrées, servaient non seulement de lieux de culte, mais aussi de centres de cohésion communautaire et culturelle. Leur conception reflète le principe zoroastrien selon lequel le feu, symbole de pureté, doit être protégé des éléments tout en restant un lien visible avec Ahura Mazda. Cette volonté de protéger le sacré tout en permettant à sa lumière de briller à l'extérieur reflète les valeurs d'équilibre et de respect qui imprègnent la société persane. Même dans l'Iran moderne, des vestiges de ces anciens temples et de leur influence sont visibles dans la conception architecturale des espaces publics et privés, où l'équilibre entre la forme et la fonction fait écho à ces principes anciens.

L'influence du zoroastrisme s'étend au-delà de la pierre et de la structure ; elle chante à travers la poésie et la littérature de la Perse. Les œuvres des poètes persans classiques, comme le Shahnameh de Ferdowsi, l'épopée des rois persans, portent en elles les fils de la cosmologie et des valeurs morales zoroastriennes. Ferdowsi, qui a écrit longtemps après que le zoroastrisme eut cessé d'être la religion d'État, s'est inspiré des anciens mythes et histoires des héros zoroastriens et des batailles entre la lumière et les ténèbres. Ses vers, tissés d'images de la justice divine et de la lutte éternelle contre la tromperie, font écho aux impératifs moraux prêchés par Zarathoustra. Grâce à ces œuvres, les idéaux zoroastriens de courage, de vérité et de lutte pour la justice ont été préservés et célébrés, alors même que le paysage religieux de la Perse se transformait.

La célébration de festivals tels que Nowruz, le Nouvel An perse, révèle également un héritage zoroastrien antérieur de plusieurs millénaires à l'islam. Le Norouz, enraciné dans la cosmologie zoroastrienne, marque la renaissance de la nature et le triomphe de la lumière sur les ténèbres avec l'arrivée du printemps. Bien que ce festival soit aujourd'hui adopté par de nombreux groupes culturels et religieux, ses racines zoroastriennes sont évidentes dans les rituels qui l'accompagnent, rituels qui honorent les éléments, allument des bougies et mettent l'accent sur le renouveau et la purification. Cette célébration n'est pas seulement un moment de joie, mais aussi le reflet de la croyance ancienne en la nature cyclique de l'existence, où chaque renouvellement est une chance de s'aligner plus étroitement sur Asha.

Dans le domaine de la gouvernance, le concept de royauté de l'ancienne Perse était fortement influencé par les idéaux zoroastriens. La notion de Shahanshah, ou « roi des rois », était liée à l'idée qu'un souverain devait incarner les principes d'Asha. Un roi juste devait être le reflet de l'ordre divin sur terre, régnant avec sagesse et équité en tant que serviteur d'Ahura Mazda. Cette croyance a façonné l'idéologie impériale perse, de l'empire achéménide à la dynastie sassanide, où les rois se présentaient souvent comme des élus d'Ahura Mazda, luttant contre les forces du chaos. Les gravures rupestres et les inscriptions de ces époques, comme celles de Persépolis, témoignent de cette dimension spirituelle du pouvoir, où la puissance terrestre est perçue comme une extension de l'harmonie cosmique.

L'influence du zoroastrisme se manifeste également dans les pratiques culturelles quotidiennes de la société perse, en particulier dans le respect de la propreté et l'importance accordée à la vérité, qui étaient des principes centraux des enseignements de Zarathoustra. Des pratiques telles que l'utilisation de l'encens pour la purification des maisons, l'observation de rituels pour honorer les éléments et l'importance accordée au fait de dire la vérité reflètent une continuité des valeurs zoroastriennes qui ont subtilement persisté à travers les générations, même si le contexte religieux de la Perse a évolué. Ces valeurs ont façonné les normes sociales, favorisant une culture qui valorise l'honneur, l'hospitalité et les responsabilités éthiques de l'individu envers sa communauté.

Même le jardin persan traditionnel, connu sous le nom de paradis ou pairi-daeza, s'inspire du symbolisme zoroastrien. Ces jardins étaient conçus pour représenter l'idéal d'un ordre céleste sur terre - une oasis d'harmonie, où l'eau coule librement et où les plantes poussent en abondance, reflétant la création divine telle qu'envisagée par Ahura Mazda. L'espace clos du jardin symbolisait la lutte pour maintenir l'ordre et la beauté face au chaos du désert, tout comme le combat spirituel contre Druj. Cette esthétique de l'harmonie avec la nature reste un élément cher à l'art et à l'architecture persans, influençant tout, de l'aménagement urbain à la disposition des cours familiales.

En outre, l'impact culturel du zoroastrisme est perceptible dans la musique persane qui, à l'instar des anciens chants rituels, cherche souvent à jeter un pont entre les mondes matériel et spirituel. Les mélodies traditionnelles font écho aux invocations à Ahura Mazda et célèbrent les thèmes de la nature, de l'amour et de la danse éternelle entre la lumière et les ténèbres. La musique a servi de vaisseau pour la transmission des thèmes zoroastriens, offrant un rappel subtil mais durable de l'ancienne vision du monde qui guidait autrefois le peuple de Perse.

En explorant ces couches d'influence, il apparaît clairement que le zoroastrisme a laissé une marque indélébile sur le paysage culturel persan. Il a façonné une vision du monde à la fois mystique et pratique, où le cosmique et le banal s'entremêlent. Cette influence perdure, non seulement dans les vestiges de pierre des temples anciens ou dans les mots de poètes vénérés, mais aussi dans le rythme même de la vie dans l'Iran moderne, où les échos anciens des enseignements de Zarathoustra peuvent encore être entendus, même au milieu des changements apportés par le temps.

Le prochain chapitre poursuivra cette exploration, en approfondissant la manière dont le zoroastrisme a influencé les courants intellectuels et artistiques de la littérature et de la philosophie persanes classiques, et comment les échos de cette foi ancienne continuent de façonner l'identité iranienne moderne. Au fur et à mesure que nous avançons, le récit révèle l'héritage durable de la pensée zoroastrienne, retraçant la façon dont elle s'est insérée dans le cœur culturel et intellectuel de la Perse, façonnant un patrimoine qui transcende les frontières religieuses et le temps.

Les échos de la pensée zoroastrienne s'étendent au-delà des monuments physiques et des structures historiques, résonnant profondément dans les traditions intellectuelles et artistiques de la littérature persane classique. Cette influence est plus qu'un vestige d'anciennes croyances ; c'est un courant qui a façonné l'imagination philosophique et poétique de la Perse, conférant une profondeur unique à son héritage littéraire. Les poètes, philosophes et érudits persans ont puisé dans les thèmes zoroastriens, explorant les mystères de l'existence, la nature du bien et du mal et l'ordre cosmique à travers le prisme des anciens enseignements de Zarathoustra.

Dans la poésie de Rumi, Hafez et Saadi, le dualisme qui définit la cosmologie zoroastrienne - lumière et ténèbres, vérité (Asha) et tromperie (Druj) - trouve une nouvelle expression, même si ces poètes ont écrit dans le contexte de la Perse islamique. Leurs vers, remplis de métaphores de la lumière comme une vérité divine qui illumine l'âme et de l'obscurité comme un voile d'ignorance, portent un sens sous-jacent de la lutte éternelle que le zoroastrisme a articulée des siècles auparavant. L'imagerie du feu, symbole de pureté spirituelle, et l'aspiration de l'âme à se réunir avec une lumière supérieure, font écho aux rituels zoroastriens où le feu est le moyen par lequel le divin se manifeste. Cette subtile continuité montre comment les idées zoroastriennes ont imprégné la pensée persane, façonnant un paysage spirituel riche en couches de sens.

Le concept d'ordre divin, central dans le zoroastrisme, imprègne également la philosophie persane. Des penseurs tels qu'Avicenne (Ibn Sina) et Suhrawardi se sont profondément intéressés à l'idée d'un univers ordonné, s'inspirant à la fois de l'ancienne cosmologie zoroastrienne et des traditions philosophiques plus récentes qui se sont mélangées en Perse. La philosophie de l'illumination de Suhrawardi, par exemple, est imprégnée de la métaphore de la lumière comme symbole de la connaissance et de la vérité divine. Bien que Suhrawardi travaille dans un cadre islamique, l'accent qu'il met sur l'émanation de la lumière à partir d'une source centrale ressemble étrangement aux concepts zoroastriens d'Ahura Mazda en tant que lumière de la création, une présence qui imprègne le cosmos et lui donne de l'ordre.

Dans la littérature persane classique, les récits épiques comme le Shahnameh sont plus que de simples chroniques de rois et de héros ; ils témoignent de l'influence de la vision zoroastrienne du monde sur l'éthique de la royauté et du leadership. Les figures légendaires de Rustam et d'autres héros sont dépeintes non seulement comme des guerriers, mais aussi comme des défenseurs d'Asha, s'efforçant de maintenir la justice et l'équilibre dans le monde. En tissant ces récits anciens, Ferdowsi a veillé à ce que le sens zoroastrien de la responsabilité morale - où la lutte contre le chaos est un devoir divin - reste un élément essentiel de l'identité persane. Grâce à son épopée, les histoires anciennes de la création, la bataille entre le bien et le mal et les enseignements de Zarathoustra ont continué à trouver un écho auprès des lecteurs persans longtemps après la chute officielle du zoroastrisme en tant que religion d'État.

Cette influence ne se limite pas à la littérature et à la philosophie ; elle s'étend aux codes sociaux et à l'éthique qui ont façonné la culture persane au fil des millénaires. Les concepts de mehr (amour, amitié) et de dad (justice) qui sous-tendent l'éthique persane reflètent les idéaux zoroastriens, soulignant l'importance de l'harmonie communautaire, de la charité et de la justice sociale. Ces valeurs, dérivées des enseignements de Zarathoustra, sont ancrées dans la manière dont la société persane a traditionnellement abordé l'hospitalité et le respect mutuel, créant ainsi une culture qui valorise l'interconnexion de toutes les formes de vie.

Au fur et à mesure de son évolution, la culture persane a continué à mélanger et à réinterpréter ces éléments zoroastriens avec de nouvelles influences, créant ainsi une identité syncrétique unique. Par exemple, les traditions mystiques persanes décrivent souvent le voyage de l'âme comme un chemin vers la lumière, une quête de la flamme intérieure qui reflète les notions zoroastriennes de l'étincelle divine en chaque individu. Ce voyage est perçu comme un retour à l'unité originelle, faisant écho aux idées zoroastriennes sur la responsabilité de l'âme de s'aligner sur Asha et de rejeter les tentations de Druj. Même si le mysticisme persan a pris des formes islamiques, l'accent zoroastrien sur la lumière, le feu et la purification intérieure est resté un élément fondamental des récits spirituels de l'époque.

L'influence du zoroastrisme sur la langue persane est un autre témoignage de son héritage durable. De nombreux termes et expressions idiomatiques de la langue persane qui font référence aux concepts de vérité, d'ordre et de pureté trouvent leur origine dans le vocabulaire théologique zoroastrien. Des mots comme Asha (vérité, droiture) ont évolué mais conservent leur résonance, guidant subtilement le cadre moral dans lequel la société persane discute de la vertu et de l'éthique. Même les expressions utilisées dans la vie quotidienne, telles que les bénédictions ou les références aux éléments naturels, portent des échos de la révérence zoroastrienne pour les dimensions physiques et spirituelles du monde.

La continuité des éléments zoroastriens dans la culture persane a également joué un rôle dans la formation de l'identité iranienne moderne, notamment dans la façon dont les Iraniens se considèrent comme les gardiens d'un héritage ancien, antérieur à l'islam. Dans l'Iran moderne, les fêtes zoroastriennes telles que Nowruz sont célébrées non seulement pour leur importance culturelle, mais aussi comme un symbole de continuité, un rappel d'un passé où les rois perses régnaient sur la base d'un mandat divin selon les principes d'Asha. Ces festivals sont devenus une source de fierté et un marqueur de l'identité culturelle, soulignant un lien profond avec les racines préislamiques du pays. Ce sentiment de continuité culturelle est évident dans la fierté qu'éprouvent de nombreux Iraniens à l'égard des ruines antiques de Persépolis et dans la vénération qu'ils portent à des personnages tels que Cyrus le Grand, dont le règne a été façonné par les idéaux zoroastriens de justice et de droiture.

Dans la diaspora également, les symboles et les valeurs zoroastriennes continuent de servir de pont entre le passé et le présent, offrant une source d'identité à ceux qui cherchent à maintenir un lien avec leur héritage. Les communautés persanes du monde entier se sont inspirées des concepts zoroastriens pour s'adapter à la vie dans de nouveaux pays, utilisant ces enseignements anciens comme une boussole morale et un lien avec leurs racines culturelles. Cela a permis au zoroastrisme de conserver sa pertinence, non pas en tant que système de croyance statique, mais en tant que tradition vivante qui s'adapte et évolue.

La synthèse philosophique et culturelle qui a émergé en Perse a créé un héritage où le zoroastrisme, bien qu'il ne soit plus la foi dominante, continue de façonner le paysage spirituel et intellectuel. C'est un héritage où les enseignements anciens se mêlent harmonieusement aux traditions plus récentes, où les échos des paroles de Zarathoustra résonnent dans les chants des poètes, les dessins des jardins et les méditations des philosophes. Cet héritage persiste dans la façon dont la culture persane valorise l'équilibre entre les mondes matériel et spirituel, entre l'action et la réflexion, entre la quête de la connaissance et la recherche de la vérité intérieure.

Ainsi, le zoroastrisme s'est avéré être plus qu'un chapitre de l'histoire de la Perse ; c'est un fil qui traverse tout le tissu de la culture iranienne, une constante qui perdure au milieu des changements. Il a laissé une marque indélébile sur les expressions artistiques et intellectuelles de la civilisation persane, influençant la façon dont les Iraniens se perçoivent eux-mêmes et leur place dans le monde. Cette profonde empreinte culturelle témoigne de la sagesse durable de Zarathoustra, dont les enseignements continuent d'illuminer l'esprit persan, le guidant vers une vision du monde où la lumière et la vérité sont éternellement recherchées.

Les prochains chapitres exploreront la perspective zoroastrienne sur la nature, l'éthique environnementale et le lien profond entre le devoir spirituel et le monde naturel, en soulignant comment les principes anciens continuent d'éclairer la conscience écologique moderne. En tournant notre regard vers ces enseignements, nous découvrirons comment le respect de la création, au cœur de la pensée zoroastrienne, s'aligne sur les efforts contemporains pour honorer et protéger l'environnement.

Chapitre 26
L'éthique environnementale

Dans le zoroastrisme, la nature n'est pas simplement une toile de fond pour l'existence humaine - elle fait partie intégrante de l'ordre cosmique, reflet de la création divine d'Ahura Mazda. Cette foi ancienne considère le monde comme un espace sacré, où chaque élément, de la plus petite goutte d'eau aux montagnes imposantes, est imprégné d'une signification spirituelle. La terre, le ciel, l'eau, les plantes et le feu sont tous considérés comme sacrés, et les zoroastriens ont la responsabilité profonde de protéger ces éléments, reconnaissant leur rôle de gardiens de la création.

La vénération de la nature dans les enseignements zoroastriens découle de la compréhension du fait que le monde physique est une manifestation d'Asha, le principe de la vérité, de l'ordre et de la droiture. Asha régit non seulement la moralité humaine, mais aussi les lois mêmes de la nature, en alignant les cycles des saisons, la croissance des cultures et le débit des rivières sur un objectif divin. Le monde est considéré comme un champ de bataille où les forces de l'ordre, représentées par Asha, doivent continuellement être maintenues contre le chaos de Druj, ou mensonge. Dans ce contexte, la protection de l'environnement n'est pas seulement un choix éthique, c'est un devoir spirituel, un acte de dévotion qui maintient l'équilibre cosmique.

Au cœur de l'éthique environnementale zoroastrienne se trouve le concept de Khvarenah, ou gloire divine, dont on pense qu'elle est présente dans tous les aspects de la création. Cette énergie sacrée imprègne le monde naturel et en fait une source de nourriture spirituelle pour l'humanité. Lorsque les zoroastriens entretiennent un jardin, protègent une source d'eau ou s'occupent d'animaux, ils s'engagent dans des actes qui honorent la présence divine dans le monde qui les entoure. Cette perspective encourage une relation harmonieuse entre l'homme et son environnement, favorisant un sentiment d'interconnexion où le bien-être de la nature est directement lié au bien-être de l'âme.

L'eau, par exemple, occupe une place particulièrement estimée dans la cosmologie zoroastrienne. Elle est vénérée comme un purificateur et un symbole de vie, représentant le flux des bénédictions d'Ahura Mazda. L'ancienne pratique de l'Ab-Zohr, offrande rituelle à l'eau, souligne le profond respect des zoroastriens pour cet élément. Dans les régions de la Perse où la rareté de l'eau a toujours été un défi, ce respect s'est traduit par une gestion prudente des ressources en eau. La construction de qanats (systèmes d'irrigation souterrains) par les communautés zoroastriennes dans les temps anciens reflète le désir d'utiliser les ressources naturelles de manière durable, en veillant à ce que cet élément précieux soit préservé pour les générations futures.

De même, la terre est considérée comme une entité vivante qui doit être protégée de la contamination et de la souillure. Les écritures zoroastriennes, telles que le Vendidad, contiennent des instructions sur la manière de traiter la terre avec respect, soulignant qu'elle ne doit pas être polluée par des déchets ou des pratiques nuisibles. L'élimination des corps, par exemple, se fait au moyen de dakhmas ou « tours de silence », où les morts sont exposés aux éléments plutôt qu'enterrés, afin d'éviter de contaminer le sol. Cette pratique, bien que mal comprise par les étrangers, est enracinée dans le profond respect zoroastrien pour la pureté de la terre et son rôle de force vitale.

Le feu, autre élément crucial de la pratique zoroastrienne, n'est pas seulement un symbole d'illumination spirituelle, mais aussi un rappel de l'énergie qui alimente le monde naturel. Le soin apporté aux feux sacrés dans les temples zoroastriens reflète le soin qui doit être apporté aux sources naturelles d'énergie, telles que la chaleur du soleil et les forces vitales qui soutiennent la vie. L'impératif éthique de protéger le feu de la pollution s'étend métaphoriquement au devoir plus large de maintenir la pureté et la durabilité des ressources de la terre.

La vénération des animaux fait également partie de l'éthique environnementale zoroastrienne. Les créatures telles que les chiens et les vaches jouissent d'un statut particulier, car on pense qu'elles ont un lien direct avec l'ordre divin. Le meurtre d'animaux bénéfiques est considéré comme un grave péché dans le zoroastrisme, car il perturbe l'équilibre de la création. Au contraire, les zoroastriens sont encouragés à prendre soin des animaux, en leur fournissant nourriture et protection, reflétant ainsi une éthique plus large de compassion et de respect pour tous les êtres vivants. Cette approche est évidente dans les textes zoroastriens anciens qui préconisent un traitement éthique du bétail, reconnaissant son rôle dans le maintien de la vie humaine par le biais de l'agriculture et de l'alimentation.

Au-delà de ces pratiques spécifiques, la vision zoroastrienne du monde encourage un mode de vie qui minimise les dommages causés à l'environnement. La simplicité des rituels zoroastriens, qui impliquent souvent des offrandes de fleurs, de fruits et d'encens, contraste avec les pratiques susceptibles d'exploiter ou de dégrader les ressources naturelles. Cette retenue est considérée comme une forme d'asha en action - un effort conscient pour vivre en harmonie avec le monde plutôt que d'exercer une domination sur lui.

Les enseignements zoroastriens soulignent également l'importance de maintenir un environnement propre et pur, tant à l'extérieur qu'à l'intérieur. Les actes rituels de nettoyage et de purification s'étendent aux espaces physiques habités par les zoroastriens, qu'il s'agisse de maisons, de temples ou de lieux publics. L'importance accordée à la propreté n'est pas seulement une question d'hygiène, mais aussi une discipline spirituelle qui reflète la lutte cosmique contre l'impureté et le désordre. En veillant à la propreté de leur environnement, les zoroastriens pensent contribuer à la lutte contre les forces de Druj, en repoussant symboliquement le chaos et la décadence.

Dans le monde moderne, où la crise écologique pose un défi profond à la survie de notre planète, ces principes anciens offrent une perspective opportune. Le respect du zoroastrisme pour le monde naturel, l'importance qu'il accorde à la gestion des ressources et la reconnaissance du caractère sacré de toute la création trouvent un écho profond dans l'environnementalisme contemporain. Alors que les sociétés sont aux prises avec le changement climatique, la pollution et l'épuisement des ressources, l'appel zoroastrien à vivre en harmonie avec la nature rappelle la dimension spirituelle de la responsabilité écologique.

Pour les zoroastriens d'aujourd'hui, l'adaptation de ces enseignements anciens aux réalités contemporaines implique de concilier tradition et innovation. Si les pratiques de leurs ancêtres ne sont pas toutes applicables dans les contextes modernes, les principes sous-jacents de respect de la nature et de mode de vie durable continuent de guider leur approche des questions environnementales. Dans les communautés du monde entier, les zoroastriens participent à des campagnes de plantation d'arbres, à des efforts de conservation de l'eau et à des actions de défense de l'environnement, cherchant à vivre l'ancien mandat de protéger et de chérir la création d'Ahura Mazda.

Ce sens du devoir envers la terre, transmis depuis des millénaires, souligne la pertinence durable de l'éthique environnementale zoroastrienne. Il offre une vision dans laquelle la spiritualité et la durabilité ne sont pas séparées, mais entrelacées, où la protection du monde est considérée comme un reflet de la protection de l'ordre divin lui-même. Cette perspective encourage non seulement les zoroastriens, mais aussi l'ensemble de l'humanité, à repenser leur relation avec la nature, en reconnaissant qu'en protégeant la terre, ils préservent également une confiance sacrée.

Dans le chapitre suivant, l'exploration de l'éthique environnementale zoroastrienne se poursuivra et nous approfondirons les façons spécifiques dont ces enseignements ont été mis en pratique à travers l'histoire et leur potentiel d'inspiration pour les approches modernes de la gestion de l'environnement. Le voyage à travers la sagesse ancienne révèle des voies qui peuvent nous guider pour relever les défis environnementaux urgents de notre époque, en s'appuyant sur les principes durables d'Asha et sur le respect intemporel du monde naturel.

Au fil des siècles, l'approche zoroastrienne de la préservation de l'environnement a évolué, reflétant à la fois la sagesse ancienne et les défis changeants auxquels sont confrontées les communautés. Les principes de respect de la nature et de gestion responsable sont restés constants, mais l'application de ces idées s'est adaptée aux contextes des différentes époques, en particulier lorsque les zoroastriens ont migré et ont été confrontés à de nouveaux paysages et conditions environnementales.

La diaspora zoroastrienne, notamment les Parsis en Inde, a emporté avec elle un respect de la nature profondément ancré dans sa foi. Dans le sous-continent indien, le paysage diffère considérablement du terrain sec et accidenté de l'ancienne Perse, et les zoroastriens ont dû trouver de nouvelles façons d'exprimer leurs valeurs environnementales. L'ancien principe du maintien de la pureté des éléments tels que l'eau et la terre est resté crucial, et les Parsis ont adopté des pratiques visant à préserver le caractère sacré de ces éléments dans leur nouvelle patrie.

Un aspect notable est l'adaptation des dakhmas, ou « tours de silence ». En Inde, ces structures étaient soigneusement placées dans des environnements naturels, permettant aux éléments - la lumière du soleil, l'air et les oiseaux - de rendre le défunt au cycle de la nature sans contaminer la terre. Bien que la pratique des enterrements dans le ciel ait connu des difficultés à l'époque moderne, notamment en raison de l'urbanisation et des inquiétudes suscitées par la diminution de la population d'oiseaux charognards, la philosophie sous-jacente demeure : le défunt doit être rendu à la nature sans en perturber l'équilibre. Cette approche illustre la volonté zoroastrienne d'aligner les rituels mortuaires sur l'éthique environnementale, en minimisant l'impact sur la terre.

Outre les pratiques funéraires, l'aménagement d'espaces sacrés tels que les temples Atash Behram et les jardins qui les entourent met en évidence l'importance accordée par les zoroastriens à la verdure et à la préservation de la nature. Ces jardins, souvent remplis de plantes luxuriantes et de pièces d'eau sereines, rappellent le lien entre la pratique spirituelle et la nature. Ils constituent un espace de contemplation et de rassemblement communautaire, où le caractère sacré de la terre est honoré par l'acte de prendre soin des êtres vivants. Les soins apportés à ces jardins reflètent l'engagement zoroastrien plus large en faveur du maintien de l'harmonie avec l'environnement.

Au cours des dernières décennies, avec la prise de conscience mondiale de la dégradation de l'environnement, les communautés zoroastriennes ont trouvé de nouveaux moyens d'intégrer les principes anciens dans les mouvements écologiques contemporains. Cette adaptation est évidente dans des initiatives telles que les campagnes de plantation d'arbres organisées par les associations zoroastriennes, les efforts de conservation de l'eau dans les régions arides et les programmes éducatifs qui soulignent l'importance de la protection des écosystèmes locaux. Ces activités modernes sont considérées comme des prolongements de l'ancien devoir de respecter l'Asha, en appliquant la sagesse du passé pour répondre aux préoccupations urgentes du présent.

L'accent mis sur la conservation de l'eau reste particulièrement fort, faisant écho aux enseignements de l'Avesta, qui prône l'eau comme une force vitale qui doit être protégée de la pollution. Dans des pays comme l'Iran, où la sécheresse et la pénurie d'eau constituent des défis majeurs, les zoroastriens ont participé à des projets communautaires visant à gérer les ressources en eau de manière durable. Cela implique non seulement des pratiques traditionnelles telles que l'entretien des qanats - les anciens aqueducs souterrains - mais aussi le soutien aux méthodes modernes de recyclage de l'eau et d'irrigation efficace. La vénération spirituelle pour l'eau trouve ainsi une nouvelle expression dans des solutions technologiques visant à préserver cette précieuse ressource pour les générations futures.

Les principes de l'éthique environnementale du zoroastrisme ont également trouvé un écho dans les mouvements mondiaux en faveur de la préservation de l'environnement et du développement durable. Des concepts tels que l'éco-théologie -

l'idée que les croyances religieuses peuvent inspirer l'activisme environnemental - ont gagné du terrain, les zoroastriens offrant une perspective unique enracinée dans leurs anciennes traditions. En mettant l'accent sur l'interconnexion de toutes les formes de vie et sur la responsabilité morale de protéger la planète, les zoroastriens apportent une voix qui mêle spiritualité et conscience écologique, plaidant pour un monde où le caractère sacré de la nature est reconnu et respecté.

En outre, la croyance zoroastrienne dans le renouvellement cyclique du monde, incarnée par le concept de Frashokereti, est un message puissant pour l'environnementalisme contemporain. Cette vision eschatologique décrit un avenir où le monde est purifié et restauré dans son état originel de perfection, libéré de la corruption du mal et de la décadence. Cet espoir d'un renouveau de la création correspond aux aspirations modernes d'un avenir durable, où les actions humaines peuvent conduire à la guérison des dommages écologiques et au rétablissement de l'équilibre dans le monde naturel.

Dans les régions où les zoroastriens ont émigré, comme l'Amérique du Nord, l'Australie et l'Europe, leur éthique environnementale a été davantage influencée par les efforts de conservation locaux et l'accent mis sur la réduction de l'empreinte carbone. Les jeunes zoroastriens, en particulier, se sont engagés dans l'activisme environnemental, créant des dialogues entre leur héritage religieux et les approches scientifiques contemporaines du changement climatique. Cet engagement reflète une volonté de réinterpréter les enseignements anciens à la lumière des nouvelles connaissances, en veillant à ce que les valeurs fondamentales du respect de la nature continuent à guider leurs actions.

Le rôle des festivals a également pris une nouvelle importance dans le contexte de la prise de conscience environnementale. Des célébrations telles que Nowruz, le Nouvel An perse, ont traditionnellement impliqué des rituels qui honorent l'arrivée du printemps et le renouveau de la vie. Aujourd'hui, les zoroastriens profitent de ces occasions pour promouvoir la sensibilisation à l'environnement, en organisant des événements qui soulignent l'importance de planter des arbres, de nettoyer les espaces publics et de favoriser une meilleure appréciation du monde naturel. Ces activités servent de pont entre les dimensions spirituelles et écologiques du zoroastrisme, reliant les anciens rites saisonniers aux appels contemporains à la gestion de l'environnement.

L'évolution de ces pratiques ne s'est pas faite sans difficultés. La tension entre le maintien des coutumes traditionnelles et l'adaptation aux nouveaux contextes environnementaux a parfois conduit à des décisions difficiles au sein de la communauté. Pourtant, la capacité à s'adapter tout en restant fidèle aux principes fondamentaux a été une caractéristique déterminante de la résilience zoroastrienne. Elle reflète la conviction que l'essence de l'Asha reste inchangée, même si les façons de l'exprimer peuvent changer avec le temps et les circonstances.

L'éthique environnementale zoroastrienne offre un cadre de vision du monde qui transcende la simple gestion des ressources. Il s'agit d'une vision dans laquelle le monde naturel est à la fois un don et une responsabilité, une source d'inspiration spirituelle qui exige soin et respect. Alors que les communautés mondiales sont aux prises avec les réalités du changement climatique, de la pollution et de la perte de biodiversité, l'ancienne sagesse du zoroastrisme nous rappelle que la quête de la durabilité n'est pas seulement une entreprise pratique, mais qu'elle est profondément spirituelle.

En explorant la profondeur de ces enseignements, nous découvrons que le zoroastrisme encourage une perspective dans laquelle les humains ne sont pas des dominateurs de la terre, mais des participants à son histoire divine, à qui l'on confie un rôle à la fois humble et sacré. Cette perspective invite tous les individus, quelle que soit leur origine, à considérer la préservation de l'environnement comme un devoir moral commun et à chercher des moyens de vivre en harmonie avec le monde naturel.

Au fil des chapitres suivants, la pertinence durable de ces principes environnementaux continuera de se manifester.

L'intégration des croyances anciennes aux défis écologiques contemporains offre une voie à suivre, suggérant que la sagesse du passé peut éclairer la voie vers un avenir plus durable et spirituellement adapté. À travers le prisme du zoroastrisme, l'appel à protéger notre monde résonne non seulement comme une question de survie, mais aussi comme un acte de dévotion aux principes durables qui lient toutes les formes de vie entre elles.

Chapitre 27
Vérité et honnêteté

Dans le zoroastrisme, la vérité n'est pas un simple concept, mais l'essence même de l'ordre cosmique, incarné par le principe d'Asha. Asha est la vérité fondamentale qui sous-tend toute la création, une loi universelle qui régit l'équilibre entre la lumière et les ténèbres, le bien et le mal, l'ordre et le chaos. Il ne s'agit pas seulement d'une réalité passive, mais d'une force dynamique qui façonne les actions de chaque croyant, le guidant vers la droiture et l'intégrité morale. La conception zoroastrienne de la vérité imprègne donc tous les aspects de la vie, formant le cœur de la pratique spirituelle et des valeurs sociétales.

Au cœur de l'éthique zoroastrienne se trouve la triade Humata, Hukhta, Hvarshta - les bonnes pensées, les bonnes paroles et les bonnes actions. Cette triade représente l'incarnation d'Asha dans la conduite humaine, incitant les individus à aligner leurs pensées, leurs paroles et leurs actions sur l'ordre cosmique. Penser vrai, c'est harmoniser son monde intérieur avec les principes divins d'Ahura Mazda ; parler vrai, c'est apporter clarté et honnêteté dans le monde ; et agir vrai, c'est manifester Asha dans les interactions quotidiennes.

L'importance de la vérité dans le zoroastrisme s'étend aux responsabilités de la communauté et des dirigeants. Des anciennes cours des empereurs perses aux rassemblements modernes des associations zoroastriennes, il est primordial que les dirigeants respectent Asha. Les paroles de Zarathoustra, telles qu'elles sont consignées dans les Gathas, soulignent le devoir des dirigeants d'agir en tant que bergers de leur peuple, en veillant à ce que leur gouvernance soit ancrée dans la justice et la vérité. Cette attente ne se limite pas à l'autorité politique, mais se manifeste également dans le rôle des Mobeds, les prêtres chargés d'interpréter les textes sacrés et de guider la communauté. Pour un Mobed, la véracité est essentielle non seulement dans l'accomplissement des rituels, mais aussi dans la préservation des enseignements de Zarathoustra, en veillant à ce que la sagesse de l'Avesta soit transmise sans distorsion.

Dans la vie de tous les jours, la recherche de la vérité est un engagement personnel pour chaque zoroastrien. Cet engagement est particulièrement évident lorsqu'il s'agit de mettre l'accent sur l'honnêteté dans toutes les transactions, que ce soit dans les affaires, les relations familiales ou les interactions sociales. Dans les communautés zoroastriennes traditionnelles, la réputation d'un individu est étroitement liée à son adhésion aux principes d'Asha. Être connu comme une personne de vérité et d'intégrité est considéré comme l'un des plus grands honneurs, reflétant une vie qui reflète l'ordre cosmique.

Le respect des Zoroastriens pour la vérité est également évident dans leurs traditions juridiques, où la vérité est un principe central. Dans l'ancienne Perse, les procédures judiciaires étaient étroitement liées aux valeurs religieuses et les témoins devaient prêter serment en présence du feu, symbole de la lumière d'Ahura Mazda. L'acte de dire des mensonges était considéré non seulement comme un crime contre la communauté, mais aussi comme une trahison de la confiance divine, un acte qui perturbait l'équilibre d'Asha et invoquait les forces de Druj - le mensonge et la tromperie.

Les enseignements de Zarathoustra mettent en lumière la lutte cosmique entre Asha et Druj, non seulement comme un conflit mythologique, mais aussi comme une bataille qui se joue à l'intérieur de chaque individu. Chaque choix de défendre la vérité, aussi petit soit-il, est considéré comme une prise de position contre les ténèbres de la tromperie. Dans la conception zoroastrienne, le chemin d'Asha est un chemin de discipline intérieure, où l'esprit doit être vigilant face aux tentations du mensonge, de l'auto-illusion et de la compromission morale. Cette vigilance est considérée comme une forme de combat spirituel, qui permet d'aligner son âme sur les forces de la lumière et de repousser les ombres qui s'approchent.

Même dans la sphère privée, l'influence d'Asha façonne l'approche zoroastrienne de la réflexion personnelle et de l'amélioration de soi. Les adeptes sont encouragés à examiner régulièrement leurs propres pensées et actions, en se demandant si elles sont conformes aux principes de la vérité. Cette introspection n'a pas pour but d'induire un sentiment de culpabilité, mais de favoriser un esprit de croissance constante, un désir de s'accorder toujours plus avec la volonté d'Ahura Mazda. Par la prière et la méditation, les zoroastriens cherchent à purifier leur esprit des pensées qui pourraient les égarer, réaffirmant ainsi leur engagement à mener une vie conforme à l'ordre divin.

Le calendrier zoroastrien est l'une des manifestations de cet accent mis sur la vérité, en particulier lors de festivals tels que Mehregan et Nowruz, qui célèbrent le renouvellement de la création et le triomphe de la lumière sur les ténèbres. Au cours de ces célébrations, les actes de réconciliation et de divulgation de la vérité sont encouragés. Les communautés se réunissent pour résoudre les différends, réparer les relations brisées et réaffirmer les liens d'honnêteté et de confiance. Cette pratique reflète la conviction que l'harmonie collective est inséparable de l'intégrité individuelle et que le bien-être de la communauté est directement lié à la moralité de ses membres.

Dans la diaspora zoroastrienne, où les communautés se sont retrouvées dans des contextes culturels divers, la valeur de la vérité a servi de boussole morale. Vivant en tant que minorités, souvent dans des régions où leurs traditions ne leur sont pas familières, les zoroastriens se sont appuyés sur l'attrait universel de la véracité pour combler les fossés culturels et nouer des relations avec leurs voisins. Cet engagement en faveur de la vérité, de l'honnêteté et des transactions équitables a permis aux zoroastriens de se forger une réputation de fiabilité et d'éthique, que ce soit dans le domaine du commerce, de l'éducation ou du service public.

Au fur et à mesure que le monde a évolué, les défis liés au maintien de la vérité se sont également multipliés. Dans la société contemporaine, les zoroastriens sont confrontés aux complexités de la communication moderne, où la désinformation et les demi-vérités peuvent facilement se répandre. Pourtant, les enseignements d'Asha restent une lumière qui guide, offrant une norme intemporelle à l'aune de laquelle toutes les affirmations doivent être mesurées. Pour de nombreux zoroastriens, cela signifie qu'ils doivent être des consommateurs critiques d'informations, faire preuve de discernement dans les médias qu'ils consomment et dénoncer les mensonges dans les sphères publiques et privées.

La place centrale de la vérité dans le zoroastrisme s'étend également au concept de Daena, qui peut être compris à la fois comme une « vision religieuse » et une « conscience intérieure ». Daena représente la lumière de la perspicacité qui guide l'individu dans sa compréhension d'Asha. C'est par l'intermédiaire de Daena qu'une personne perçoit la vérité du monde et la place qu'elle y occupe. Dans la pensée zoroastrienne, la Daena n'est pas statique ; elle est nourrie par l'étude, la prière et une vie éthique. Une Daena forte permet de percevoir l'unité sous-jacente d'Asha dans l'univers, même au milieu du chaos et des complexités de la vie quotidienne.

Ainsi, l'engagement envers la vérité dans le zoroastrisme ne consiste pas simplement à éviter les mensonges ou la tromperie. Il s'agit d'un mode de vie holistique qui cherche à s'aligner sur les vérités les plus profondes de l'existence. En vivant en accord avec Asha, un zoroastrien s'efforce d'apporter l'harmonie à la fois à son monde intérieur et au monde qui l'entoure, en incarnant les enseignements de Zarathoustra dans chaque interaction. De cette manière, la vérité devient un pont entre le terrestre et le divin, un moyen par lequel les humains peuvent participer à la danse éternelle entre l'ordre et le chaos.

Au fur et à mesure que nous avançons dans l'exploration du zoroastrisme, le prochain chapitre examinera comment ces principes de vérité sont mis en pratique dans divers contextes, mettant en lumière les défis et les récompenses de la vie selon Asha dans un monde complexe et en perpétuel changement.

Les principes zoroastriens de vérité et d'honnêteté dépassent le domaine de la moralité personnelle et touchent tous les aspects de la vie sociale et spirituelle, influençant profondément la manière dont les adeptes de la foi gèrent leurs interactions avec le monde en général. Pour les zoroastriens, vivre en accord avec Asha, ou la vérité cosmique, signifie incarner l'honnêteté non seulement en tant que vertu individuelle mais aussi en tant qu'éthique communautaire, façonnant la manière dont les communautés établissent la confiance et s'engagent dans les défis de la modernité.

Dans le domaine des affaires et du commerce, les zoroastriens jouissent depuis longtemps d'une réputation d'intégrité et sont souvent considérés comme des partenaires fiables qui privilégient l'équité et la transparence. Cet héritage, qui remonte à la Perse antique, reflète une valeur culturelle profonde qui considère la tromperie dans les transactions économiques comme une manifestation du Druj, le mensonge cosmique. Tromper dans le commerce, c'est perturber l'équilibre d'Asha, introduire le désordre dans le tissu des interactions humaines. Historiquement, cela a conduit les marchands zoroastriens à établir des codes de conduite qui mettent l'accent sur le commerce équitable, la communication honnête et le respect des contrats, créant ainsi une base de confiance qui traverse les générations.

L'application de ces principes dans les affaires n'est pas simplement un choix pragmatique, mais une pratique spirituelle. Chaque transaction honnête est considérée comme une occasion de s'aligner sur la vision d'Ahura Mazda d'un monde juste et harmonieux. De cette manière, les actions quotidiennes deviennent une forme de culte, un moyen d'introduire l'ordre divin d'Asha dans le monde matériel. L'engagement en faveur de l'honnêteté se reflète dans les histoires et les proverbes transmis au sein des communautés zoroastriennes, soulignant que la richesse acquise par des moyens honnêtes est porteuse de bénédiction, tandis que les gains acquis par la tromperie ont un coût caché.

Au sein de la cellule familiale, l'honnêteté est la pierre angulaire des relations. Les enseignements zoroastriens encouragent une communication ouverte entre les parents et les enfants, les époux et les membres de la famille élargie. Cette ouverture est considérée comme un moyen de favoriser la compréhension mutuelle et de promouvoir un environnement familial qui reflète la clarté et la transparence d'Asha. Les désaccords doivent être abordés dans un esprit de vérité, où chaque partie cherche à comprendre et à transmettre son point de vue honnêtement, sans manipulation ni intentions cachées. Le foyer, dans ce sens, devient un reflet de la grande lutte cosmique, où la vérité et la transparence sont les outils pour maintenir l'harmonie contre l'empiètement de l'incompréhension et de la discorde.

Cependant, la voie de l'honnêteté n'est pas sans complexité. Dans les temps modernes, les zoroastriens, comme d'autres, sont confrontés à des dilemmes éthiques où la vérité peut entrer en conflit avec la compassion ou la vie privée. Les enseignements de Zarathoustra ne prescrivent pas de réponses rigides pour chaque situation, mais soulignent plutôt l'importance de l'intention et de la recherche de la droiture. Lorsqu'ils sont confrontés à des choix difficiles, les zoroastriens sont encouragés à réfléchir aux principes d'Asha, en cherchant une ligne de conduite qui respecte l'esprit de vérité tout en tenant compte du bien-être d'autrui. Cette approche nuancée reconnaît que la vérité n'est pas toujours simple et que la sagesse doit guider sa pratique.

L'approche zoroastrienne des secrets de famille et des vérités sensibles en est un exemple. Dans les situations où la révélation de certaines vérités pourrait causer un préjudice ou une détresse inutiles, il est possible de faire preuve de discrétion, à condition que l'intention soit conforme à la compassion et à la recherche plus large d'Asha. Cet équilibre entre la vérité et la gentillesse illustre la profondeur de l'éthique zoroastrienne, qui cherche à harmoniser les principes plutôt qu'à les appliquer de manière rigide.

Dans les communautés, la valeur de l'honnêteté est essentielle au maintien de l'unité et de la confiance. Les rassemblements communautaires zoroastriens, tels que ceux qui ont lieu lors de festivals comme Nowruz ou de cérémonies religieuses, sont des moments où les liens de confiance au sein de la communauté sont renforcés. Au cours de ces rassemblements, l'échange d'histoires, d'enseignements et d'expériences personnelles est souvent centré sur l'importance de maintenir la vérité face aux défis extérieurs, qu'ils soient politiques, sociaux ou culturels. Ces récits rappellent aux membres de la communauté leur engagement commun envers l'Asha et la force qui découle de l'intégrité collective.

Dans la diaspora zoroastrienne, l'accent mis sur l'honnêteté a joué un rôle crucial dans le maintien de l'identité de la foi au milieu d'une diversité de cultures et de religions. Lorsque les zoroastriens se sont installés dans de nouvelles régions, de l'Inde à l'Occident, ils ont emporté avec eux la réputation d'être des gens de parole, dignes de confiance, diligents et justes. Cette réputation a non seulement permis d'établir des relations solides avec d'autres communautés, mais a également servi à préserver leur identité culturelle et religieuse distincte. L'honnêteté est devenue un pont qui a permis aux zoroastriens de s'intégrer tout en conservant leurs valeurs fondamentales, montrant que l'adhésion à l'Asha n'est pas un obstacle à la coexistence mais une voie vers le respect mutuel.

À l'ère numérique, les zoroastriens sont confrontés à de nouveaux défis pour défendre la vérité dans un monde où l'information est abondante, mais souvent peu fiable. Les enseignements de Zarathoustra, qui mettent l'accent sur le discernement et la clarté, offrent des conseils pour naviguer dans les complexités des médias modernes. Les zoroastriens sont encouragés à interroger les sources, à rechercher des connaissances conformes aux principes d'Asha et à éviter de répandre des faussetés. Cet engagement en faveur de la vérité dans le domaine numérique est considéré comme un prolongement de l'ancienne bataille entre Asha et Druj, où les mensonges et les tromperies de la désinformation menacent de déformer la réalité et de créer des divisions.

Dans le même temps, les communautés zoroastriennes ont utilisé des plateformes numériques pour promouvoir la transparence et le dialogue dans leurs propres rangs, en abordant des questions de gouvernance, de leadership et de bien-être communautaire. Ainsi, la sphère numérique devient un espace où les valeurs de vérité et d'honnêteté peuvent être réimaginées et adaptées, garantissant que les principes intemporels d'Asha restent pertinents dans un monde en constante évolution.

Les traditions juridiques du zoroastrisme, qui ont évolué parallèlement à ses enseignements éthiques, continuent de mettre l'accent sur la vérité en tant que devoir fondamental. Dans les systèmes juridiques zoroastriens traditionnels, les serments et les vœux sont considérés comme sacrés et ont des conséquences spirituelles et sociales. Rompre un serment ou porter un faux témoignage est considéré non seulement comme une transgression à l'égard de la société, mais aussi comme un acte qui perturbe l'harmonie spirituelle de l'univers. Les communautés zoroastriennes modernes, même celles qui sont intégrées dans des systèmes juridiques séculiers, conservent un profond respect pour le pouvoir de la parole, considérant les promesses et les engagements comme des prolongements de leur alliance avec Ahura Mazda.

Le concept de Frashokereti, le renouveau ultime du monde dans l'eschatologie zoroastrienne, est profondément lié à la pratique de la vérité. On croit que dans les derniers jours, le pouvoir d'Asha prévaudra sur toutes les formes de Druj, conduisant à un monde où la vérité est absolue et incontestée. Cette vision d'un avenir où la tromperie n'a plus d'emprise inspire les zoroastriens à rechercher la vérité dans leur propre vie, considérant chaque acte honnête comme un pas vers cette restauration divine. Ils croient que leur engagement en faveur de la vérité dans le présent contribue à un plus grand récit cosmique, où la lutte entre la lumière et les ténèbres culminera dans un monde d'une clarté parfaite.

Ainsi, la vérité et l'honnêteté dans le zoroastrisme ne sont pas simplement des recommandations éthiques, mais des engagements profonds qui façonnent l'identité et le destin de chaque adepte. Ce sont des fils qui se tissent à travers les dimensions personnelles, communautaires et cosmiques de la vie, créant un tissu qui relie le terrestre au divin. Par leur attachement à ces valeurs, les zoroastriens continuent d'honorer l'héritage de Zarathoustra, entretenant la flamme d'Asha dans un monde qui met constamment à l'épreuve la résistance de la vérité.

Cette exploration de la vérité dans la tradition zoroastrienne révèle une approche nuancée et évolutive de l'honnêteté, qui s'adapte aux besoins de chaque époque tout en restant ancrée dans des principes intemporels. Les chapitres suivants se tournent vers l'avenir et examinent comment le zoroastrisme relève le défi de préserver ses traditions et de s'adapter à la dynamique changeante du monde moderne.

Chapitre 28
L'avenir du zoroastrisme

Le zoroastrisme, l'une des plus anciennes religions vivantes du monde, est confronté à un ensemble complexe de défis dans sa marche vers l'avenir. Bien qu'enracinée dans d'anciennes traditions et riche d'enseignements qui ont guidé ses adeptes pendant des millénaires, la foi est aujourd'hui confrontée à d'importantes menaces qui pèsent sur sa continuité. Au cœur de ces défis figurent la diminution du nombre d'adeptes, la dispersion géographique des communautés et la nécessité de s'adapter aux rapides changements culturels et sociaux de l'ère moderne.

La diminution du nombre de zoroastriens dans le monde est au cœur de ce défi. Dans son pays d'origine, l'Iran, où le zoroastrisme occupait autrefois une place prépondérante, la communauté s'est considérablement réduite, résultat de siècles de persécutions, de migrations et de pressions de conversion à la suite de la conquête islamique. Aujourd'hui, la population zoroastrienne d'Iran ne représente qu'une petite fraction de ce qu'elle était autrefois, confinée à quelques villes et villages où les échos des anciens rituels résonnent encore, mais dans des tons plus calmes. Cette contraction a fait naître des craintes d'extinction, les anciens de la communauté s'inquiétant de la perte de la langue, des pratiques culturelles et des rites religieux transmis de génération en génération.

En dehors de l'Iran, l'Inde est devenue un centre essentiel de la vie zoroastrienne grâce à la communauté Parsi. Les Parsis, qui ont fui la Perse pour éviter les persécutions religieuses il y a plus de mille ans, ont prospéré en Inde, devenant l'une des plus importantes communautés de la diaspora zoroastrienne. Pourtant, même parmi les Parsis, on s'inquiète du déclin démographique.

Avec une population peu nombreuse et un faible taux de natalité, la communauté a été confrontée à des débats internes sur des questions telles que les mariages mixtes et l'intégration de nouveaux membres, des débats qui reflètent la tension entre la préservation de la tradition et l'acceptation du changement. La question de savoir qui peut être qualifié de zoroastrien est devenue un sujet sensible, qui divise les opinions et façonne l'avenir de la foi.

La dispersion des communautés zoroastriennes, de l'Amérique du Nord à l'Australie, ajoute une nouvelle couche de complexité. Si la diaspora a offert de nouvelles possibilités d'échanges culturels et de diffusion des idéaux zoroastriens au-delà des frontières traditionnelles, elle a également entraîné une fragmentation. Les communautés qui prospéraient autrefois grâce à des structures sociales étroitement liées se retrouvent aujourd'hui dispersées sur plusieurs continents, chacune s'adaptant aux contextes locaux tout en s'efforçant de conserver une identité commune. Cette dispersion a nécessité de nouvelles approches pour maintenir la cohésion de la communauté, en s'appuyant de plus en plus sur la communication numérique et les services religieux en ligne pour combler le fossé géographique. Les plateformes virtuelles ont permis aux zoroastriens de différentes parties du monde de se connecter, mais elles mettent également en évidence le défi que représente le maintien d'un sentiment d'unité face à des influences culturelles diverses.

Dans ce paysage changeant, certaines des préoccupations les plus pressantes concernent l'adaptation des pratiques anciennes à la vie contemporaine. Les rituels, les prières et les coutumes qui ont été fidèlement préservés au fil des siècles doivent souvent être réinterprétés pour rester pertinents. Par exemple, les jeunes générations de zoroastriens, en particulier ceux qui ont grandi dans les pays occidentaux, cherchent des moyens d'intégrer leur foi dans leur vie quotidienne d'une manière qui soit en accord avec les valeurs et les modes de vie modernes. Cela a conduit à des discussions sur le rôle de l'égalité des sexes dans le zoroastrisme, sur l'interprétation des lois traditionnelles de pureté et sur l'intégration de la conscience environnementale dans la pratique religieuse. Alors que certains considèrent ces changements comme nécessaires à la survie de la foi, d'autres les considèrent comme des compromis potentiels à l'intégrité des enseignements zoroastriens.

En même temps, la survie du zoroastrisme dépend non seulement de l'adaptation, mais aussi d'un profond sentiment de fierté culturelle et d'un désir de renouer avec ses racines. En Iran, certains jeunes Iraniens s'intéressent de nouveau à leur héritage préislamique, qui comprend le zoroastrisme. Cela a conduit à une nouvelle appréciation du rôle de cette religion dans la formation de l'histoire et de l'identité persanes, ainsi qu'à un intérêt accru pour les sites et les pratiques zoroastriennes anciennes. Pour beaucoup, il s'agit d'une forme de résistance culturelle et d'une réappropriation d'une identité qui a été éclipsée par des siècles de pressions extérieures.

Au-delà de l'Iran et de l'Inde, des organisations zoroastriennes mondiales ont vu le jour, s'efforçant d'unifier les communautés dispersées et de veiller à ce que les enseignements zoroastriens ne se perdent pas dans le temps. Ces organisations, telles que le Congrès zoroastrien mondial, organisent régulièrement des événements et des conférences réunissant des zoroastriens de différentes parties du monde pour partager leurs expériences et discuter des défis auxquels ils sont confrontés. Grâce à ces rencontres, les zoroastriens ont cherché à trouver un terrain d'entente sur des questions telles que l'éducation, la préservation de la culture et le rôle de la religion dans un monde qui semble souvent en désaccord avec les croyances ancestrales.

Dans ce contexte, l'utilisation de la technologie est devenue une arme à double tranchant. Les plateformes numériques ont permis la préservation des textes sacrés, les rassemblements de prière en ligne et le partage des enseignements, rendant la foi plus accessible à ceux qui vivent loin des centres de culte traditionnels. Cependant, le monde numérique présente également des défis, car le domaine virtuel peut diluer le sens de la communauté physique qui a été si central à l'identité zoroastrienne. Le passage des temples du feu, avec leurs flammes sacrées tangibles, au culte en ligne soulève des questions sur la manière de maintenir le caractère sacré des rituels dans un espace virtuel.

En se tournant vers l'avenir, le zoroastrisme doit également se demander comment attirer et retenir les jeunes générations. De nombreux jeunes zoroastriens se sentent profondément liés à leur héritage, mais peinent à trouver une place pour leurs croyances dans un monde de plus en plus séculier et rapide. Les initiatives visant à impliquer les jeunes ont cherché à combler cette lacune en proposant des camps, des programmes éducatifs et des activités culturelles qui soulignent la pertinence de l'éthique zoroastrienne, telle que la gestion de l'environnement et la justice sociale, par rapport aux problèmes mondiaux contemporains. Ces efforts visent non seulement à éduquer, mais aussi à inspirer un sentiment d'utilité et de lien avec la foi.

En outre, l'accent mis par le zoroastrisme sur le libre arbitre et la responsabilité individuelle reste un message puissant pour les temps modernes. L'idée de choisir Asha - la vérité et la droiture - plutôt que Druj - le mensonge et le chaos - trouve un écho chez ceux qui recherchent la clarté éthique au milieu des complexités de la vie moderne. Cette lutte intemporelle offre un cadre spirituel qui peut être particulièrement attrayant pour ceux qui se sentent déconnectés des autres traditions religieuses ou désillusionnés par le matérialisme. Il présente le zoroastrisme non pas comme une relique du passé, mais comme une philosophie d'une profonde pertinence contemporaine.

Malgré ces efforts, la communauté ressent un sentiment d'urgence sous-jacent. La perspective d'un déclin démographique et d'une assimilation culturelle se profile à l'horizon, ce qui conduit à des questions existentielles sur ce à quoi le zoroastrisme pourrait ressembler dans un autre siècle. L'essentiel de la foi sera-t-il préservé grâce à l'adaptation ou se transformera-t-il en quelque chose de méconnaissable pour ses ancêtres ? Les réponses à ces questions restent incertaines, façonnées par les choix des individus, des communautés et des dirigeants qui s'efforcent de trouver un équilibre entre tradition et changement.

L'avenir du zoroastrisme est donc une tapisserie tissée de fils d'espoir, de résilience et du poids de l'histoire. Alors que le monde change autour de lui, le zoroastrisme se trouve à la croisée des chemins, où la sagesse durable de Zarathoustra doit répondre aux exigences d'une nouvelle ère. L'histoire qui se déroule n'est pas celle d'un déclin mais d'une transformation, car l'ancienne flamme des enseignements d'Ahura Mazda continue à trouver des moyens de brûler avec éclat, même dans des paysages peu familiers.

Le voyage vers l'avenir du zoroastrisme est marqué à la fois par l'incertitude et par une détermination tranquille à préserver son essence. Alors que les défis démographiques et les pressions de la modernisation constituent des obstacles importants, il existe également des initiatives et des mouvements au sein de la communauté zoroastrienne mondiale qui cherchent à rajeunir et à revitaliser la foi. Ces efforts allient le respect de la tradition à la volonté de s'engager dans la société contemporaine, offrant l'espoir d'un avenir où le zoroastrisme reste pertinent tout en restant fidèle à ses principes fondamentaux.

L'un des aspects centraux de cette revitalisation est l'effort visant à reconnecter les zoroastriens avec leur héritage par le biais de l'éducation. Partout dans le monde, des programmes éducatifs ont été mis en place pour enseigner aux jeunes générations les enseignements de Zarathoustra, les principes de l'Asha et la riche histoire de la Perse antique. Ces programmes vont souvent au-delà d'une simple instruction religieuse, intégrant des leçons sur l'histoire, la langue et la culture zoroastriennes afin de favoriser un sens plus profond de l'identité. À l'ère numérique, cette éducation s'étend aux plateformes en ligne, où les webinaires, les discussions virtuelles et les archives numériques permettent aux zoroastriens d'accéder aux connaissances, quelle que soit leur situation géographique.

Les rassemblements mondiaux, tels que le Congrès mondial de la jeunesse zoroastrienne, jouent un rôle essentiel dans ce processus. Ces événements constituent une plateforme permettant aux jeunes zoroastriens de se rencontrer, d'échanger des idées et de réfléchir à ce que signifie être zoroastrien dans le monde d'aujourd'hui. Ils offrent un espace où les participants peuvent célébrer leur héritage tout en discutant des défis liés au maintien de la foi dans un environnement en mutation rapide. Ces congrès, souvent ponctués d'ateliers, de conférences et d'échanges culturels, visent à favoriser un sentiment d'unité parmi les zoroastriens d'origines diverses, en soulignant que, malgré leur petit nombre, ils font partie d'une famille mondiale.

Les efforts visant à promouvoir l'inclusion et à s'adapter aux valeurs sociales contemporaines ont également gagné du terrain, en particulier dans les communautés de la diaspora. Pendant de nombreuses années, les débats sur l'admission de personnes d'origine mixte dans le giron du zoroastrisme ont suscité la controverse. Dans des pays comme l'Inde, où les règles traditionnelles relatives à l'identité zoroastrienne sont plus rigides, ces discussions sont devenues plus urgentes. Des groupes progressistes plaident pour une interprétation plus inclusive, suggérant que l'accent devrait être mis sur la préservation des enseignements et des valeurs de la foi plutôt que sur le maintien strict des liens du sang. Ce point de vue repose sur la reconnaissance du fait que l'adaptation peut être la clé de la survie de la religion à long terme.

En revanche, des voix s'élèvent au sein de la communauté pour souligner l'importance de préserver les coutumes et pratiques anciennes sans les diluer. Pour ces traditionalistes, les rituels, les lois de pureté et les pratiques entourant les temples de feu représentent un lien direct avec leurs ancêtres et les enseignements originaux de Zarathoustra. Ils craignent qu'une trop grande adaptation ne fasse perdre l'essence du zoroastrisme et ne le transforme en quelque chose de méconnaissable. Le dialogue entre ces perspectives progressistes et conservatrices est l'un des traits caractéristiques de l'évolution du zoroastrisme, la communauté recherchant un équilibre qui honore le passé tout en répondant aux exigences du présent.

La technologie est devenue un allié inattendu dans la préservation et la promotion du zoroastrisme. L'utilisation des médias sociaux, des sites web et des communautés en ligne a permis aux zoroastriens de rester en contact, de partager des ressources et de favoriser un sentiment de communauté, même au-delà des grandes distances. Des plateformes en ligne telles qu'Instagram, YouTube et des applications dédiées au zoroastrisme proposent des enseignements dispensés par des prêtres, des discussions sur les pratiques religieuses et des visites virtuelles de sites zoroastriens historiques. Pour de nombreux jeunes zoroastriens, ces espaces numériques sont le lieu où ils découvrent pour la première fois les aspects les plus profonds de leur foi, ce qui les rend inestimables pour combler le fossé entre les générations.

Cette transformation numérique s'étend également aux pratiques religieuses. Avec l'avènement des groupes de prière en ligne et des rituels virtuels, de nombreux zoroastriens ont trouvé de nouveaux moyens de s'engager dans un culte communautaire, même s'ils vivent loin d'un temple de feu traditionnel. Ces rassemblements virtuels offrent un nouveau type d'accessibilité, permettant aux zoroastriens qui se sentiraient autrement isolés de participer à la vie spirituelle de leur communauté. Cette évolution n'est toutefois pas sans poser de problèmes, car elle soulève des questions sur la manière de préserver le caractère sacré et l'énergie spirituelle des rituels lorsqu'ils se déroulent à travers un écran plutôt que dans les espaces sacrés d'un temple.

Ces dernières années, l'accent a également été mis sur les principes zoroastriens qui s'alignent étroitement sur les préoccupations modernes, telles que l'environnementalisme et la responsabilité sociale. L'accent mis sur Asha - qui représente la vérité, la droiture et l'ordre cosmique - résonne fortement avec les mouvements mondiaux axés sur la durabilité et la préservation de l'environnement. Par exemple, certains groupes zoroastriens ont lancé des projets visant à protéger les ressources naturelles, soulignant que la protection de la Terre est le reflet de leur devoir en tant que gardiens de la création d'Ahura Mazda. En formulant les enseignements anciens en termes de questions contemporaines, ces initiatives permettent au zoroastrisme de s'engager dans des préoccupations sociétales plus larges.

On ne saurait sous-estimer le rôle de la mondialisation dans l'avenir du zoroastrisme. Au fur et à mesure que les communautés s'étendent et s'adaptent, elles se retrouvent en interaction avec d'autres cultures, religions et philosophies. Cette interaction peut enrichir le zoroastrisme en introduisant de nouvelles perspectives et de nouvelles façons d'interpréter les textes anciens. Toutefois, elle présente également des risques d'assimilation culturelle et de dilution des identités religieuses uniques. De nombreux zoroastriens se retrouvent à marcher sur une ligne délicate entre l'adhésion à la citoyenneté mondiale et le maintien d'une identité spirituelle et culturelle distincte.

Dans ce contexte mondial, la préservation des connaissances traditionnelles devient encore plus cruciale. L'ancienne génération détient un trésor de traditions orales, d'histoires et d'interprétations de textes sacrés qui ne se trouvent pas toujours sous forme écrite. Des efforts sont déployés pour documenter ces histoires orales, afin que la sagesse et les expériences des anciens ne se perdent pas dans le temps. Cette préservation des connaissances orales complète les textes écrits tels que l'Avesta, offrant une compréhension plus holistique des enseignements zoroastriens, fondée sur l'expérience vécue.

La promotion du zoroastrisme en tant que source de conseils philosophiques et éthiques dans le monde moderne est un autre domaine d'intérêt. Les universitaires et les penseurs de la communauté ont cherché à mettre en évidence les aspects universels de la philosophie zoroastrienne, tels que l'accent mis sur le libre arbitre, l'importance du choix moral et la lutte éternelle entre le bien et le mal. Ces thèmes, bien que profondément ancrés dans la vision zoroastrienne du monde, offrent également de précieuses perspectives sur la condition humaine, ce qui les rend pertinents pour un public plus large, au-delà des limites de la religion elle-même.

L'avenir du zoroastrisme sera probablement façonné par une mosaïque d'efforts : certains visant à maintenir les pratiques traditionnelles, d'autres cherchant à recadrer la sagesse ancienne dans des contextes modernes, et d'autres encore axés sur l'établissement de liens au sein d'une communauté mondiale dispersée. L'issue de ces efforts reste incertaine, mais l'engagement à maintenir la flamme du zoroastrisme en vie brûle avec éclat. Il s'agit d'un voyage défini à la fois par la continuité et la transformation, où les prières anciennes rencontrent les écrans numériques et où les murmures de la voix de Zarathoustra trouvent un écho dans le monde animé du XXIe siècle.

Ce chapitre de l'histoire du zoroastrisme est encore en cours d'écriture, et il est façonné par d'innombrables choix individuels - par des familles qui décident d'enseigner à leurs enfants les prières anciennes, par de jeunes zoroastriens qui s'interrogent sur leur appartenance et la redéfinissent, et par des dirigeants de communautés qui s'efforcent de maintenir un sentiment d'unité à travers les continents. Au milieu des défis, il y a aussi un sentiment de renouveau, car le zoroastrisme trouve des moyens de s'adapter sans perdre l'essence spirituelle qui a guidé ses adeptes pendant des milliers d'années.

Dans ce récit en évolution, l'avenir du zoroastrisme reste un témoignage du pouvoir durable de la foi, de la tradition et de l'espoir inébranlable que, malgré tout, les enseignements de Zarathoustra continueront à guider les chercheurs vers la lumière d'Asha pour les générations à venir.

Chapitre 29
Règles et pratiques quotidiennes

Le rythme de la vie quotidienne d'un zoroastrien est imprégné de rituels qui maintiennent le lien avec Ahura Mazda et renforcent le sens de la discipline spirituelle. Ces pratiques constituent l'épine dorsale du voyage d'un zoroastrien dans le monde, offrant une structure et un sens du but enraciné dans la sagesse ancienne. Du réveil au repos, la journée se déroule comme une série d'occasions d'exprimer sa gratitude, de préserver la pureté et de s'aligner sur l'ordre cosmique d'Asha.

Au cœur des pratiques quotidiennes se trouve la récitation de prières, ou manthras, qui ne sont pas simplement des mots prononcés, mais des vibrations sacrées censées invoquer le pouvoir spirituel. L'Avesta fournit un grand nombre de ces prières, l'Ashem Vohu et le Yatha Ahu Vairyo étant parmi les plus fréquemment récitées. Ces prières sont récitées à différents moments de la journée - au réveil, avant les repas, lors de l'allumage du feu sacré et avant le sommeil -, chaque fois pour renouveler le lien avec Ahura Mazda et les principes de vérité et de droiture. La récitation de ces manthras est un moyen d'aligner ses pensées sur le divin et de se rappeler l'éternel combat contre le mensonge et le désordre.

La pureté, tant physique que spirituelle, joue un rôle important dans la vie quotidienne des zoroastriens. Les ablutions, appelées padyab, consistent à se laver les mains, le visage et d'autres parties du corps, souvent en récitant une prière. Cet acte symbolise la purification non seulement des impuretés physiques, mais aussi l'élimination des pensées ou des influences négatives. De tels actes de purification sont accomplis avant la prière et d'autres devoirs religieux, renforçant l'idée que la pureté du corps et de l'esprit sont des conditions préalables à l'approche du divin.

Le feu, symbole de la lumière divine, occupe une place prépondérante dans les rituels quotidiens. À la maison, de nombreux zoroastriens entretiennent une petite flamme ou atash dadgah comme point central de leurs prières, honorant ainsi l'élément sacré qui représente la présence d'Ahura Mazda. L'entretien de cette flamme - qu'il s'agisse d'allumer une lampe ou d'allumer de l'encens - rappelle le feu divin qui brûle à l'intérieur et autour de toute la création. Pour ceux qui ne peuvent accéder quotidiennement à un temple du feu, cette pratique devient un autel personnel, un espace où convergent dévotion et réflexion.

Dans la structure d'une journée typique, trois temps de prière principaux sont observés, chacun aligné sur la progression naturelle du soleil : l'aube (Havan), la mi-journée (Rapithwin) et le soir (Uzirin). Ces heures ne sont pas arbitraires mais profondément liées aux cycles de la nature, reflétant la croyance zoroastrienne dans le caractère sacré de la création. Les prières du matin célèbrent le lever du soleil, qui symbolise le triomphe de la lumière sur les ténèbres. Les prières de la mi-journée reconnaissent l'apogée de la puissance du soleil, un moment où l'on réaffirme sa force et sa clarté. Les prières du soir, lorsque le soleil descend, représentent un moment d'introspection, de gratitude et de recherche de protection contre les forces des ténèbres. Ces rythmes relient l'individu à l'univers dans son ensemble, faisant de chaque jour un microcosme de la lutte cosmique entre l'ordre et le chaos.

La pratique des prières Kusti est un autre aspect fondamental de la vie quotidienne. Le Kusti, une corde sacrée tissée à partir de laine, est enroulé autour de la taille par-dessus le Sudreh, un vêtement intérieur qui représente le chemin de la droiture. Le rituel consistant à détacher et à renouer le Kusti est effectué plusieurs fois par jour - au réveil, avant de manger et avant de dormir - et s'accompagne à chaque fois de prières spécifiques. L'acte de renouer le Kusti symbolise un réengagement à la foi zoroastrienne, à la triade des bonnes pensées, des bonnes paroles et des bonnes actions. Pour beaucoup, ce rituel devient un moment de pause, une chance de se recentrer au milieu des exigences de la vie quotidienne et de renouveler leur armure spirituelle contre les tentations du Druj.

Les coutumes alimentaires zoroastriennes reflètent également la philosophie religieuse générale, en mettant l'accent sur la modération, le respect de la vie et la gratitude. Les repas commencent par une simple prière de remerciement pour la nourriture et la reconnaissance de celle-ci comme un don d'Ahura Mazda. Ce rituel souligne l'interconnexion entre les mondes matériel et spirituel, rappelant aux fidèles que tout acte, même le fait de manger, a une dimension spirituelle. Dans certaines traditions, les zoroastriens évitent de consommer certains aliments censés perturber l'équilibre spirituel, mais les pratiques alimentaires peuvent varier considérablement d'une communauté à l'autre.

Outre les rituels structurés, le zoroastrisme encourage la pratique du Frashokereti dans la vie quotidienne, c'est-à-dire l'idée d'œuvrer au renouvellement du monde par des actions individuelles. Ce concept suggère que chaque pensée et chaque acte contribuent à la lutte générale pour l'avènement d'un monde libéré de la souffrance et du mensonge. Les actes de bonté, la générosité envers ceux qui sont dans le besoin et les efforts pour protéger le monde naturel sont tous considérés comme des prolongements de ce devoir divin. Ainsi, le zoroastrisme intègre la spiritualité à la responsabilité sociale, faisant de la vie quotidienne une expression permanente de dévotion et de service.

Les zoroastriens sont également attentifs aux soins apportés aux défunts, ce qui reflète l'importance accordée à la pureté. La tradition de ne pas enterrer les morts dans la terre, pour éviter de polluer les éléments sacrés que sont la terre et le feu, conduit à la pratique unique de l'exposition dans le Dakhma ou Tour du Silence. Bien que cette pratique ne fasse pas directement partie des habitudes quotidiennes, elle illustre la vision plus large du monde selon laquelle chaque élément de la nature doit être traité avec révérence. La vie quotidienne est ainsi constamment en accord avec les lois cosmiques et l'équilibre entre les domaines physique et spirituel.

Au-delà des prières et des rituels, le comportement quotidien d'un zoroastrien est guidé par les enseignements moraux de la religion. La sincérité, le respect d'autrui, l'assiduité au travail et le maintien d'un foyer paisible sont considérés comme des manifestations d'une vie conforme à Asha. Ainsi, même les activités les plus banales - comme les interactions avec les voisins, la conduite des affaires ou le soin de la famille - sont imprégnées d'une signification spirituelle. La vie zoroastrienne idéale est celle où chaque action, aussi petite soit-elle, contribue à l'harmonie du monde et reflète les valeurs transmises par Zarathoustra.

L'accent mis sur la communauté joue également un rôle crucial dans les pratiques quotidiennes. Les zoroastriens sont encouragés à se rassembler pour des prières communes, des festivals et des événements caritatifs, ce qui renforce le sentiment d'unité et d'objectif commun. Même dans la diaspora, où les distances peuvent séparer les individus des temples du feu ou des grandes communautés zoroastriennes, beaucoup maintiennent des liens par le biais de groupes en ligne, d'associations locales et de réunions de prières virtuelles. Ces rassemblements, qu'ils soient personnels ou virtuels, offrent un espace de réflexion collective, de soutien et de renforcement des liens communautaires. Le sentiment d'appartenance à une tradition millénaire constitue une puissante source de continuité, en particulier face aux défis modernes.

Au cœur du zoroastrisme, les pratiques quotidiennes reflètent une profonde attention, une conscience constante de son rôle dans l'ordre cosmique et de la responsabilité qui en découle. Dans ces routines, les fidèles trouvent un rythme qui les relie à leurs ancêtres et aux enseignements de Zarathoustra, même lorsqu'ils naviguent dans les complexités de la vie contemporaine. Les rituels, qu'ils soient anciens ou adaptés, rappellent que la lutte entre Asha et Druj n'est pas simplement une grande bataille cosmique, mais une série de choix quotidiens. Par ces pratiques, les zoroastriens s'efforcent de vivre en harmonie avec la flamme éternelle, en suivant un chemin éclairé par la lumière d'Ahura Mazda.

Si les pratiques fondamentales de la vie quotidienne zoroastrienne sont centrées sur les rituels universels, les prières et la purification, la diversité de la foi a donné lieu à des variations qui adaptent ces traditions aux réalités culturelles, sociales et géographiques de chaque communauté. Dans le monde entier, les zoroastriens de la diaspora ont adapté leurs habitudes, conciliant l'adhésion aux traditions anciennes et les défis de la vie dans des environnements modernes, souvent non zoroastriens. Ce chapitre examine les nuances de ces adaptations et la manière dont les pratiques anciennes continuent de résonner, même si elles se transforment pour répondre aux besoins contemporains.

L'une des variations les plus profondes dans les pratiques quotidiennes apparaît dans la manière dont les différentes communautés zoroastriennes maintiennent les rituels de purification. La pratique du padyab - le lavage rituel - reste un principe central, mais dans les endroits où l'eau peut être rare, comme dans les centres urbains ou les régions arides, des adaptations ont été apportées. Certaines communautés ont introduit des versions simplifiées, utilisant un minimum d'eau ou se concentrant davantage sur la récitation symbolique des prières que sur le lavage physique lui-même. Cette flexibilité reflète l'approche pragmatique ancrée dans le zoroastrisme, où l'essence du rituel - la purification de la pensée et de l'intention - peut être préservée, même si la forme doit évoluer.

Le rituel de maintien du Kusti et du Sudreh a lui aussi fait l'objet de nouvelles interprétations au sein des communautés de la diaspora. Si l'acte fondamental consistant à nouer le Kusti et à réciter les prières qui l'accompagnent reste constant, la fréquence et le moment de ces pratiques peuvent varier. Pour les zoroastriens qui ont un emploi du temps chargé ou qui vivent dans des régions où les rythmes quotidiens sont différents, le rituel est parfois adapté à leur mode de vie. Cependant, même dans ces formes adaptées, l'intention principale - un rappel quotidien de l'alliance avec Ahura Mazda et des valeurs de vérité et de droiture - reste intacte. Pour beaucoup, cette adaptabilité témoigne de la résilience de l'esprit zoroastrien.

La présence du feu dans la pratique zoroastrienne, en particulier dans la maison, a également subi des changements significatifs en réponse aux conditions de vie modernes. Dans les milieux traditionnels, les familles réservaient un espace dédié à une lampe ou à un petit feu, symbolisant la présence de la lumière divine. Toutefois, dans les habitations urbaines contemporaines ou dans les régions où les flammes nues peuvent poser des problèmes de sécurité, de nombreux zoroastriens sont passés à l'utilisation de lampes électriques ou de lampes symboliques. La flamme, réelle ou symbolique, reste le point central des prières, rappelant le feu éternel qui signifie la présence d'Ahura Mazda dans tous les coins du monde.

Si ces adaptations permettent aux zoroastriens de poursuivre leurs pratiques dans des environnements divers, ils conservent un profond respect pour les coutumes d'origine. Ce respect de la tradition est particulièrement visible lors des événements de la vie qui impliquent des rituels spécifiques, tels que les mariages, les naissances et les funérailles. Les cérémonies de mariage zoroastriennes, par exemple, associent des rites anciens, tels que l'échange des anneaux devant un feu et la récitation de manthras, à des éléments plus modernes qui reflètent la culture de la région où se déroule la cérémonie. Même si ces cérémonies évoluent, elles conservent leur essence : la célébration de l'union divine et l'affirmation des valeurs qui guideront la vie du couple.

De même, les coutumes entourant la mort et le deuil dans le zoroastrisme ont dû s'adapter. Traditionnellement, le Dakhma ou Tour du Silence était utilisé pour les enterrements dans le ciel, mais dans de nombreuses régions du monde, de telles pratiques ne sont pas autorisées par la loi. C'est pourquoi certaines communautés zoroastriennes ont opté pour l'inhumation ou la crémation, mais en mettant toujours l'accent sur la pureté et le respect des éléments. Par exemple, les rites d'inhumation peuvent inclure le placement du corps dans une tombe recouverte de ciment pour éviter tout contact avec la terre, reflétant ainsi le respect permanent du caractère sacré du monde naturel. Ces ajustements montrent comment les zoroastriens parviennent à trouver un équilibre délicat entre l'adhésion aux croyances anciennes et les contraintes juridiques et environnementales contemporaines.

Les temps de prière quotidiens sont également confrontés à des défis d'adaptation dans un monde où le rythme de vie diffère souvent de manière significative de celui des anciennes sociétés agraires. Pour de nombreux zoroastriens, les heures traditionnelles de prière à l'aube, à midi et au coucher du soleil peuvent être difficiles à respecter rigoureusement en raison d'obligations professionnelles ou scolaires. Certains ont trouvé des solutions créatives, comme la récitation de versions plus courtes des manthras pendant les pauses ou l'utilisation d'applications de prières numériques qui fournissent des rappels tout au long de la journée. Ces outils modernes servent de passerelles, reliant le passé au présent et permettant aux individus d'intégrer le rythme de la dévotion zoroastrienne dans leur routine quotidienne.

Un autre exemple d'adaptation est la célébration des fêtes zoroastriennes dans différentes parties du monde. Dans les régions où les zoroastriens sont minoritaires, les fêtes comme Nowruz ou Yalda sont souvent célébrées lors de petits rassemblements dans des maisons privées ou des centres communautaires plutôt que lors de grandes festivités publiques. Pourtant, même dans ces lieux intimes, les éléments essentiels demeurent : l'allumage des bougies, les prières, le partage de la nourriture et le récit d'histoires qui relient la communauté à ses racines. Cette continuité garantit que l'essence de ces festivals - la gratitude, le renouveau et la célébration de la vie - reste vivante, même si l'échelle des célébrations s'adapte aux réalités de la vie en diaspora.

Le défi que représente le maintien de la pureté et de la conduite éthique dans un monde diversifié a également donné lieu à des réflexions approfondies au sein des communautés zoroastriennes. Vivre dans des sociétés multiculturelles signifie souvent s'engager dans des coutumes et des pratiques qui diffèrent des valeurs zoroastriennes traditionnelles. Par exemple, le maintien de la pureté alimentaire, en particulier l'évitement de certains aliments ou la sanctification rituelle des repas, peut s'avérer difficile dans un monde globalisé où les aliments de nombreuses cultures sont facilement accessibles. C'est pourquoi certains zoroastriens se concentrent davantage sur l'esprit de la pratique - en exprimant leur gratitude pour tous les repas et en s'efforçant de faire preuve de modération - plutôt que d'adhérer strictement aux anciennes lois alimentaires. Cet accent mis sur l'intention plutôt que sur la forme permet aux fidèles de s'adapter sans perdre l'essence morale de leurs pratiques.

Dans le contexte de la technologie, de nombreux zoroastriens ont adopté des plateformes en ligne pour rester en contact avec leur foi. Les temples du feu virtuels, les réunions de prière en ligne et les archives numériques des textes sacrés sont devenus des ressources vitales pour ceux qui vivent loin des centres zoroastriens physiques. Pour les jeunes générations, ces plateformes offrent un moyen de s'engager dans leur héritage d'une manière qui leur semble accessible et pertinente. En même temps, elles posent des questions sur la manière dont la foi pourrait évoluer : comment la chaleur et l'intimité d'une communauté se réunissant autour d'un feu peuvent-elles être traduites dans un espace virtuel ? En quoi l'expérience de réciter des prières seul devant un écran diffère-t-elle de celle de le faire dans un espace physique partagé ?

Malgré ces adaptations, l'essence de la pratique zoroastrienne, qui met l'accent sur le maintien d'un lien avec le divin, l'encouragement des liens communautaires et le maintien d'une vie alignée sur Asha, reste inébranlable. La croyance zoroastrienne dans le libre arbitre encourage chaque individu à choisir la meilleure façon d'intégrer ses traditions dans le monde moderne, tout en s'efforçant de préserver les valeurs sous-jacentes enseignées par Zarathoustra. Cette approche permet à la foi d'être dynamique, de s'adapter à de nouveaux contextes sans sacrifier la sagesse et les conseils des enseignements anciens.

    La pertinence continue de ces pratiques met en évidence la résilience et la flexibilité du zoroastrisme. Que ce soit dans une ville animée ou dans un village reculé, la routine quotidienne de chaque zoroastrien témoigne du pouvoir durable d'une foi qui valorise à la fois la tradition et la capacité de renouvellement. Face à la complexité de la vie moderne, les zoroastriens du monde entier continuent de trouver des moyens d'entretenir la flamme de leur foi, en la laissant illuminer leur chemin comme elle l'a fait pour leurs ancêtres. Grâce à ces pratiques, qu'elles soient anciennes ou nouvellement adaptées, ils restent profondément liés à un héritage spirituel qui s'étend sur des millénaires, mais qui est toujours présent dans les choix qu'ils font chaque jour.

Chapitre 30
Le symbolisme

Le zoroastrisme est riche d'un langage symbolique qui transcende les mots, tissant une tapisserie qui relie le monde visible aux royaumes spirituels. Parmi ces symboles, chacun porte des couches de signification, un conduit par lequel les fidèles peuvent mieux comprendre les mystères du cosmos et la place qu'ils y occupent. De l'image emblématique du Faravahar à la présence durable du feu sacré, les symboles zoroastriens offrent une carte visuelle et spirituelle qui guide les adeptes dans leur voyage à travers la vie.

Le Faravahar est peut-être le symbole le plus reconnaissable du zoroastrisme, une figure ailée qui incarne l'essence de l'esprit humain et de la guidance divine. Son dessin complexe, qui représente une figure humaine émergeant d'un cercle avec des ailes et une plume de queue, contient de multiples couches de signification. La figure humaine centrale représente l'âme, tendue vers Ahura Mazda, suggérant la nature ambitieuse du voyage de l'esprit. Le cercle qui entoure la figure rappelle l'éternité, la nature cyclique de la vie, de la mort et de la renaissance. Les deux ailes, composées chacune de trois couches, représenteraient Humata, Hukhta et Hvarshta - les bonnes pensées, les bonnes paroles et les bonnes actions - guidant le fidèle vers la droiture.

Le Faravahar n'est pas seulement une représentation abstraite, mais un rappel pratique des devoirs moraux et spirituels de chaque zoroastrien. Il encourage l'introspection et demande aux fidèles d'aligner leurs actions sur les principes d'Asha. Qu'il soit gravé dans la pierre des temples anciens ou porté en pendentif, il sert de symbole constant de la poursuite de l'élévation spirituelle, ancrant les zoroastriens dans leurs luttes morales quotidiennes. À l'époque moderne, il est également devenu un emblème culturel, un lien avec l'héritage persan pour de nombreuses personnes, y compris celles qui ne sont pas de confession zoroastrienne, symbolisant les valeurs de résilience, de dignité et de quête de la sagesse.

Tout aussi central dans le symbolisme zoroastrien est le feu sacré, qui fait l'objet d'une profonde révérence au sein de la foi. Le feu n'est pas seulement un élément ; il représente la lumière divine d'Ahura Mazda, incarnant la pureté, la vérité et l'énergie qui soutient la vie. Dans les temples, le feu brûle en permanence, représentant la présence éternelle d'Ahura Mazda. Pour les zoroastriens, le feu est une entité vivante, une manifestation de l'énergie divine qui peut purifier l'âme et l'esprit. Sa chaleur et sa lueur sont considérées comme l'incarnation physique de l'illumination spirituelle, guidant les croyants vers la clarté et la compréhension dans un monde rempli d'ombres.

Au-delà du temple, le feu joue également un rôle dans la vie quotidienne des zoroastriens. L'allumage d'une petite lampe pendant les prières à la maison permet de se connecter à cette flamme éternelle, reflet personnel du grand ordre cosmique. La flamme n'est pas seulement un objet de vénération, elle participe au dialogue du croyant avec le divin. Sa lumière vacillante, qui répond au souffle du vent, symbolise l'interaction permanente entre les domaines matériel et spirituel. La capacité du feu à transformer le physique - transformer le bois en cendres, par exemple - reflète le voyage spirituel de l'ignorance à l'illumination, une transformation que chaque âme doit subir.

L'eau revêt elle aussi une profonde signification symbolique dans le zoroastrisme. Elle représente la pureté et la force vitale du divin, complétant le pouvoir purificateur du feu. Les sources et les rivières sacrées sont considérées comme des vaisseaux d'Asha, incarnant le pouvoir créatif d'Ahura Mazda. L'eau est au cœur de nombreux rituels zoroastriens, qu'il s'agisse du simple fait de se laver les mains avant la prière ou de cérémonies de purification plus élaborées. Elle permet aux fidèles d'entrer en contact avec le divin, en éliminant non seulement les impuretés physiques, mais aussi les influences subtiles de Druj, les forces de la tromperie et du chaos.

Dans la cosmologie zoroastrienne, chaque élément - le feu, l'eau, la terre et l'air - fait partie d'un équilibre sacré, reflétant l'interaction entre les mondes matériel et spirituel. Cette vénération s'étend aux montagnes, aux arbres et aux autres éléments naturels, chacun étant considéré comme une manifestation de la présence divine dans le monde. Les montagnes d'Iran, par exemple, sont depuis longtemps considérées comme des lieux de retraite spirituelle, où l'isolement de la société permet de se connecter plus profondément à la création d'Ahura Mazda. Depuis des siècles, les pèlerins zoroastriens recherchent ces sanctuaires naturels pour la contemplation et la prière, convaincus que les hauteurs physiques des montagnes les rapprochent de l'illumination spirituelle.

L'Asha Vahishta, incarnation de la vérité et de la droiture, est un autre symbole qui trouve un écho profond chez les croyants zoroastriens. Contrairement au feu ou au Faravahar, Asha n'est pas un symbole physique mais un principe directeur qui imprègne la pratique et la philosophie du zoroastrisme. Il est souvent représenté par l'équilibre entre la lumière et les ténèbres, ou par le chemin droit et inébranlable, rappelant aux fidèles la lutte cosmique entre l'ordre et le chaos. Dans les prières et les rituels, Asha est invoquée comme une force qui aligne les actions de l'individu sur le plan divin, un moyen de vivre en harmonie avec l'univers. Elle enseigne qu'en recherchant la vérité dans chaque pensée, parole et action, on contribue à l'ordre cosmique général et au triomphe de la lumière sur les ténèbres.

L'importance d'Asha se reflète également dans le symbolisme de l'éthique zoroastrienne, où la vérité devient une arme puissante contre la tromperie de Druj. Le concept de Mithra - contrats ou accords - joue ici un rôle crucial, symbolisant le caractère sacré de la véracité et les conséquences morales du non-respect de la parole donnée. Mithra est plus qu'un principe juridique ; c'est un lien spirituel qui maintient la cohésion du tissu social. Lorsqu'une personne tient ses promesses, elle renforce le tissu d'Asha ; lorsqu'elle les rompt, elle invite le désordre de Druj dans le monde. Mithra rappelle ainsi que l'intégrité n'est pas seulement une vertu personnelle, mais un devoir cosmique, qui lie l'individu à la communauté et au divin.

Les symboles du zoroastrisme sont également des outils de méditation et de contemplation, offrant des couches de signification à explorer tout au long de la vie. Prenons, par exemple, le fil sacré du Kusti, enroulé autour de la taille par-dessus le Sudreh, un simple vêtement blanc. L'acte de nouer le Kusti est une réaffirmation symbolique de l'engagement du croyant sur la voie de l'Asha, en se liant à l'alliance divine. C'est un symbole extérieur d'un voyage intérieur, une manière de se rappeler la bataille constante entre le bien et le mal qui se déroule à l'intérieur de soi. Les fils du Kusti, entrelacés de prières, représentent l'interconnexion de la pensée, de la parole et de l'action - chaque fil contribuant au tissu plus large de la vie d'une personne.

Dans ce chapitre, nous commençons à voir comment les symboles du zoroastrisme - qu'ils soient physiques comme le Faravahar et le feu sacré, ou conceptuels comme Asha - créent un langage à travers lequel la vision du monde zoroastrienne est exprimée. Ce ne sont pas simplement des reliques d'une foi ancienne, mais des symboles vivants, continuellement interprétés et réinterprétés par chaque génération de croyants. Ils forment un pont entre les enseignements anciens de Zarathoustra et les expériences des zoroastriens vivant dans un monde moderne en pleine mutation. En eux, l'essence de la philosophie zoroastrienne prend vie, offrant un moyen profond de comprendre l'univers et la place que l'on y occupe.

Ces symboles sont porteurs d'un message intemporel, qui résonne à travers les âges : la lutte entre la lumière et les ténèbres, l'ordre et le chaos, n'est pas seulement une bataille cosmique, mais une bataille profondément personnelle, qui se déroule dans le cœur de chaque croyant. À travers ces symboles sacrés, les zoroastriens trouvent à la fois un lien avec leurs racines anciennes et une boussole pour naviguer dans les complexités du monde actuel. Ils nous rappellent que, même face à de profonds changements, l'essence de la foi zoroastrienne - sa révérence pour le divin, sa recherche de la vérité et son engagement sur la voie d'Asha - reste aussi durable que la flamme qui brûle dans les temples zoroastriens depuis des millénaires.

Au fur et à mesure que les symboles du zoroastrisme se déploient, ils sont plus que de simples représentations ; ce sont des instruments qui transmettent les enseignements de la foi dans la vie quotidienne de ses adeptes. Ces symboles font partie des rituels, de l'architecture et même de l'art qui imprègnent les communautés zoroastriennes. Ils façonnent la façon dont les croyants perçoivent leur place dans l'univers, influençant leurs actions, leur éthique et leur quête du divin.

Le feu d'Ahura Mazda est l'un de ces symboles qui étend sa présence au-delà des temples et des prières. Non limité aux espaces sacrés, ce feu inspire souvent des représentations artistiques, apparaissant dans l'art zoroastrien sous la forme d'une flamme rayonnante entourée de motifs complexes. Dans les sculptures et les reliefs anciens, le feu sacré est représenté aux côtés de rois et de prêtres, soulignant son rôle de témoin divin des événements terrestres. Ces représentations artistiques du feu suggèrent sa double nature, à la fois protectrice et purificatrice, guidant les souverains et les fidèles. À la lueur de ce feu sacré se trouve la promesse tacite d'une lumière divine guidant l'humanité à travers les périodes d'obscurité.

Dans les temples du feu, l'Atash Behram et les autres feux sacrés sont conservés avec un soin méticuleux, chaque flamme représentant un niveau différent de pureté rituelle. La présence de ces différents degrés de feu - Atash Dadgah, Atash Adaran et Atash Behram - rappelle que même dans la pureté du feu, il existe des hiérarchies et des chemins, à l'image des parcours spirituels des individus. Les gradations du feu sacré symbolisent les étapes de l'élévation spirituelle, suggérant que le voyage vers Ahura Mazda est multiple et progressif. Cette hiérarchie du feu n'est pas statique ; il s'agit d'une tradition vivante, qui évolue en fonction des besoins de la communauté, mais qui est toujours ancrée dans la sagesse ancienne des enseignements de Zarathoustra.

Le Faravahar a également trouvé sa place au-delà des contextes religieux, devenant un symbole de l'identité persane et de la résilience, notamment au sein de la diaspora zoroastrienne. Ce double rôle - à la fois guide spirituel et emblème culturel - démontre l'adaptabilité des symboles zoroastriens. Pour les membres de la diaspora, ils deviennent un pont qui les relie à leurs racines spirituelles et culturelles, même lorsqu'ils sont éloignés de leurs terres ancestrales. Gravé sur les murs ou porté en bijou, le Faravahar transcende les frontières entre le sacré et le quotidien, rappelant silencieusement l'héritage durable des idéaux zoroastriens.

Outre le feu et le Faravahar, il y a le Khvarenah, un concept qui, bien que plus abstrait, joue un rôle crucial dans la pensée zoroastrienne. Le Khvarenah représente la gloire ou la fortune divine, un rayonnement éthéré accordé par Ahura Mazda aux individus vertueux. Cette aura de gloire, souvent représentée sous la forme d'un halo lumineux ou d'une énergie rayonnante autour des rois et des héros dans l'art persan ancien, signifie la faveur divine et la lumière intérieure de la vérité. Pour les zoroastriens, la Khvarenah n'est pas simplement un concept mystique ; c'est un état vers lequel il faut tendre, obtenu par la dévotion, la force morale et l'alignement sur Asha. Elle incarne la croyance selon laquelle la luminosité spirituelle se reflète dans le monde matériel, et ceux qui vivent en harmonie avec l'ordre cosmique brillent d'une lumière intérieure que les autres peuvent percevoir.

La présence de Khvarenah dans les textes anciens et sa représentation visuelle dans l'art témoignent d'une profonde imbrication entre l'aspiration spirituelle et l'autorité du monde. Les rois et les dirigeants étaient considérés comme des porteurs de Khvarenah, chargés de faire respecter la loi divine dans leur royaume. Cette conception renforce l'idée que le pouvoir terrestre doit s'aligner sur les principes spirituels, reflétant l'éthique zoroastrienne selon laquelle la gouvernance est un devoir sacré.

Dans le contexte moderne, alors que les monarchies ont disparu, le concept de Khvarenah continue d'inspirer les Zoroastriens à rechercher des moyens de diriger qui servent le bien commun, guidés par les mêmes idéaux de lumière et de droiture.

En ce qui concerne les rituels, le Kusti et le Sudreh forment un autre couple symbolique essentiel, incarnant l'engagement de chaque zoroastrien envers sa foi. Le Sudreh, un vêtement de coton blanc porté près du corps, symbolise la pureté et l'armure spirituelle contre les forces du Druj. Le Kusti, un long cordon de laine, est enroulé trois fois autour de la taille, symbolisant les trois principes que sont les bonnes pensées, les bonnes paroles et les bonnes actions. L'acte de délier et de renouer le Kusti pendant les prières quotidiennes devient un moment de renouveau, un réalignement conscient sur le chemin d'Asha.

Ce rituel quotidien transforme le banal en sacré, faisant de l'acte de s'habiller une pratique spirituelle. Il rappelle que la bataille entre Asha et Druj n'est pas seulement une lutte cosmique, mais aussi une lutte intérieure, qui se joue dans les choix et les actions de chaque individu. Chaque fois qu'un zoroastrien récite la prière en nouant le Kusti, il réaffirme son engagement à lutter contre les influences du mensonge et du chaos, en s'enracinant dans l'ancienne tradition qui a guidé ses ancêtres pendant des millénaires.

Le symbolisme zoroastrien est également évident dans l'architecture, en particulier dans la conception des temples du feu. Ces structures sont souvent construites dans un souci de simplicité et d'harmonie avec la nature, incarnant la vénération zoroastrienne pour le monde physique en tant que manifestation de la création divine. À l'intérieur du temple, le feu sacré est abrité dans un sanctuaire en forme de dôme, dont le plafond incurvé représente la voûte céleste et l'ordre cosmique. Cette conception architecturale n'est pas simplement fonctionnelle ; elle crée un espace où le fidèle ressent l'étreinte de l'univers, se tenant entre la terre et le ciel lorsqu'il offre ses prières.

Dans l'architecture persane ancienne, des motifs de cyprès et de lions sont souvent sculptés dans la pierre, symboles de vie, de force et de protection divine. Le cyprès, toujours vert et durable, symbolise l'esprit éternel qui résiste aux cycles du temps. Le lion, féroce et majestueux, représente la garde de l'ordre divin, tout comme le rôle d'Ahura Mazda en tant que protecteur de la vérité. Ces symboles, que l'on retrouve dans les palais et les ruines anciennes, relient les enseignements zoroastriens aux espaces physiques où les communautés se réunissaient autrefois, offrant un lien tangible avec les idéaux spirituels qui façonnaient leur monde.

Si les manifestations matérielles de ces symboles donnent un aperçu de la vision zoroastrienne du monde, leur pouvoir réside dans la manière dont ils façonnent la vie intérieure des croyants. Il ne s'agit pas d'images statiques, mais d'expressions dynamiques, constamment réinterprétées en fonction de l'évolution du monde. Les symboles servent de langage pour communiquer les mystères de l'univers, rappelant à chaque génération les principes éternels qui sont au cœur de leur foi.

L'adaptabilité de ces symboles a permis au zoroastrisme de survivre à des siècles de changements et de défis, depuis les anciens empires perses jusqu'à la diaspora actuelle. Ils sont le miroir de l'âme, reflétant la croyance zoroastrienne selon laquelle le monde est le reflet de l'ordre divin et que chaque action entreprise dans le domaine physique se répercute dans le domaine spirituel. Lorsque les zoroastriens allument une bougie, font le Sudreh et le Kusti, ou contemplent la flamme éternelle dans un temple du feu, ils participent à une tradition qui transcende le temps, trouvant dans ces symboles anciens une source de force et un moyen de comprendre les mystères de l'existence.

À travers ce réseau complexe de symboles, le zoroastrisme s'adresse à la quête universelle de sens de l'homme, tissant un lien entre le temporel et l'éternel. Chaque symbole sert de fil conducteur, attirant les fidèles plus profondément dans le tissu de leur tradition, les guidant à travers les complexités de la vie avec la promesse d'une présence et d'un ordre divins. Dans ces symboles, la lumière éternelle d'Ahura Mazda brille, projetant ses rayons à travers les siècles, éclairant le chemin vers un monde où Asha l'emporte sur les ténèbres de Druj.

Chapitre 31
Liens avec la science et la philosophie

Les enseignements du zoroastrisme, bien que profondément enracinés dans la spiritualité ancienne, ont une résonance unique avec la pensée scientifique et la recherche philosophique modernes. Il existe un ordre inhérent à la vision zoroastrienne du monde - un plan cosmique conçu par Ahura Mazda - qui trouve des parallèles dans la compréhension scientifique de l'univers. Ce chapitre explore ces intersections, révélant comment les concepts zoroastriens s'alignent sur les idées contemporaines concernant le monde naturel et la place de l'humanité en son sein, et parfois les anticipent.

Au cœur de la cosmologie zoroastrienne se trouve la croyance en un univers ordonné, régi par les principes d'Asha, ou de vérité et d'ordre. Cette vision d'un cosmos à la structure complexe présente des affinités avec les explorations scientifiques des lois qui régissent la réalité physique. Tout comme Asha représente l'harmonie cosmique dans le zoroastrisme, la science cherche à découvrir les modèles sous-jacents qui confèrent une cohérence à l'univers, de la danse des particules subatomiques aux forces gravitationnelles qui façonnent les galaxies. Pour les zoroastriens, l'univers n'est pas un assemblage aléatoire de matière, mais une création imprégnée d'un but, où chaque élément, de la plus petite goutte d'eau à l'étoile la plus lointaine, suit un ordre divin établi par Ahura Mazda.

Ce sens de l'ordre cosmique se reflète particulièrement dans le domaine de la cosmologie. Le récit zoroastrien de la création évoque l'émergence de l'univers à travers une série d'étapes structurées, chacune représentant des aspects de l'intention divine. La science, à travers des disciplines comme l'astrophysique et la cosmologie, propose son propre récit de la création : la théorie du Big Bang et la formation des étoiles, des planètes et des galaxies. Bien que ces perspectives diffèrent dans leurs méthodologies - l'une émergeant d'une intuition mystique, l'autre d'une observation empirique - elles partagent une profonde curiosité pour les origines de l'existence. L'accent mis par le zoroastrisme sur un cosmos ordonné trouve un écho dans la quête scientifique visant à cartographier la structure de l'univers, ce qui suggère une parenté profonde, bien que métaphorique, entre l'ancien et le moderne.

Le concept d'Asha en tant que force directrice s'étend à la compréhension zoroastrienne de la nature et de ses cycles. Selon cette conception, le monde fonctionne selon un rythme divin, qui se manifeste dans le changement des saisons, les cycles de la vie et l'interaction entre les éléments. L'écologie moderne, qui met l'accent sur les écosystèmes et l'interdépendance des formes de vie, s'inscrit dans cette perspective. Tout comme les enseignements zoroastriens soulignent la nécessité de maintenir l'équilibre et l'harmonie avec le monde naturel, la science écologique reconnaît l'équilibre délicat nécessaire au maintien de la vie sur Terre. Dans les deux cas, on reconnaît que la rupture de l'équilibre - que ce soit par les forces du Druj ou par la dégradation de l'environnement - peut conduire au chaos et à la souffrance.

En outre, l'accent mis par les zoroastriens sur la responsabilité individuelle dans le maintien de cet équilibre est parallèle aux considérations éthiques qui sous-tendent aujourd'hui la science de l'environnement. L'appel à prendre soin d'Asha en protégeant l'eau, l'air et le sol peut être considéré comme une première formulation des principes qui guident la gestion moderne de l'environnement. Les rituels zoroastriens qui honorent les éléments naturels, tels que la vénération du feu, de l'eau et de la terre, rappellent l'interconnexion de toutes les formes de vie - une compréhension qui s'aligne étroitement sur le principe écologique selon lequel le bien-être de l'homme est lié à la santé de la planète.

Sur le plan philosophique, l'accent mis par le zoroastrisme sur le libre arbitre et les choix moraux recoupe les questions existentielles posées par les philosophies occidentale et orientale. La lutte entre Asha et Druj, au cœur de la vision zoroastrienne du monde, présente une vision de la vie comme une série de choix moraux, où les humains sont dotés du pouvoir de façonner leur destin. Cette vision reflète la pensée existentialiste, qui met l'accent sur l'action individuelle et la recherche d'un sens aux contraintes de la condition humaine. Les enseignements zoroastriens suggèrent que l'exercice du libre arbitre permet de s'aligner sur l'ordre cosmique et de contribuer au triomphe ultime du bien sur le mal. Il s'agit d'une vision de la vie qui englobe à la fois la responsabilité personnelle et l'impact profond de chaque choix sur le drame cosmique plus large.

En dialogue avec les philosophies déterministes qui dominent parfois la pensée scientifique, le zoroastrisme offre une perspective qui affirme la capacité de l'homme à changer le cours des événements. Alors que les lois de la physique peuvent régir le comportement de la matière, le zoroastrisme suggère que l'univers moral est façonné par des actions conscientes. Cette croyance dans le pouvoir des choix humains s'oppose à l'idée d'un univers gouverné uniquement par des forces impersonnelles, et présente au contraire un monde où chaque décision se répercute sur le tissu de la réalité, influençant l'équilibre entre Asha et Druj.

La nature dualiste du zoroastrisme, avec sa distinction claire entre le bien et le mal, la lumière et les ténèbres, offre également un parallèle fascinant avec les discussions métaphysiques sur la nature de la réalité et l'existence des dualités. Des concepts tels que le problème corps-esprit, l'interaction entre la réalité matérielle et la conscience, et la recherche de la vérité ultime trouvent un écho dans l'exploration par le zoroastrisme des domaines spirituel et matériel. L'idée que des forces spirituelles comme Asha peuvent se manifester dans des réalités physiques soulève une question philosophique plus large : La moralité peut-elle façonner le monde matériel, tout comme les lois physiques façonnent le cosmos ?

Cette interrogation métaphysique s'étend au domaine de l'éthique, où les enseignements du zoroastrisme offrent une base pour comprendre la nature du bien et le rôle de l'humanité dans sa poursuite. Les débats philosophiques qui ont longtemps porté sur la nature de la vertu, de la justice et du but de la vie humaine trouvent un écho dans l'appel zoroastrien à cultiver Humata, Hukhta, Hvarshta - de bonnes pensées, de bonnes paroles, de bonnes actions. L'éthique zoroastrienne, qui met l'accent sur la pratique active de la vertu, s'aligne sur la philosophie morale qui cherche à définir un chemin vers la bonne vie, suggérant que la véritable sagesse réside dans l'alignement de la pensée, de la parole et de l'action.

L'influence du zoroastrisme se retrouve même dans le domaine de l'éthique qui sous-tend les droits de l'homme modernes. Ses enseignements sur la dignité inhérente des individus, l'accent mis sur la vérité et la nécessité de lutter pour la justice résonnent avec les idéaux contemporains d'égalité et de dignité humaine. Des universitaires et des philosophes ont relevé les parallèles entre les concepts zoroastriens de l'ordre moral et les principes qui ont influencé plus tard la pensée des Lumières. Cette perspective ancienne, enracinée dans les enseignements mystiques de Zarathoustra, rappelle que la recherche de la justice et de la vérité est une entreprise intemporelle, qui transcende les frontières de la culture et de l'histoire.

Ainsi, le dialogue entre le zoroastrisme et la science et la philosophie modernes n'est pas une opposition, mais une quête commune pour comprendre les mystères de l'existence. Que ce soit à travers la lentille de la révélation spirituelle ou à travers les rigueurs de l'enquête scientifique, tous deux cherchent à répondre aux mêmes questions fondamentales : Quelle est la nature de la réalité ? Quel est le rôle de l'humanité dans le cosmos ? Et comment vivre en harmonie avec la vérité qui sous-tend toute la création ?

En explorant ces liens, le zoroastrisme démontre sa capacité à s'engager dans le monde des idées au-delà de ses origines antiques. Il offre une perspective dans laquelle les mondes matériel et spirituel sont imbriqués, chacun influençant l'autre. Cette vision encourage une synthèse de la sagesse ancienne et de la connaissance moderne, suggérant que la recherche de la vérité est un voyage qui s'étend sur des millénaires, chaque époque ajoutant sa voix au chœur de la compréhension.

Au fil des chapitres, la vision zoroastrienne de l'univers continue de révéler ses profondeurs, invitant à réfléchir à la manière dont les idées spirituelles anciennes restent pertinentes dans les discussions contemporaines sur la nature de la réalité et le rôle de l'homme au sein de celle-ci. Le voyage à travers ces intersections entre la pensée zoroastrienne, la science et la philosophie invite à une appréciation plus profonde de la quête éternelle de la connaissance et des mystères qui continuent à captiver l'esprit humain.

S'appuyant sur l'exploration initiale des liens entre le zoroastrisme et la pensée scientifique et philosophique moderne, ce chapitre approfondit les dialogues qui ont émergé entre les anciens enseignements zoroastriens et les courants plus larges de la recherche philosophique. Nous découvrons ici comment les principes complexes du zoroastrisme ont trouvé un écho dans diverses écoles de pensée à travers les traditions orientales et occidentales, offrant de nouvelles dimensions de compréhension à des questions intemporelles sur l'existence, la moralité et la nature du cosmos.

L'un des aspects les plus fascinants de la pensée zoroastrienne est son approche nuancée du dualisme, qui est devenu un sujet de discussion approfondi en philosophie. Si le zoroastrisme est souvent connu pour ses distinctions claires entre le bien et le mal - incarnées par l'opposition cosmique entre Asha (ordre, vérité) et Druj (chaos, tromperie) - ce dualisme n'est pas une division simpliste. Il reconnaît l'interaction complexe entre ces forces et admet que le monde matériel est la scène sur laquelle se déroule la lutte morale. Cette perspective a établi des parallèles avec les philosophies dualistes que l'on trouve dans les œuvres de personnages tels que Platon, qui était également aux prises avec la tension entre l'idéal (le royaume des formes) et le monde physique.

L'influence du zoroastrisme sur la pensée occidentale est peut-être la plus évidente dans la rencontre de la Grèce antique avec les idées perses. Des philosophes comme Héraclite, qui parlait du monde comme d'un état de flux régi par une sorte de raison divine (Logos), ont peut-être été indirectement influencés par les idées zoroastriennes d'un cosmos ordonné guidé par Asha. Les échanges entre les anciens penseurs perses et grecs mettent en évidence une pollinisation croisée historique qui a façonné les paysages philosophiques des deux régions, laissant des traces dans les concepts de l'ordre cosmique et de la nature du divin.

Dans les traditions philosophiques orientales, en particulier dans la philosophie indienne, les échos de la pensée zoroastrienne sont tout aussi profonds. Les interactions entre les premiers adeptes du zoroastrisme et la culture védique ont conduit à un partage d'idées métaphysiques qui ont influencé les deux traditions. Des concepts tels que la lutte éternelle entre la lumière et les ténèbres se retrouvent dans les thèmes dualistes de la cosmologie hindoue et, plus tard, bouddhiste. Ce dialogue a contribué à une compréhension plus large de la bataille spirituelle entre l'illumination et l'ignorance, créant une riche tapisserie d'idées qui a enrichi les deux paysages religieux.

Au-delà du monde antique, le dualisme zoroastrien invite également à des comparaisons avec les traditions manichéenne et gnostique, qui ont prospéré au cours des premiers siècles de l'ère commune. Ces mouvements, comme le zoroastrisme, mettent l'accent sur la lutte entre la lumière et les ténèbres, et sur le rôle du monde matériel dans ce conflit cosmique. Bien que distinctes dans leurs cadres théologiques, les similitudes thématiques suggèrent que les idées zoroastriennes sur la nature du bien, du mal et de la lutte cosmique ont profondément résonné avec les courants spirituels de l'époque, façonnant les perspectives mystiques qui ont plus tard influencé le mysticisme chrétien et islamique.

À l'ère moderne, les concepts zoroastriens continuent de trouver leur place dans les discussions philosophiques sur l'éthique et la moralité. L'accent mis par les zoroastriens sur le rôle du choix individuel dans l'élaboration du destin de chacun reflète l'accent mis par les existentialistes sur la responsabilité personnelle, telle qu'elle a été exprimée par des penseurs comme Jean-Paul Sartre et Albert Camus. Pour les zoroastriens, le fait de choisir Asha plutôt que Druj n'est pas seulement un devoir religieux, mais aussi l'affirmation de son pouvoir dans le cosmos - un thème qui résonne avec les idées existentialistes sur la création de sens par l'action dans un univers indifférent. Cette insistance commune sur le poids du choix individuel souligne une préoccupation intemporelle concernant la nature de la liberté et le fardeau de la responsabilité éthique.

En outre, les idées zoroastriennes sur la nature cyclique de l'univers et le concept de Frashokereti - le renouvellement du monde - trouvent un parallèle dans les débats contemporains sur la philosophie du temps et la cosmologie. La vision zoroastrienne d'un cosmos qui connaît des périodes de déclin suivies d'un renouveau ultime s'aligne sur certaines interprétations du temps comme étant non linéaire, un point de vue qui a gagné du terrain à la fois dans les philosophies orientales et dans la physique moderne à travers les théories d'un univers cyclique. Elle invite à réfléchir à la manière dont les visions anciennes du renouveau cosmique peuvent se croiser avec les théories scientifiques de l'entropie, du Big Crunch ou de la renaissance potentielle de l'univers.

En s'engageant dans ces courants philosophiques, le zoroastrisme offre également un cadre pour comprendre la relation entre l'éthique et le monde physique. L'engagement zoroastrien en faveur d'Asha en tant que force active qui façonne la réalité spirituelle et matérielle suggère une interaction dynamique entre la pensée et l'être. Cette perspective résonne avec certains aspects de la philosophie idéaliste, selon laquelle la conscience et les idées jouent un rôle fondamental dans la formation de la réalité. Cependant, le zoroastrisme se distingue par son insistance sur le fait que l'action éthique est essentielle pour provoquer le changement, ce qui le rapproche des philosophies pragmatistes qui valorisent l'application pratique des idées pour façonner le monde.

La vision zoroastrienne d'un univers harmonieux s'inscrit également dans le discours scientifique contemporain sur la durabilité et le traitement éthique de l'environnement. Les enseignements anciens sur le caractère sacré des éléments naturels et le devoir de maintenir l'équilibre de la Terre trouvent un parallèle dans l'éthique environnementale moderne, où la reconnaissance de l'interconnectivité entre les formes de vie a conduit à une prise de conscience plus profonde de la responsabilité de l'humanité à l'égard de la planète. Cet alignement suggère que l'ancienne vénération zoroastrienne pour la nature offre des perspectives intemporelles dans les discussions contemporaines sur la responsabilité écologique et la nécessité de pratiques de vie durables.

En dialoguant avec les perspectives scientifiques sur la nature de la conscience, les enseignements du zoroastrisme sur l'âme et son voyage après la mort offrent une articulation précoce des questions qui continuent d'intriguer les neuroscientifiques et les philosophes. Le voyage de l'âme sur le pont de Chinvat - un passage qui symbolise la transition du monde matériel au monde spirituel - soulève des questions sur la nature de la conscience, la possibilité d'une vie après la mort et la relation entre l'esprit et la matière. Alors que la science reste centrée sur les preuves empiriques, les idées spirituelles zoroastriennes apportent un contrepoint poétique, suggérant que les mystères de la conscience peuvent s'étendre au-delà des limites physiques du cerveau.

À l'ère moderne, l'influence du zoroastrisme s'est étendue aux penseurs et aux chercheurs spirituels qui sont attirés par l'importance qu'il accorde à l'ordre cosmique, à la vie éthique et à la quête de la vérité. Ses principes ont suscité un regain d'intérêt chez ceux qui voient dans le zoroastrisme une voie spirituelle qui comble le fossé entre la sagesse ancienne et les défis modernes. L'accent mis sur la vérité (Asha), la lutte contre la tromperie

(Druj) et la poursuite d'une vie alignée sur des principes supérieurs s'adresse à ceux qui recherchent un cadre moral qui reste pertinent au milieu des complexités contemporaines.

En définitive, le dialogue permanent du zoroastrisme avec la science et la philosophie démontre sa capacité à évoluer et à s'engager dans le paysage changeant de la connaissance humaine. Il offre une perspective à la fois ancienne et tournée vers l'avenir, suggérant que les questions posées par Zarathoustra continuent de résonner dans le cœur et l'esprit de ceux qui cherchent à comprendre la nature de l'existence. Les enseignements du zoroastrisme nous rappellent que, dans la recherche de la vérité, il faut regarder à la fois vers l'extérieur, vers les vastes mystères du cosmos, et vers l'intérieur, vers les choix moraux qui façonnent l'âme humaine.

Dans cette exploration continue des dimensions philosophiques du zoroastrisme, le lecteur est invité à réfléchir à la manière dont les enseignements anciens peuvent éclairer les discussions modernes, offrant un pont entre le mysticisme du passé et la rationalité du présent. C'est dans cette synthèse que le zoroastrisme révèle sa pertinence durable, témoignant de la quête humaine intemporelle de sagesse, de sens et d'une compréhension plus profonde de l'univers.

Chapitre 32
Zoroastriens célèbres

Le voyage à travers la longue et riche histoire du zoroastrisme nous amène aux personnages qui, au fil des siècles, ont incarné les enseignements de Zarathoustra et joué un rôle essentiel dans la préservation et la propagation de la foi. Ces personnes, qu'il s'agisse de sages antiques ou de dirigeants contemporains, ne sont pas seulement les gardiens d'une tradition spirituelle, mais aussi des symboles de résilience et d'adaptation face à d'immenses changements culturels. Leurs histoires révèlent l'esprit durable du zoroastrisme et jettent un pont entre la sagesse ancienne et les expressions modernes de la foi.

Parmi les figures les plus anciennes et les plus significatives figure le légendaire Darius Ier, roi de l'empire achéménide, dont le règne au VIe siècle avant notre ère a marqué une époque où le zoroastrisme était étroitement lié à la gouvernance de l'un des plus grands empires du monde. Les inscriptions de Darius, en particulier celles de Behistun, témoignent de sa dévotion à Ahura Mazda, soulignant le rôle du soutien divin dans son droit à gouverner. Son soutien aux rituels zoroastriens et la protection des temples du feu renforcent le lien entre la conduite de l'État et le devoir spirituel. Bien que le règne de Darius se soit déroulé des siècles après la vie de Zarathoustra, son soutien a contribué à institutionnaliser la foi, lui permettant de s'épanouir parallèlement aux ambitions impériales de la Perse.

Un autre personnage clé des débuts de l'histoire du zoroastrisme est le prêtre érudit Tansar, qui a vécu pendant la période sassanide (224-651 de notre ère). On lui attribue souvent la systématisation des enseignements zoroastriens et la consolidation du canon de l'Avesta, les textes sacrés qui forment le cœur des écritures zoroastriennes. Son influence sur l'organisation de la structure religieuse de l'État sassanide ne peut être surestimée, car il a œuvré à l'établissement d'une autorité religieuse centralisée, ce qui a aidé la foi à résister aux influences extérieures et à la fragmentation interne. Les efforts de Tansar ont permis aux enseignements de Zarathoustra de rester une tradition cohérente et structurée à une époque de grandes transformations politiques et sociales en Perse.

Avec la conquête islamique de la Perse au VIIe siècle, le zoroastrisme a été confronté à un changement radical. L'histoire des fidèles Mobedan (prêtres) comme Adurfarnbag Farrokhzad est cruciale à cette époque. Adurfarnbag, prêtre zoroastrien de premier plan, a travaillé sans relâche pour préserver les textes spirituels et les traditions du zoroastrisme à une époque où la répression se faisait de plus en plus forte. Ses écrits et ses commentaires sur l'Avesta ont constitué une bouée de sauvetage pour la continuité du savoir zoroastrien face à l'adversité. Son engagement à maintenir la pureté des rituels et la transmission du savoir dans des réunions secrètes a illustré la résilience de l'esprit zoroastrien à une époque de grands changements.

À l'ère des migrations et de la diaspora, l'histoire de la communauté parsi en Inde témoigne de l'adaptabilité des traditions zoroastriennes. On ne peut évoquer cette période sans mentionner la figure de Dadabhai Naoroji, un leader parsi pionnier connu pour son rôle dans la politique indienne en tant que premier Asiatique à siéger au Parlement britannique à la fin du XIXe siècle. Le plaidoyer de Naoroji en faveur de l'indépendance de l'Inde et sa foi dans les réformes sociales ont été profondément influencés par ses valeurs zoroastriennes, en particulier l'accent mis sur la vérité (Asha) et la justice sociale. Il a utilisé sa tribune non seulement pour défendre les droits des Indiens, mais aussi pour veiller à ce que l'héritage et les valeurs de la communauté parsi soient respectés dans le tissu plus large de la société indienne.

À l'ère moderne, une autre figure importante est le Dastur Dr. Firoze M. Kotwal, un Mobed de haut rang qui est devenu une voix importante pour la foi zoroastrienne à l'époque contemporaine. Le travail d'érudition du Dr Kotwal et son dévouement à la préservation des rituels traditionnels ont fait de lui une autorité respectée au sein de la communauté zoroastrienne. Ses efforts pour documenter et enseigner les rites anciens, ainsi que son ouverture aux questions modernes sur la foi et l'identité, font de lui une figure clé dans le dialogue en cours sur la place du zoroastrisme dans le monde moderne. Le leadership du Dr Kotwal a permis de maintenir l'équilibre délicat entre l'hommage au passé et la réponse aux besoins d'une communauté zoroastrienne mondialisée.

Au-delà des chefs religieux, le zoroastrisme a également vu l'émergence de figures de la littérature et des arts qui se sont inspirées de son riche symbolisme et de sa philosophie. Parmi eux, Keki N. Daruwalla, un poète indien acclamé, se distingue. Ses poèmes reflètent souvent les thèmes du feu, de la lumière et de la lutte entre l'ordre et le chaos, des motifs profondément ancrés dans la vision zoroastrienne du monde. Grâce à son œuvre, Daruwalla a fait entrer l'esprit de la philosophie zoroastrienne dans le courant littéraire dominant, offrant un reflet poétique de l'éthique zoroastrienne à un public plus large.

Dans le domaine de la science, l'héritage de Zubin Mehta, chef d'orchestre renommé, illustre la manière dont les valeurs zoroastriennes peuvent imprégner divers aspects de la vie. Bien que son travail se situe principalement dans le domaine de la musique classique, l'approche de Mehta en matière de direction d'orchestres dans le monde entier reflète la discipline et la passion qui font écho aux principes zoroastriens de recherche de l'excellence et de l'harmonie. Ses contributions au monde de la musique lui ont valu une reconnaissance internationale, et il a souvent parlé de l'importance de son héritage Parsi dans la formation de ses valeurs et de sa vision du monde.

Chacune de ces personnes, à travers différentes époques et domaines, reflète une facette unique de l'impact du zoroastrisme sur le monde. Ils incarnent les enseignements de Zarathoustra par leur attachement à la vérité, leur résilience face à l'adversité et leur engagement au service de leur communauté. À travers leur vie, les valeurs anciennes du zoroastrisme trouvent de nouvelles expressions, montrant que même si le monde change, les principes fondamentaux de cette foi ancienne continuent d'inspirer.

Au fil des chapitres, le lecteur est invité à réfléchir à la manière dont les contributions de ces personnalités ont façonné le cours de l'histoire du zoroastrisme, en maintenant vivante une tradition qui, sans elles, serait peut-être tombée dans l'oubli. Leurs histoires nous rappellent que l'essence d'une voie spirituelle ne réside pas seulement dans ses doctrines, mais aussi dans la vie de ceux qui la suivent. Des cours royales à la diaspora et des temples sacrés aux scènes des symphonies mondiales, l'esprit du zoroastrisme perdure, s'adapte et trouve de nouvelles formes dans chaque génération qui se lève pour porter son flambeau.

Alors que le zoroastrisme navigue sur les vagues de l'histoire, sa survie et son influence sont étroitement liées aux efforts d'individus extraordinaires qui ont contribué à soutenir ses enseignements à travers les générations. Ces personnalités, issues des quatre coins du monde, représentent l'adaptabilité de la foi et sa capacité à rester pertinente même en période de profonde transformation. Leurs contributions à la philosophie, aux droits de l'homme, à la littérature et à d'autres domaines continuent d'inspirer les zoroastriens et les non-zoroastriens, démontrant la puissance de leur héritage et le message durable de Zarathoustra.

L'une des figures contemporaines les plus marquantes est Rohinton Mistry, romancier de renom dont les œuvres ont mis en lumière l'expérience des zoroastriens parsi dans l'Inde d'aujourd'hui. Ses romans acclamés, tels que A Fine Balance et Family Matters, plongent dans les défis auxquels est confrontée la communauté parsi, abordant les thèmes de l'identité, de la tradition et des tensions entre le maintien des coutumes anciennes et l'adaptation à un monde en mutation rapide. Les récits de Mistry ouvrent une fenêtre sur la vie quotidienne des zoroastriens, saisissant les complexités d'une communauté qui s'efforce de préserver son héritage au milieu des pressions de la modernité. À travers sa littérature, Mistry préserve l'esprit des valeurs zoroastriennes, telles que la recherche de la vérité (Asha) et la lutte pour la justice, en les présentant à un public mondial dans un contexte profondément humain.

Dans le domaine de l'activisme social, Cyrus Habib, ancien lieutenant-gouverneur de l'État de Washington, est devenu un symbole de persévérance et de progrès. En tant qu'homme politique aveugle d'origine zoroastrienne, Cyrus Habib a été confronté à des défis qu'il a transformés en opportunités de plaidoyer et de changement. Son engagement en faveur de l'équité, des droits des personnes handicapées et du service public est profondément ancré dans les idéaux zoroastriens de service aux autres et de recherche du bien commun. La carrière d'Habib reflète une interprétation moderne des enseignements du zoroastrisme, démontrant comment les principes du devoir moral et de la lutte pour la justice peuvent être appliqués aux questions contemporaines de gouvernance et de société. Son travail est une source d'inspiration pour les jeunes zoroastriens qui cherchent à faire la différence dans leur communauté tout en restant fidèles aux fondements éthiques de leur foi.

Outre ces personnalités culturelles et politiques, le zoroastrisme a également laissé sa marque dans le monde universitaire, avec des chercheurs tels que Jamsheed Choksy qui jettent un pont critique entre les textes anciens et la compréhension contemporaine. Les recherches approfondies de Choksy sur l'histoire et les pratiques religieuses du zoroastrisme ont contribué à faire connaître la profondeur des idées philosophiques et théologiques de cette religion à un public universitaire plus large. Son travail explore les intersections du zoroastrisme avec d'autres religions et cultures du monde, révélant comment les concepts zoroastriens de dualisme, de moralité et de cosmologie ont influencé la pensée religieuse mondiale. Les travaux de Choksy ont contribué à élever l'étude du zoroastrisme, en veillant à ce que ses complexités et son importance historique soient reconnues dans le domaine des études religieuses.

Parmi les nombreux zoroastriens qui ont contribué à la science et à la technologie, Farrokh Bulsara, connu dans le monde entier sous le nom de Freddie Mercury, est une figure unique. Bien qu'il soit principalement connu comme le légendaire chanteur du groupe Queen, les origines parsies de Mercury et son éducation zoroastrienne à Zanzibar et en Inde ont joué un rôle subtil dans la formation de son point de vue sur la vie. Bien qu'il ait rarement parlé publiquement de sa foi, les thèmes de la dualité et de la lutte interne entre le bien et le mal présents dans certaines de ses paroles font écho aux croyances zoroastriennes fondamentales. L'impact mondial de Mercury à travers la musique illustre comment les valeurs et les expériences d'une éducation zoroastrienne peuvent imprégner et influencer même les domaines les plus inattendus de la créativité et de l'expression personnelle.

Les contributions des zoroastriens vont au-delà des individus et se traduisent par des initiatives philanthropiques qui ont façonné des communautés dans le monde entier. C'est le cas de la famille Tata en Inde, dont l'empire industriel s'est doublé d'un engagement en faveur du bien-être social et du progrès. Jamsetji Tata, le fondateur du groupe Tata, était animé par une vision de l'industrialisation qui allait de pair avec la responsabilité sociale. Il a investi dans l'éducation, les soins de santé et le développement communautaire, des principes qui reflètent les idéaux zoroastriens de gestion et d'amélioration de la société. Aujourd'hui, les Tata Trusts perpétuent cet héritage en finançant des initiatives visant à améliorer les communautés et à encourager l'innovation, incarnant ainsi l'éthique zoroastrienne de l'utilisation des richesses pour le bien commun.

Une autre figure contemporaine importante est le Dr Meher Master-Moos, un leader zoroastrien qui a travaillé sans relâche pour promouvoir le dialogue et la compréhension interconfessionnels. En tant que présidente du Collège zoroastrien en Inde, Mme Master-Moos a jeté un pont entre le zoroastrisme et les autres religions du monde, encourageant un esprit de coopération et de respect mutuel. Ses efforts pour préserver les enseignements zoroastriens par l'éducation, tout en prônant l'harmonie entre les différentes confessions, incarnent la valeur zoroastrienne fondamentale de la recherche de l'unité dans la diversité. Par son travail, Mme Master-Moos veille à ce que la sagesse des enseignements zoroastriens reste accessible et pertinente dans un monde pluraliste, tout en nourrissant un sentiment de fierté et d'identité chez les jeunes zoroastriens.

La diaspora mondiale a également vu des zoroastriens comme Fali Nariman, éminent juriste indien, apporter des contributions significatives au domaine du droit. Connu pour son expertise en droit constitutionnel, Nariman a défendu les libertés civiles et les droits de l'homme, en s'appuyant souvent sur l'accent mis par les zoroastriens sur la justice et le devoir moral de s'opposer au mensonge. Son travail juridique a façonné le développement de la jurisprudence constitutionnelle en Inde, et son dévouement à la défense des principes de justice et d'équité lui a valu la réputation d'être l'un des juristes les plus éminents de sa génération. La carrière de Nariman montre comment les principes zoroastriens peuvent s'exprimer à travers un engagement de toute une vie en faveur de l'État de droit et de la protection de la dignité humaine.

Au moment de clore ce dernier chapitre, il apparaît clairement que les contributions de ces célèbres zoroastriens ne sont pas des actes isolés, mais qu'elles s'inscrivent dans un ensemble plus vaste de résilience, d'innovation et de foi. Leurs vies démontrent que le zoroastrisme, bien qu'enraciné dans des traditions anciennes, continue d'inspirer l'action et la créativité sous des formes nouvelles et inattendues. Ces personnes ont porté le flambeau des enseignements de Zarathoustra à travers les siècles, en les adaptant aux défis et aux opportunités de chaque époque. Ce faisant, ils ont préservé l'essence de la foi, prouvant que les valeurs fondamentales d'Asha, de vérité et de service à l'humanité restent intemporelles.

Les histoires de ces zoroastriens servent de phare aux générations futures, leur rappelant que les principes de leur foi peuvent être une source de force et d'orientation, quels que soient les défis auxquels elles sont confrontées. Par leur dévouement, leur créativité et leur courage moral, ils ont fait en sorte que l'héritage du zoroastrisme continue de briller dans le monde, offrant une voie de sagesse et d'espoir à tous ceux qui la recherchent.

Épilogue

Le chemin que nous avons parcouru nous a amenés au bord d'un horizon où le sacré et le profane se rencontrent, où la lumière et l'obscurité se font face dans une dernière étreinte avant l'aube. Ahura Mazda et Angra Mainyu poursuivent leur combat, mais maintenant, vous comprenez que ce combat réside aussi en vous. Les choix faits, les silences gardés, chaque acte de bonté ou d'ombre, tout cela résonne dans le tissu du cosmos.

Zarathoustra n'envisageait pas seulement un monde divisé entre le bien et le mal, mais aussi la possibilité d'une rédemption, d'un renouveau. La promesse de Frashokereti, le renouveau du monde, est le symbole d'un avenir où les ombres se dissipent et où la vérité d'Asha triomphe des voiles de Druj. Mais cette promesse n'est pas un don divin remis sans effort ; c'est une construction, un travail qui exige l'engagement de chaque être qui respire sous le ciel.

Alors que le feu sacré brûle silencieusement dans les temples, en témoignage de la présence éternelle d'Ahura Mazda, vous, qui avez atteint la fin de ces pages, portez maintenant une étincelle de cette flamme dans votre esprit. C'est un héritage qui transcende les âges, un lien entre hier et demain, entre le visible et l'invisible. La sagesse ancienne qui repose ici devient la vôtre, prête à guider vos pas, mais aussi à vous inciter à être plus qu'un simple observateur.

Vous êtes appelé à être un gardien de la création, à maintenir la flamme de la vérité face aux tempêtes qu'Angra Mainyu projette sur le monde. Et même si le voyage est ardu, même si les ténèbres tentent d'engloutir la lumière, le destin de la création repose entre les mains de ceux qui osent garder leur regard fixé sur la promesse d'une nouvelle aube.

En refermant ce livre, sachez que votre rôle dans le grand récit du cosmos ne fait que commencer. Que l'écho des paroles de Zarathoustra résonne dans votre cœur, vous rappelant qu'à chaque instant, vous avez la possibilité de choisir la lumière, de vivre en harmonie avec Asha. Puissiez-vous trouver le courage d'affronter les ombres et que la flamme de la sagesse guide vos pas, jusqu'au jour où le monde, enfin, brillera de la pureté de la création restaurée.

www.ingramcontent.com/pod-product-compliance
Lightning Source LLC
LaVergne TN
LVHW040043080526
838202LV00045B/3459